Research on the Governance Structure
of Homeowners' Association

业主组织
治理结构研究

连重阳　　著

人民法院出版社

图书在版编目（CIP）数据

业主组织治理结构研究 / 连重阳著. -- 北京：人民法院出版社，2022.6
ISBN 978-7-5109-3510-7

Ⅰ.①业… Ⅱ.①连… Ⅲ.①物业管理-研究-中国 Ⅳ.①F299.233.3

中国版本图书馆 CIP 数据核字（2022）第 081359 号

业主组织治理结构研究
连重阳 著

责任编辑	丁塞峨　　执行编辑　郭　粹
出版发行	人民法院出版社
地　　址	北京市东城区东交民巷 27 号（100745）
电　　话	（010）67550562（责任编辑）　67550558（发行部查询）
	65223677（读者服务部）
客 服 QQ	2092078039
网　　址	http://www.courtbook.com.cn
E－mail	courtpress@sohu.com
印　　刷	天津嘉恒印务有限公司
经　　销	新华书店
开　　本	787 毫米×1092 毫米　1/16
字　　数	255 千字
印　　张	17.75
版　　次	2022 年 6 月第 1 版　2022 年 6 月第 1 次印刷
书　　号	ISBN 978-7-5109-3510-7
定　　价	69.00 元

版权所有　侵权必究

本书为新疆维吾尔自治区"天池博士计划"项目（编号：TCBS202118）研究成果，获得了新疆大学"铸牢中华民族共同体意识研究基地'双一流'"项目之"新时代依法治疆重大理论与实践问题研究"项目和新疆大学法学院的资助。

序　言

　　商品房住宅小区是人民群众日常生活的主要场所，住宅小区的善治与人民群众的幸福指数直接相关。业主是住宅小区的建筑物区分所有权人，业主组织自然是住宅小区治理的核心主体，完善的业主组织治理结构是发挥其应有作用的前提条件。实践中，由于业主组织缺乏完善的治理结构已经造成了诸多问题。业主委员会对住宅小区业主违章搭建、违规饲养动物、侵占消防通道等行为缺乏有效的管理，同时业主委员会滥用权力或不作为的现象也并不鲜见。业主组织与物业服务企业之间属于委托与被委托之间的关系，业主委员会若不正当履行委托人的监督职责，则物业服务企业乱涨费、服务差的现象层出不穷。鉴于此，本书致力于论述完善业主组织的治理结构，使得业主委员会具有维持住宅小区正常秩序的能力，同时业主委员会的权力亦应受到监督和制衡。

　　本书的观点是提出业主组织的概念代表全体业主的内涵，依据委托代理理论和利益相关者理论，借鉴域外法的规定及其发展规律，结合我国相关法律的现状以及本土的实践经验，构建监督制衡的业主组织治理结构，即一般情况下，业主组织应当包含业主大会、业主委员会、业主监事会三个机构。本书主要内容分为以下三个部分。

　　第一，业主组织的界定，本书第一章的内容。概念指引方向，确定的概念是研究的基础性条件。提出"业主组织"的概念对外代表全体业主，限定业主大会仅为意思机构的内涵。依据《民法典》关于民事主体的规定，业主组织的特性和治理模式等，通过法教义学的方法递进式论证业主组织的民事主体定位。业主组织具有独立的意志，可以拥有独立的财产，其是独立享有权利承担义务的社会存在；业主组织具有维护全体业主合法权益的功能和简化手续、提高效率、节约资源的社会价值，其符合民事主体的构成要件。依据业主组织的所有权与经营权分离的治理模式和法人与非法人组织核心区别的内涵，业主组织应当为法人。依据业主组织的非营利性、籍合性、互益性等特性和非营利法人的内涵与外延，业主组织应当为非营利法人中单独的一类。

第二，业主组织治理结构的理论溯源，本书第二章的内容。现代公司是民事主体中历史悠久且较为成熟的私人组织，现代公司治理结构构建的经验值得业主组织借鉴。现代公司与业主组织均具有高度分散的所有权结构和"两权分离"的特征，二者同样产生了委托代理关系与委托代理问题。"业主利益至上"与"股东利益至上"均不利于业主组织的长远发展，需要关注其他利益相关者的利益。依据类比推理的"本质相同"规则，委托代理理论和利益相关者理论可以指导业主组织治理结构的建构。依据上述理论，借鉴域外国家的经验，结合我国现代公司的基本治理结构的现状，"单层二元制"的业主组织治理结构更符合我国国情，即业主大会之下设业主委员会和业主监事会，且二者法律地位平等。

第三，业主组织治理结构的构建。业主组织治理结构构建的规范依据是管理规约和法律，其中主要是管理规约。管理规约更多地体现为业主私人自治，法律是国家介入业主组织治理的象征。法律介入的目的不在于强迫，而在于协助让业主组织的运行更有效，并在业主自治与公共利益之间进行平衡。业主组织治理结构的意思机构是业主大会，业主大会由全体业主组成，会议是其存在的形式。限定业主大会的内涵，其仅为业主组织的内设机构，而非独立的组织体。业主组织治理结构的执行机构是业主委员会，业主委员会既不具备民事主体的资格，也不应成为民事诉讼中的主体。业主委员会和业主大会之间的关系与现代公司的股东大会和董事会之间的关系类似。业主组织治理结构的监督机构是业主监事会,基于对域外国家的法人治理结构的研究发现,专门监督机构的设置模式大致可以分为英美法系模式和大陆法系模式两种,而且业主组织的治理结构与其本国现代公司的治理结构基本一致,由此"单层二元制"治理结构模式更符合我国的现状。

值得注意的是,业主组织是住宅小区治理的核心主体,应当发挥主要作用,但是其并非住宅小区治理的唯一主体。基层党组织、政府有关部门、居民委员会和物业服务企业均在住宅小区治理过程中发挥着不可替代的作用,如何协调上述住宅小区的治理主体使其形成治理合力,是笔者进一步研究的方向。

目录 / contents

序　言 ·· 1

导　论 ·· 1
 一、选题动因与研究意义 ·· 1
 二、域外国家与国内的研究状况 ·· 5
 三、研究思路与研究方法 ·· 15

第一章　业主组织的基本法理和学理概要 ·················· 18
 第一节　业主组织的名称、含义与肇源、形成及演进 ············ 18
  一、业主的概念 ··· 18
  二、业主组织的名称、含义 ··· 24
  三、业主组织的肇源、形成及演进 ································ 29
 第二节　业主组织的特性与治理模式 ································· 39
  一、业主组织的特性 ·· 40
  二、业主组织的治理模式 ·· 43
 第三节　业主组织的民事主体定位 ································· 45

一、业主组织符合民事主体的构成要件 …………………… 47
　　二、业主组织应当是民事主体之法人 …………………… 50
　　三、业主组织法人具体类型的选择 …………………… 53
　第四节　业主组织与其他类似概念的厘清 …………………… 57
　　一、业主组织与非法人团体概念的厘清 …………………… 57
　　二、业主组织与业主管理团体的厘清 …………………… 58
　　三、业主组织与物业管理委员会概念的厘清 …………………… 59
　本章小结 …………………………………………………………… 60

第二章　业主组织治理结构的理论溯源 …………………… 62
　第一节　业主组织治理结构与现代公司治理结构的概要 …………………… 62
　　一、治理与治理结构 …………………………………… 62
　　二、业主组织治理结构与现代公司治理结构内涵的厘定 …………………… 65
　第二节　现代公司治理理论与现代公司治理结构的检视 …………………… 68
　　一、现代公司治理与现代公司治理结构的关联考量 …………………… 68
　　二、委托代理理论与现代公司治理结构 …………………… 71
　　三、利益相关者理论与现代公司治理结构 …………………… 73
　第三节　现代公司治理理论适用于业主组织治理结构建构的证成与证伪
　　　　　…………………………………………………………… 76
　　一、委托代理理论适用于业主组织治理结构的建构 …………………… 77
　　二、利益相关者理论适用于业主组织治理结构的建构 …………………… 80
　　三、现代公司治理理论不适用业主组织治理结构之证伪 …………………… 82
　第四节　现代公司治理理论对业主组织治理结构建构的应用 …………………… 85
　　一、委托代理理论视角下业主组织治理结构的建构 …………………… 85
　　二、利益相关者理论视角下业主组织治理结构的建构 …………………… 86

第五节　我国现行业主组织治理结构的反思 …………… 88
　　一、我国业主组织治理结构的立法评析 ……………… 88
　　二、理论指引下我国应然的业主组织治理结构 ……… 90
　本章小结 ………………………………………………… 91

第三章　业主组织治理结构的规范依据——管理规约及法律 …… 94

　第一节　我国法律关于管理规约规定的评析 …………… 94
　　一、我国法律关于管理规约的规定 …………………… 94
　　二、对我国法律关于管理规约规定的探讨 …………… 96

　第二节　管理规约与法律之间的关联考量 ……………… 98
　　一、管理规约的法律地位 ……………………………… 98
　　二、作为业主组织治理依据的法律 …………………… 103
　　三、管理规约与法律之间的关系 ……………………… 104

　第三节　管理规约的制定和修改与管理规约的保管和阅览 …… 107
　　一、管理规约的制定和修改 …………………………… 107
　　二、临时管理规约的缺陷与修正 ……………………… 110
　　三、管理规约的保管和阅览 …………………………… 114

　第四节　管理规约的记载事项与管理规约的效力 ……… 115
　　一、管理规约的记载事项 ……………………………… 115
　　二、管理规约的效力 …………………………………… 122

　本章小结 ………………………………………………… 126

第四章　业主组织治理结构的意思机构——业主大会 …… 128

　第一节　《民法典》有关业主大会规定的评析 ………… 128
　　一、《民法典》关于业主大会的规定 …………………… 128

二、对《民法典》有关业主大会规定的探讨 …………………… 133

第二节　业主与业主大会之间的关联考量 …………………… 135

一、业主的资格与权利和义务 …………………………… 135

二、业主大会的法律地位 ………………………………… 137

三、业主与业主大会之间的关系 ………………………… 144

第三节　业主大会召集、业主表决权的行使与业主大会决议的分析
　　　　 …………………………………………………………… 146

一、业主大会的召集 ……………………………………… 147

二、业主表决权的行使 …………………………………… 151

三、业主大会的决议 ……………………………………… 154

第四节　业主大会的决议瑕疵及其救济 ……………………… 157

一、业主大会决议的性质 ………………………………… 157

二、业主大会决议瑕疵的认定 …………………………… 159

三、业主大会决议瑕疵的救济 …………………………… 163

本章小结 …………………………………………………………… 165

第五章　业主组织治理结构的执行机构——业主委员会 …… 167

第一节　《民法典》有关业主委员会规定的评析 …………… 167

一、《民法典》对业主委员会的规定 …………………… 167

二、对《民法典》有关业主委员会规定的探讨 ………… 171

第二节　业主委员会与业主大会之间的关联考量 …………… 172

一、业主委员会的性质 …………………………………… 172

二、业主委员会与业主大会之间的关系 ………………… 176

第三节　业主委员会的职权和议事程序 ……………………… 180

一、业主委员会的职权 …………………………………… 180

二、业主委员会的议事程序 ································· 183

　第四节　业主委员会委员与业主委员会负责人 ··············· 188

　　一、业主委员会委员资格与权利 ··························· 188

　　二、业主委员会委员的义务 ······························· 192

　　三、业主委员会负责人 ··································· 196

　本章小结 ··· 200

第六章　业主组织治理结构的监督机构——业主监事会 ······· 202

　第一节　业主组织治理结构监督机构的必要性 ··············· 202

　　一、业主大会监督的局限 ································· 203

　　二、业主组织治理的现实需要 ····························· 204

　　三、设置村务监督委员会的经验 ··························· 207

　第二节　业主组织治理结构监督机构的设置模式 ············· 209

　　一、域外国家业主组织治理结构监督机构的设置模式 ······· 209

　　二、我国业主组织治理结构监督机构的应然设置模式 ······· 216

　第三节　业主监事会的名称、性质与组成、职权 ············· 219

　　一、业主监事会的名称和性质 ····························· 219

　　二、业主监事会的组成和职权 ····························· 224

　本章小结 ··· 230

第七章　我国业主组织治理结构的完善 ······················· 233

　第一节　我国业主组织治理结构完善的基本原则 ············· 233

　　一、体系化与类型化相结合 ······························· 233

　　二、解释论与立法论相结合 ······························· 234

　　三、授权与限权相结合 ··································· 234

四、域外经验与本土实践相结合 …………………………………… 235
　第二节　我国业主组织治理结构完善的进路 ………………………… 236
　　一、明定业主组织的主要类型 …………………………………… 236
　　二、我国业主组织的业主大会和业主委员会制度的完善 ………… 237
　　三、我国业主组织、管理规约和业主监事会制度的建构 ………… 239
　本章小结 ……………………………………………………………… 241

结　论 …………………………………………………………………… 243

参考文献 ………………………………………………………………… 247

后　记 …………………………………………………………………… 267

导　论

一、选题动因与研究意义

（一）选题动因

1991年深圳成立第一个"业主管理委员会"以来，业主组织已经发展了三十余年。从生活实践经验来看，业主组织发展得并不理想。观察身边的住宅小区可以发现，房屋外墙涂层褪色或脱落、屋顶漏水、小区道路损毁、违规饲养动物、违规乱搭乱建、小区内随意开辟花园种菜、延长窗台摆放花盆、住户任意侵占通道等乱象，并不鲜见。与此同时，业主委员会滥用权力或不作为，甚至有部分业主委员会成员因犯非国家工作人员受贿罪而入狱。业主大会召开难、决议难，业主委员会换届难等问题普遍存在。另外，现实生活中相当一部分住宅小区的公共收益被物业服务企业占为己有，全体业主并未获得。事实上，停车费、广告费、租赁费收入相当可观，公共收益的金额可以达到数十万元，甚至是数百万元。[①] 一般来说，物业服务企业是现行规则的"既得利益者"，有的千方百计地阻挠设立业主组织或削弱业主组织的力量。在零和博弈、此消彼长的思维方式的引导下，社会对物业服务行业

[①] 例如，新疆维吾尔自治区乌鲁木齐市天山区国际城小区业委员会与新疆国瑞物业服务有限责任公司建筑物区分所有权纠纷一案，物业服务企业败诉，应向业主委员会给付7708404.86元。参见乌鲁木齐市天山区人民法院（2020）新0102民初6608号民事判决书。

整体持负面看法。另外,通过中国裁判文书网查阅相关案例发现,人民法院对业主大会、业主委员会的法律地位认识不一致。人民法院普遍承认业主委员会可以以自己的名义参与诉讼,有的法院还承认业主大会可以以自己的名义参与诉讼,有时同一小区的业主大会、业主委员会同时以自己名义参与诉讼。业主委员会败诉后执行业主大会名下的财产也是常见情形,甚至出现业主委员会与业主大会之间产生诉讼纠纷的局面。

实践问题往往源自法律制度规定不明晰。2007年的《物权法》及其随后修订的《物业管理条例》明确规定了"业主可以设立业主大会,选举业主委员会"。但均未明确二者的法律地位,涉及业主委员会监督的内容也不多。为缓解实践中的问题,2009年,最高人民法院出台了《最高人民法院关于审理建筑物区分所有权纠纷案件具体应用法律若干问题的解释》(以下简称《建筑物区分所有权纠纷解释》)[①] 和《最高人民法院关于审理物业服务纠纷案件具体应用法律若干问题的解释》(以下简称《物业服务纠纷解释》),该两部司法解释解决了司法实践中的业主身份的界定、业主自治重大事项的范围、业主撤销权的行使等问题和物业服务合同对业主的约束力及效力、业主妨害物业服务企业管理的责任承担、物业费纠纷处理等问题。2020年5月28日,全国人民代表大会通过并公布的《民法典》回应了实践中业主大会和业主委员会设立难以及业主大会决议难的问题,业主大会和业主委员会之间的规范关系也继承了《物权法》和《物业管理条例》的规定。值得注意的是,部分地方物业管理条例作了一些有意义的探索,例如,提出"业主组织"的概念,建议设立业主监事会作为业主委员会的专门监督机构。但是这些规定除只具有地方性效力,还普遍存在相关概念、性质、功能不清,体系性、科学性不强等缺陷。

---

① 需要说明的是,《民法典》颁布后,2020年12月,最高人民法院对《建筑物区分所有权纠纷解释》进行了修订,主要是对相关条文的表述和《民法典》变化的条文进行了修改,其实质内容未有变动。由此,为行文方便,以下《建筑物区分所有权纠纷解释》如无特别说明,均指2020年修订后的司法解释。

制度问题往往源自制度有关的基础理论不清晰。若对业主组织的基础理论没有准确的认知，则无法制定出切实可行的业主组织制度。若缺乏业主组织治理结构理论的指引，则无法建构相对完善的业主组织治理结构。业主是住宅小区中的真正的主人，业主组织自然应当是住宅小区治理的核心主体。发挥业主组织的作用是消解上述种种实践问题的关键一环，建构妥当的业主组织治理结构是发挥业主组织应然作用的基本条件。鉴于此，如何建构业主组织的治理结构是本书的核心问题，对业主组织及其治理结构相关理论的论述是本书的主要内容。

（二）研究意义

从 1988 年 2 月国务院下发《国务院关于印发全国城镇分期分批推行住房制度改革实施方案的通知》至今的三十多年的时间里，中国房地产市场得到了极大的发展，商品房住宅小区是现代城市居民日常生活的主要场所，住宅小区治理的状况事关每位居民的切身利益，对商品房本身的价值也有直接的影响。2017 年 6 月，中共中央、国务院公布了《中共中央、国务院关于加强和完善城乡社区治理的意见》，其提出应当在"党领导下的政府治理和社会调节、居民自治良性互动，改进物业服务管理工作，维护业主的合法权益"等要求。对业主委员会应当受到监督有较大共识，但对如何监督业主委员会尚未有一致的看法。2020 年 12 月，住房和城乡建设部等十部门联合印发了《关于加强和改进住宅物业管理工作的通知》，其第 8 条①的规定，从保障业主的知情权和监督权与加强街道办的行政监督

---

① 《住房和城乡建设部等部门关于加强和改进住宅物业管理工作的通知》（建房规〔2020〕10 号）第 8 条规定："加强对业主委员会监督。业主委员会每年向业主公布业主共有部分经营与收益、维修资金使用、经费开支等信息，保障业主的知情权和监督权。业主委员会作出违反法律法规和议事规则、管理规约的决定，街道应当责令限期整改，拒不整改的依法依规撤销其决定，并公告业主。业主委员会不依法履行职责，严重损害业主权益的，街道指导业主大会召开临时会议，重新选举业主委员会。加大对业主委员会成员违法违规行为查处力度，涉嫌犯罪的移交司法机关处理。"

权视角，对业主委员会进行监督，上述两个视角本身没有问题，但仍然未解决业主委员会具有信息优势的问题，缺乏业主组织内部监督。针对商品房住宅小区存在种种亟待解决的乱象，建构妥当的业主组织治理结构与权力运行体系，使其发挥应有的功用，具有强烈的实践意义。

我国对"业主组织"的研究还处于起步阶段，从国家立法视角观察，未使用过业主组织的概念，该概念的使用仅限于地方性法规中，① 学界也未普遍使用，更未见系统化地对"业主组织治理结构"的研究。相当一部分学者仍然坚持使用"业主团体"一词，来代表全体业主，并且学界主流观点仍然认为业主大会既是组织的意思机构，又是代表全体业主的组织体本身。② 换言之，业主组织概念的提出与其内涵的界定，需要接受质疑与挑战。由此可知，学界对业主组织的概念，业主组织的治理结构，业主大会和业主委员会的规范关系，业主组织的专门监督机构等基础理论的研究仍然处于早期的探索阶段。本书也仅是对业主组织与业主组织治理结构进行的基础性与框架性的研究。从法学、经济学、管理学、社会学、逻辑学等多学科角度，对业主组织进行分析，厘清业主组织概念的内涵，明定业主组织的民事主体地位，探寻业主组织治理结构的理论和依据，具有重要的理论意义。

---

① 例如，《北京市物业管理条例》第四章规定了业主、业主组织和物业管理委员会；《深圳经济特区物业管理条例》第三章规定了业主和业主组织；《海南经济特区物业管理条例（修订草案）》（征求意见稿）第三章规定了业主和业主组织；《广州市物业管理条例》第三章规定了业主和业主组织。

② 参见黄薇主编：《中华人民共和国民法典物权编释义》，法律出版社2020年版，第150~151页；最高人民法院民法典贯彻实施工作领导小组主编：《中华人民共和国民法典物权编理解与适用（上）》，人民法院出版社2020年版，第37~375页；陈华彬：《建筑物区分所有权法》，中国政法大学出版社2018年版，第274页；梁慧星、陈华彬：《物权法》（第七版），法律出版社2020年版，第207~208页；王利明：《物权法研究（上卷）》（第三版），中国人民大学出版社2013年版，第621~623页；崔建远：《中国民法典释评物权编（上卷）》，中国人民大学出版社2020年版，第384~386页。

二、域外国家与国内的研究状况

(一) 德、日、美的研究状况

世界各国对业主组织性质和治理结构的规定差异较大。英美法系与大陆法系之间的差异较为明显,其中大陆法系国家对业主组织的认识也并非完全一致,甚至同一国家不同时期的认识也不相同。具体分析如下。

1951 年 3 月 15 日,联邦德国制定了《住宅所有权与长期居住权法》(以下简称《德国住宅所有权法》),最近的一次修改是 2007 年 3 月 26 日。2007 年之前,德国住宅所有权人共同体(业主组织)不具有法人人格,无权利能力,但实务上认可其是具有行为能力的组织体。住宅所有权人共同体超越了普通共有关系,具有浓厚的团体性。对住宅所有权人共同体性质认识的变化,从"共有说"转变为"团体说",由此 2007 年修法时承认住宅所有权人共同体具有法人人格。需要注意的是,该转变并未彻底转变,涉及个人所有权自由的保障时,不得通过多数决的方式,侵害少部分人的利益。住宅所有权法具有"共有法"与"团体法"交错的特征。[①] 白江老师的论文《传统与发展:德国建筑物区分所有权法的现代化》[②] 和《德国住宅管理制度之研究及启示》[③] 对 2007 年的修订内容及其影响作了较为详细的分析。住宅所有权人共同体性质的变化对管理人和住宅所有权人大会决议的影响较大,管理人具有双重内涵,其成了既是独立的法人又是住宅所有权人共同体的执行机构。作为独立法人的管理人受管

[①] 参见陈华彬:《建筑物区分所有权法》,中国政法大学出版社 2018 年版,第 428~431 页。

[②] 参见白江:《传统与发展:德国建筑物区分所有权法的现代化》,载《法学》2008 年第 7 期。

[③] 参见白江:《德国住宅管理制度之研究及启示》,载《中外法学》2008 年第 2 期。

理合同的约束,作为团体的执行机构受住宅所有权人大会决议的约束,由此,依据住宅所有权人大会决议取消了管理人执行机构的法律地位,并不直接导致管理合同的自动终止,管理人与住宅所有权人共同体仍然受管理合同的约束。住宅所有权人大会决议由"一致决"变更为"多数决",该变动既是实务的必然要求,又是从"共有说"到"团体说"理论发展的结果。住宅所有权人共同体(团体)的治理结构为住宅所有权人团体具有法人人格,住宅所有权人大会为决策机构、管理人为执行机构和代表机构,管理参议会为监督机构。

1962年4月4日,日本颁布了法律第69号《有关建筑物区分所有等之法律》(以下简称《日本建筑物区分所有权法》),① 之后多次修订,其中1983年和2002年的两次修订因涉及区分所有权的"团体性"和"重建"而影响较大。② 20世纪50年代,日本经济的快速发展,人口向城市集中,为有效利用有限的土地,中高层公寓建筑物普及,为明确区分所有建筑物的法律关系而制定该法。该法将一栋建筑物作为该法的主要规制对象,之后不断修订该法使其符合时代发展的需要。该法修订过程中,对团体性权利的认识不断增强,房屋老化修缮也是其关注的问题。1995年1月17日的"坂神·淡路大地震"导致多处公寓倒塌,震后建筑物重建纠纷大量增加,管理团体应当被赋予法人资格成了必须选项。③ 由于税收等,相

---

① 需要说明的是,在日本简称该法为《区分所有法》,借鉴温丰文先生和陈华彬先生的翻译,结合我国《民法典》相对应的词语为"建筑物区分所有",故笔者认为将该法翻译为《日本建筑物区分所有权法》较为准确。

② 中文著述中未见对该法修改过程完整的描述,笔者认为有必要予以罗列以显示日本对该法的修改频率,以下信息源自日本2002年的法律文本与2011年的法律文本。《建物の区分所有等に関する法律》分别于1983年5月21日法律51号,1988年12月30日108号,2002年12月11日第140号,2005年7月26日法律第87号,2006年6月2日法律50号,2008年4月30日法律23号,2011年5月25日法律53号进行修订。

③ 参见日本2002年修订的《建物の区分所有等に関する法律》。

当一部分区分所有权人不愿将管理团体注册为法人,但总体来说,管理团体法人化是发展的趋势。① 由此,日本管理团体的管理机构设置常见的有两种形态,一是一般管理团体的管理机构由集会和管理人组成,其中集会是管理团体的最高意思决定机构,管理人为管理团体的代表机构和执行机构。管理人又分为两种情形:一种是全体区分所有权人仅选举某一自然人或法人作为管理人,负责管理团体的各项事务;另一种是设立管理组合理事会,并推选理事长作为管理人,但管理组合不登记注册为法人,该种情形更为常见。二是符合设立法人条件的可以设立管理组合法人,其机构有集会、理事会、监事会,集会是意思机构,理事会是执行机构,监事会是监督机构。事实上,还有一种较少的团体形态是社区建筑物权区分所有人团体,该团体是指在一社区中数栋建筑物内的所有人组成的团体。② 丸山英气与折田泰宏合编《公寓法的未来》,③ 水本浩、远藤浩、丸山英气的《公寓法》,④ 稻本洋之助、镰野邦树的《区分所有法的逐条解释》⑤,渡边晋的《最新区分所有法的解说》⑥ 等著作,对上述内容作了重要的论述。日本学界一直没有中断过对建筑物区分所有权性质与个人权利与集体权力问题的讨论,论述建筑物区分所有权具有团体性是管理团体形成的基础。伊藤荣寿的《所有法和团体法的交错:对区分所有人的团体约束的根据和

---

① 参见陈华彬:《建筑物区分所有权法》,中国政法大学出版社2018年版,第279~280页。

② 丸山英気=折田泰宏『これからのマンションと法』(日本評論社,2008年)25~26頁。

③ 丸山英気=折田泰宏『これからのマンションと法』(日本評論社,2008年)。

④ 水本浩=遠藤浩=丸山英気『基本法コンメンタール マンション法』(日本評論社,2006年)。

⑤ 稲本洋之助=鎌野邦樹『コンメンタール マンション区分所有法』(日本評論社,2004年)。

⑥ 渡辺晋『最新区分所有法の解説(6訂補遺版)』(住宅新報社,2019年)。

界限》，① 野口大作的《公用部分的范围及管理与变更以及团体约束性》，②大野武的《管理团体理事长的对外法律关系权限》，③ 土居俊平的《管理规约的设定与变更以及对少数区分所有人的保护》④ 等，均是对管理团体的直接或间接论述。

美国没有建筑物区分所有权的联邦立法，建筑物区分所有权属于州立法。1977 年，统一州法全国委员会公布《统一公寓示范法》（Uniform Condominium Act），1982 年公布了《统一共有权益示范法》（Uniform Common Interest Ownership Act），⑤ 2007 年又公布了《新公寓示范法》（New Condominium Act）。美国各州立法受上述示范法影响较大，或者说是各州立法时将示范法的具体化。⑥ 美国的业主协会（Community Association）⑦ 是一个法律实体，一般注册为法人，业主协会的基本类型有三种，即公寓（Con-

---

① 伊藤荣寿『所有法と団体法の交錯：区分所有者に対する団体の拘束の根拠と限界』（成文堂，2011 年）。

② 野口大作「共用部分の範囲および管理変更と団体的拘束性」日本マンション学会誌：マンション学第 61 期（2018 年）。

③ 大野武「管理組合の理事長の権限と対外的法律関係」日本マンション学会誌：マンション学第 61 期（2018 年）。

④ 土居俊平「規約の設定変更と少数区分所有者の保護」日本マンション学会誌：マンション学第 61 期（2018 年）。

⑤ 2008 年 11 月 11 日，美国统一州法全国委员会公布了新版本。

⑥ 参见石伟：《论美国区分所有权法上开发商的控制权转移制度——兼论中国制度的重构》，载《东方法学》2009 年第 4 期。

⑦ 需要说明的是，有观点认为"业主协会"的翻译为 Condominium Homeowners Association 或者 Homeowners Association，该翻译具有一定的道理，也有部分州使用该叫法，与我国业主组织或业主团体的直译较为接近，但其不是美国的通常用法，相较来说在美国更为常用且内涵广泛的是 Community Association 来表示中文意义上的业主协会。参见[美]马琳·M. 科尔曼、贾奇·威廉·赫斯：《美国业主协会运作指南》，赵宇、王婧菁等译，上海社会科学院出版社 2009 年版，第 1~7 页；周树基：《美国物业产权制度与物业管理》，北京大学出版社 2005 年版，第 49 页；孙宪忠、朱广新主编：《民法典评注物权编（2）》，中国法制出版社 2020 年版，第 117 页。

dominium)、合作社（Cooperative）、规划社区（Planned Community）。①2018年，美国有347000个业主协会，26%的人口居住在有业主协会的地区。② 业主协会作为独立的法人，其下设立理事会（Board of directors）作为决策机构，专业委员会（Committee）作为议事机构。③ 其中理事由年度业主大会选举产生，理事会组建专业委员会，理事会选出执行官。理事会负责制定管理协会运作的政策，执行政策是执行官的责任。专业委员会为理事会执行各种任务，不作政策决策，主要代理理事会调查、收集信息或者对理事会提出建议等，专业委员会是理事会的支撑体系。美国的业主协会治理较为灵活，专业委员会可以根据小区的实际情况来具体确定，还可以成立临时专业委员会。业主协会作为一个独立的组织实体，相当一部分还有自己的网站，通过网络与小区居民沟通，非常便利，如教堂山业主协

---

① Foundation for Community Association Research. The Community Association Fact Book for 2018: Comprehensive Association Data and Information, page 13. Accessed August 1, 2020.

② Foundation for Community Association Research. The Community Association Fact Book for 2018: Comprehensive Association Data and Information, page 7. Accessed August 1, 2020.

③ 需要说明的是，Board of directors，有学者翻译为"管理委员会"，也有学者翻译为"董事会"，但笔者认为均不妥当，其与我国的"业主委员会"并不相同。美国是英美法系，其与大陆法系的法人结构差异较大，应采用其自身法人结构名称的通常翻译，美国的业主协会与其本国公司的治理结构基本一致，但其一般为非营利组织，因此翻译为"理事会"较为妥当。日本学者梶浦恒男也将其翻译为"理事会"。另外，commitee直译是"委员会"，容易与我国的"业主委员会"混淆，另外与"理事会"的翻译也不相容，根据其职能借鉴公司法领域的翻译习惯加上"专业"一词较为妥当，故而翻译为"专业委员会"。参见梶浦恒男「マンションの管理形態」丸山英気＝折田泰宏『これからのマンションと法』（日本評論社，2008年），308~327頁；[美]马琳·M.科尔曼、贾奇·威廉·赫斯：《美国业主协会运作指南》，赵宇、王婧菁等译，上海社会科学院出版社2009年版，第1~2页；周树基：《美国物业产权制度与物业管理》，北京大学出版社2005年版，第49页。

会、科德拉业主协会、海斯伯勒社区协会等。① 对上述内容有全面的论述。个人权利与组织权力，或者说是少数人与多数人之间的权利争议是随着时代发展不停讨论的话题。例如，卡尔·B.克莱斯的《审视业主协会对业主权利的限制》②，罗曼的《从事"住宅使用"业务：在共同利益社区中短期租赁困境》③，约翰娜·因特里安的《悬而未决：通过 Airbnb 法规协调共享经济》④，斯蒂芬·R.米勒的《监管共享经济的首要原则》⑤，本杰明·G.埃德尔曼和达米安·杰拉丁的《效率和监管捷径：我们应该如何监管像 Airbnb 和 Uber 这样的公司？》⑥ 等。

综上所述，我们可以得出如下几点启示。一是业主组织法人化是发展的趋势，德国对业主组织法人化观点的前后变化最为明显；日本鼓励成立管理组合法人，修法过程中取消了管理组合法人成立需要30人的要件；美国一直主张业主协会法律实体化。二是法人的治理结构各国差异较大，但均具有本土性，与其本国的其他法人治理结构基本一致，尤其是与公司的治理结构。德国的住宅所有人大会相当于股东大会，管理人相当于理事会，管理议事会相当于监事会，其中监事会的地位高于理事会，与其本国

---

① 参见［美］约翰·保罗·汉娜、格蕾丝·H.莫里卡：《美国业主协会实务手册》，夏茂森、宋静等译，上海社会科学院出版社2009年版。

② Carl B. Kress, Beyond Nahrstedt: Reviewing Restrictions Governing Life in a Property Owner Association, 42 UCLA Law Review837, 837-884 (1995).

③ Cai Roman, Making a Business of Residential Use: The Short-Term-Rental Dilemma in Common-Interest Communities, 68 Emory Law Journal801, 801-835 (2019).

④ Johanna Interian, Up in the Air: Harmonizing the Sharing Economy through Airbnb Regulations, 39 Boston College International and Comparative Law Review129, 129-162 (2016).

⑤ Stephen R. Miller, First Principles for Regulating the Sharing Economy, 53 Harvard Journal on Legislation 147, 147-202 (2016).

⑥ Benjamin G. Edelman & Damien Geradin, Efficiencies and Regulatory Shortcuts: How Should We Regulate Companies Like Airbnb and Uber, 19 (2) Stanford Technology Law Review 293, 293-328 (2016).

公司的双重治理结构相一致。另外，德国住宅所有人团体管理人的双重内涵、双重法律地位的抽象思维方式与其民法中的债权行为、物权行为的思维方式非常相似。日本的管理组合法人和美国的业主协会均与其本国的公司法人的治理结构相吻合。三是日本的集会和管理人建立在人数较少的基础上，一栋公寓大楼是其主要形态。该种模式与我国的业主大会、业主委员会相一致，但其与我国的前提不一致，我国该种模式适用的是人数较多的住宅小区。人数较少的组织几乎不存在"信息不对称"的情形，组织利益也不大，监督模式可以较为简单。四是业主个人自由的权利与组织限制的权力之间的衡量，随着时代的发展不断变化。德国、日本的建筑物区分所有权特性从开始的"共有说"路径到"团体说"再到"交错说"的变化，显示了人们对个人权利与组织权力界限的纠结。其与美国学者探讨的所有权个人权利的限制和共同利益与个人利益的冲突问题本质上是一致的。近年来，我国住宅小区中出现的所谓的"民宿"与美国的"短期租赁"的问题也是一致的。五是网络化、电子化等现代科技为业主组织与业主之间的沟通和业主组织的资料保存等带来非常大的便利，值得推广。日本修法过程中专门加入了集会决议和管理规约、会议记录、财产目录电磁化的规定。美国业主协会专门设立网站公开信息、征集意见等也大大方便了业主。

(二) 国内的研究状况

立法上，关于业主组织的首次全国性的立法是 2003 年的《物业管理条例》，该条例规定"物业管理区域内全体业主组成业主大会""一个物业管理区域成立一个业主大会""业主委员会是业主大会的执行机构"。[①]
2007 年的《物权法》关于业主大会、业主委员会的规定延续了 2003 年

---

① 参见《物业管理条例》(2003 年) 第 8 条、第 9 条、第 15 条。

《物业管理条例》规定的内涵，第75条规定："业主可以设立业主大会，选举业主委员会。"第78条规定了"业主大会或者业主委员会的决定，对业主具有约束力。业主大会或者业主委员会作出的决定侵害业主合法权益的，受侵害的业主可以请求人民法院予以撤销"。该规定即是业主大会、业主委员会职责的自然推理的结果，也是产生争议的关键条文。诉讼过程中如何认定业主大会与业主委员会之间的关系，谁是被告，败诉后如何承担责任等问题，成为现实且矛盾的问题。《民法典》对上述规定予以保留，在第277条增加了"业主大会、业主委员会成立的具体条件和程序，依照法律、法规的规定"。该规定为"立法论"视角探讨业主大会和业主委员会应然的规定预留了空间。

学说上，由于司法实践中比较棘手的问题就是谁代表全体业主作为诉讼主体，学者们的讨论集中在业主大会、业主委员会的法律地位上。主要观点有以下五类：一是主流观点认为业主大会即是独立的社会组织，又具有独立的民事主体资格；[1] 二是主张提出业主组织（业主团体）的概念，让业主大会回归意思形成机构的本位，业主委员会是其执行机构，认定业

---

[1] 参见黄薇主编：《中华人民共和国民法典物权编释义》，法律出版社2020年版，第150~151页；最高人民法院民法典贯彻实施工作领导小组主编：《中华人民共和国民法典物权编理解与适用（上）》，人民法院出版社2020年版，第371~375页；陈华彬：《建筑物区分所有法》，中国政法大学出版社2018年版，第274页；梁慧星、陈华彬：《物权法》（第七版），法律出版社2020年版，第207~208页；王利明：《物权法研究（上卷）》（第三版），中国人民大学出版社2013年版，第621~623页；崔建远：《中国民法典释评物权编（上卷）》，中国人民大学出版社2020年版，第384~386页；于凤瑞：《民法典编纂中业主大会的法律属性与财产责任》，载《北方法学》2018年第6期；孟强：《论业主大会的诉讼主体资格》，载《政治与法律》2009年第8期；朱涛：《业主大会法律问题研究：民事主体理论的视角》，法律出版社2016年版，第142页。

主组织为民事主体之法人①或非法人组织②；三是主张业主大会为民事主体之法人③或非法人组织④，抑或仅认可业主大会为民事主体，但具体法人或非法人组织仍需探讨；⑤四是主张业主大会、业主委员会均为民事主体之非法人组织；⑥五是仅认可业主大会或业主委员会的诉讼主体地位，但不认可其民事主体地位⑦。上述内容除了观点不同外，论述视角也差异较大，多从价值论、立法历程、域外比较等视角展开，不严格遵循法教义学的解释路径，从《民法总则》中民事主体的规定和业主大会、业主委员会规范本身进行系统性论证。

学界没有专门著作对业主组织治理结构进行论述，对业主组织治理结构的论述多散见于将业主组织（或业主大会）作为整体的研究中。主要有

---

① 参见梅夏英：《民法典编纂中所有权规则的立法发展与完善》，载《清华法学》2018年第2期；吴国平：《论业主团体法律地位的确立》，载《北方法学》2008年第5期。

② 参见郭升选：《论业主团体民事主体地位的重塑》，载《西北大学学报（哲学社会科学版）》2009年第3期；刘保玉、孙超：《论业主委员会的法律地位——从实体法与程序法的双重视角》，载《政治与法律》2009年第2期。

③ 参见陈华彬：《建筑物区分所有法》，中国政法大学出版社2018年版，第274页；朱涛：《业主大会法律问题研究：民事主体理论的视角》，法律出版社2016年版，第142页。

④ 参见于凤瑞：《民法典编纂中业主大会的法律属性与财产责任》，载《北方法学》2018年第6期；孟强：《论业主大会的诉讼主体资格》，载《政治与法律》2009年第8期。

⑤ 参见王利明：《物权法研究（上卷）》（第三版），中国人民大学出版社2013年版，第623页；崔建远：《物权法》（第三版），中国人民大学出版社2014年版，第214页。

⑥ 参见张鸣起主编：《民法总则专题讲义》，法律出版社2018年版，第302页。该部分由郭明瑞教授执笔。

⑦ 参见孙宪忠、朱广新主编：《民法典评注物权编（2）》，中国法制出版社2020年版，第116~120页；孟强：《论业主大会的诉讼主体资格》，载《政治与法律》2009年第8期；夏永全：《〈物权法〉视角下的业主大会与业主委员会——以法的可诉性为中心》，载《北方法学》2007年第5期。

薛源的《区分所有建筑物自治管理组织制度研究》,① 徐海燕的《区分所有建筑物管理的法律问题研究》,② 朱涛的《业主大会法律问题研究：民事主体理论的视角》,③ 陈鑫的《业主自治：以建筑物区分所有权为基础》④等。上述论述均涉及所谓的业主组织治理结构的论述，为本书的写作提供了较多的思路指引和资料，但其也存在如下几个方面的缺陷：一是从时间上看均是在《民法典》出台之前进行的论述，对《民法典》中的新规定缺乏回应，滞后性较为明显；二是对治理结构背后的理论缺乏论证，究竟是何种理论指引业主组织治理结构的建构应当予以回应；三是缺乏系统性论述，将业主组织镶嵌于整个《民法典》民事主体体系中并与业主的建筑物区分所有权和物业服务合同相协调，还要立足于社区治理的社会背景下使其符合时代发展潮流，此正所谓，除了要做到"自洽"以外，还要做到"他洽"和"续洽"⑤。

鉴于此，在社区治理的时代背景下，以《民法典》现有的规定为前提，探讨业主组织的治理理论，建构应然的业主组织治理结构就显得非常有必要。另需说明的是，以其他营利或非营利组织治理结构作为论题的博士学位论文对本书具有较大的启示意义，也从另一个视角印证了本书论题

---

① 参见薛源：《区分所有建筑物自治管理组织制度研究》，对外经济贸易大学2005年博士学位论文。

② 参见徐海燕：《区分所有建筑物管理的法律问题研究》，法律出版社2009年版。

③ 参见朱涛：《业主大会法律问题研究：民事主体理论的视角》，法律出版社2016年版。

④ 参见陈鑫：《业主自治：以建筑物区分所有权为基础》，北京大学出版社2007年版。

⑤ 自洽、他洽、续洽的"三洽"说法源自王东岳先生，所谓"自洽"是指一个理论其内部依据人类现有的知识应当是符合逻辑的，不存在矛盾或例外情形；所谓他洽是指该理论与现有的已被证实了的其他理论相融，不存在冲突；所谓续洽是指可以解释新出现的事物，符合时代发展的趋势。当出现例外情形时，就是该理论应当修正或重构之时。

的正当性。例如，金锦萍、① 刘春湘、② 王文钦、③ 徐念沙、④ 袁涌波⑤和丁笑梅⑥的著作等。

三、研究思路与研究方法

（一）研究思路

从研究思路上看，本书缘起于实践中住宅小区的治理问题，业主组织是住宅小区的治理的核心主体，建构合理的业主组织治理结构是发挥业主组织核心主体作用的关键，由此，如何建构业主组织治理结构是本书的主要问题。首先，对本书的基础概念"业主组织"厘清、明定；继而，论证现代公司的治理理论委托代理理论、利益相关者理论同样适用于业主组织的治理，在上述理论的指引下业主组织的基本治理结构应当为意思机构（决策机构）、执行机构和监督机构；其次，厘清业主组织治理结构的规范依据管理规约及法律，在明定管理规约法律地位的基础上探讨应然的管理规约制度规则；最后，在明定意思机构、执行机构和监督机构三者法律地位的基础上，探讨应然制度规则，并结合我国业主组织的现状从解释论或立法论视角提出完善的建议。业主组织治理结构的建构除了广泛借鉴和吸收域外立法经验外，更为注重业主组织及其治理结构本身的基本理论与规则，且立足于我国现有的法律体系、治理体制、社会现状等具体要素，以

---

① 参见金锦萍：《非营利法人治理结构研究》，北京大学出版社2005年版。
② 参见刘春湘：《非营利组织治理结构研究》，中南大学出版社2007年版。
③ 参见王文钦：《公司治理结构之研究》，中国人民大学出版社2005年版。
④ 参见徐念沙：《国有独资公司治理结构的法律分析》，中国政法大学2003年博士学位论文。
⑤ 参见袁涌波：《中国民营上市公司治理结构研究》，复旦大学2005年博士学位论文。
⑥ 参见丁笑梅：《大学治理结构研究：基于比较的视角》，华东师范大学2014年博士学位论文。

及中央与地方的立法实践,在我国特定的时空背景下探讨业主组织治理结构的应然规则与实现路径。

(二) 研究的方法

本书的研究方法主要有以下几种。

法解释学方法。本书属于制度型选题,关于业主组织已有相关的法律、法规予以规定,法解释学是本书研究的基本方法。文义解释、体系解释、目的限缩解释、目的扩张解释等解释方法均有所运用。结合生活实践中的问题和常识与司法实践中的问题与判例观点,考察立法资料,分析其与其他条文的关系,分析具体条文的语义,探究条文背后的目的与价值。立法者的价值判断是决定条文规则适用的重要标准,价值判断问题是民法的核心问题。[①] 另需说明的是,法律漏洞填补也属于广义上的法解释学方法,但由于法律漏洞填补是针对超越法律条文语义所涵摄范围的解释方法,对该种情形本书更倾向于采用立法论视角进行探讨,例如,建构业主组织的专门监督机构,故而,此处的法解释学方法是指狭义的法解释学方法。

比较法学方法。对不同法系、不同国家关于业主组织治理结构的制度进行比较分析,发现其各自的特点。我国在制定《民法典》的过程中借鉴了域外经验,有助于建构我国应然的业主组织治理结构。在比较分析的过程中,注意各国的制度环境与面临的具体问题,不仅从制度本身,也从制度功能的视角进行论述。另外,业主组织作为组织体,难免与本国最常见的营利性组织体公司存在各种关联,各国业主组织治理结构与其本国的公司的治理结构之间的关系也是本书关注的对象。

历史研究方法。现实是历史的延伸,任何一个事物都是从萌芽开始不

---

① 参见王轶:《民法价值判断问题的实体性论证规则——以中国民法学的学术实践为背景》,载《中国社会科学》2004年第6期。

断成长，在成长过程中不断修正完善的过程。业主组织也不例外，从第一个"业主管理委员会"诞生后，根据其实践中的问题，规范性文件、地方性法规、行政法规、法律等不断调整其相应的制度。总结历史发展的历程有利于认识业主组织本身，也有利于获得完善业主组织的启发。

  法社会学研究方法。法社会学在方法论上的意义是指用社会学的方法研究法律，社会学研究的对象是社会本身，而非法律文本。运用个案分析、实地调研等方法考察现实生活中业主组织治理结构的制度与运行状况。本书的选题方向就是通过观察日常生活中住宅小区面临的实际问题而来，通过进一步的实地调研，确认具体的论题，将业主组织治理结构作为研究的核心。对业主组织在实务运行中的困境进行分析，提出具有针对性的完善方案。

第一章　业主组织的基本法理和学理概要

第一节　业主组织的名称、含义与肇源、形成及演进

一、业主的概念

"概念引导我们进行探索。"① 业主这一概念并非传统大陆法系概念,而是我国香港特别行政区使用的概念。② 我国内地的房地产开发与管理均借鉴了香港模式。③ 1991 年深圳万科天景花园小区诞生的第一个"业主管理委员会",开始使用了"业主"一词。④ 1994 年深圳市人民代表大会通过的《深圳经济特区住宅区物业管理条例》沿用了"业主"的叫法,并明确使用了"业主自治"的概念。2003 年国务院颁布的《物业管理条例》继续使用此概念,2007 年全国人民代表大会通过的《物权法》从法律的高

---

① [奥] 路德维希·维特根斯坦:《哲学研究》,陈嘉映译,人民出版社 2001 年版,第 540 页。
② 需要说明的是,在我国香港特别行政区,与业主对应的词为"owner"。参见《香港建筑物管理条例》(2007 年修订) 第 2 条释义:"业主 (owner) 指 (a) 土地注册处纪录显示,当其时拥有一幅上有建筑物土地的一份不可分割份数的人;及 (b) 管有该份数的已登记承按人。"
③ 参见陈枫、王克非:《物业管理》,北京大学出版社 2007 年版,第 91 页。
④ 参见向云:《中国内地第一个业主委员会诞生始末》,载《中国物业管理》2011 年第 5 期。

度正式确认了"业主"一词的用法,2020年5月28日,第十三届全国人民代表大会通过的《民法典》继续沿用此概念。依据《民法典》物权编第六章章名"业主的建筑物区分所有权"和第271条①的规定可知,"业主"是指"对建筑物内的住宅、经营性用房等专有部分享有所有权的人"。简言之,业主指建筑物专有部分所有权人。

我国《民法典》物权编第六章章名借鉴了日本的"建筑物区分所有权"的叫法,又在该概念前面加上了"业主的"一词语。② 根据法律移植的习惯和语义逻辑分析,使用"区分所有权人"的叫法更能保证概念使用的统一,也更符合逻辑。但鉴于民事立法与人们日常生活的联系较为紧密,应当坚持"实用性"第一位,"逻辑性"第二位的思维方式,当二者发生冲突时,实用性应当优于逻辑性。③ 我国《物权法》立法时已经形成了使用"业主"一词的习惯,使用"业主"一词更符合我国的客观现实。在传统大陆法系国家、地区中也有与"业主"相对应的概念。据《德国住宅所有权法》第10条第1款的规定,与业主对应的概念是"住宅所有权人";据《日本建筑物区分所有权法》第2条的规定,与业主对应的概念是"区分所有权人"。业主概念的内涵是抽象的,从抽象内涵到具体外延,仍然存在着不同解释。我国《民法典》物权编第6章中17个条文全部使用了"业主"这一概念,故而,有必要对"业主"概念外延的具体类型进行详细的探究。业主概念外延的具体类型以《民法典》《物业管理条例》

---

① 《民法典》第271条规定:"业主对建筑物内的住宅、经营性用房等专有部分享有所有权,对专有部分以外的共有部分享有共有和共同管理的权利。"

② 还需要说明的是,陈华彬教授认为"建筑物区分所有权"一词已经语义确切,加上"业主的"这一定语反而导致语义不清。但王利明教授认为冠以"业主"二字便于民众理解与接受。参见陈华彬:《业主的建筑物区分所有权——评〈物权法草案〉第六章》,载《中外法学》2006年第1期;王利明:《论业主的建筑物区分所有权的概念》,载《当代法学》2006年第1期。

③ 参见马俊驹:《漫谈民法走势和我国民法典的制定》,载《清华法学》2003年第2期。

以及司法解释的规定为依据展开讨论。

(一) 房屋所有权人

《物业管理条例》第6条第1款明确规定:"房屋的所有权人为业主。"依据语义逻辑理解,业主的范围主要是房屋所有权人,但其应当是包括但不限于房屋所有权人。房屋又可分为住宅与经营性用房两种。另需说明的是,物业管理制度相关内容的制定以房屋所有权人为假设前提,具体制度的设定有时难免忽略其他类型的业主。本书以住宅用房为主要探讨对象。

(二) 非房屋的专有部分所有权人

《民法典》第271条在列举专有部分的类型时,采用的是列举加概括的开放式列举方式,即住宅、经营性用房后又加了"等"字,"等"字明确表示是不完全列举,业主还应当包括"非房屋专有部分的所有权人"。具体来说,非房屋所有权人主要是单独车库、车位所有权人。依据《民法典》第276条①的规定,车位、车库并不禁止向小区以外的人员销售,现实生活中也确实存在未购买房屋,只购买了车位或车库的人员。随着科技的发展,是否还会出现其他的未涵盖的专有部分,未可知。目前而言,笔者赞同王利明教授的变通做法,依据《民法典》对专有部分的规定解释,认定仅有车位、车库的所有权人为业主,但同时限制其表决权,仅能在涉及车位、车库合法权益时进行表决,对涉及房屋等其他事务时不具有表决权。② 质言之,业主范围的确定应当坚持《民法典》第271条的规定,即除房屋所有权人为业主外,非房屋的专有部分所有权人也认定为业主,但

---

① 《民法典》第276条规定:"建筑区划内,规划用于停放汽车的车位、车库应当首先满足业主的需要。"
② 参见陈华彬:《业主的建筑物区分所有权——评〈物权法草案〉第六章》,载《中外法学》2006年第1期;王利明:《论业主的建筑物区分所有权的概念》,载《当代法学》2006年第1期。

该类型的业主是否享有与房屋所有权人的业主同样的权利，则要根据具体情况来判断，一般来说，其权利的行使应与其专有部分有利害关系。

(三) 基于法律规定或事实行为取得专有部分的所有权人

依据形式逻辑推理，该种类型的所有权人应当属于上述两种类型之一种，但上述两种类型的逻辑前提一般是指基于买卖合同而享有的所有权，当然也是最主要的类型。为了明确除了买卖合同外，还存在其他取得所有权的方式。主要包括依据法律文书取得专有部分的所有权人；因继承取得专有部分的所有权人；因合法建造取得专有部分的所有权人。①

(四) 尚未登记，但基于买卖等旨在转移所有权的行为已经合法占有的单位或者个人②

我国房地产开发模式为商品房尚未完全建成（楼花）即可销售，待竣工验收合格后，开发商再给购房者办理登记手续，该种模式被称为楼花按揭、商品房按揭、商品房担保贷款等。③ 在我国存在一个现实而客观的问题，开发商办理相关手续，因为各种原因需要相当长的时间，实践中大量存在商品房买受人已经入住一年甚至数年，仍未办理产权登记手续的情

---

① 《北京市物业管理条例》第25条第3款第2项、第3项、第4项规定："(二) 因人民法院、仲裁机构的生效法律文书取得建筑物专有部分所有权的单位或者个人；(三) 因继承取得建筑物专有部分所有权的个人；(四) 因合法建造取得建筑物专有部分所有权的单位或者个人。"

② 《北京市物业管理条例》第25条第3款第1项规定："(一) 尚未登记取得所有权，但是基于买卖、赠与、拆迁补偿等旨在转移所有权的行为已经合法占有建筑物专有部分的单位或者个人。"

③ 唐列英：《个人住房商品房买卖贷款法律问题研究》，西南政法大学2005年博士学位论文，第31~42页。

况。根据《民法典》第209条①的规定，不动产须经登记才能发生物权效力，换言之，未办理登记而入住的商品房买受人，无论时间长短均不是房屋的所有权人。若严格依据《民法典》的规定，房屋买受人当然也就不是业主，业主的相关权利也无法正常地行使，这显然不符合客观现实。鉴于此，最高人民法院通过司法解释扩张了业主的范围，认定已签订商品房买卖合同，且已合法占有建造物专有部分，但尚未办理登记的人为业主。②换言之，最高人民法院的司法解释扩张了法律的规定，该解释缓解了客观现实中的难题，具有实践价值，应当继续沿用。③ 另需注意的是，签订了商品房买卖合同且已办理了预告登记，但未占有专有部分的买受人，虽然与建筑物区分所有权有联系，但与商品房小区内部的业主没有关联，因此不被认定为业主。赠予、拆迁补偿等行为与房屋买卖合同类似，均是旨在转移所有权的行为，且已经合法占有建筑物专有部分的单位或者个人，由此，其也应当认定为业主。

（五）开发商（建设单位）

一般来说，开发商建设的楼盘都希望清盘销售并交付买受人，但也存在一些情形，开发商保留一些位置较好的商品房自用，抑或有些商品房难以销售，再或商品房虽然销售但未交付等，总之开发商实际所有并占有一部分商品房。这就造成一个问题，开发商是否具有"业主"资格？根据

---

① 《民法典》第209条规定："不动产物权的设立、变更、转让和消灭，经依法登记，发生效力；未经登记，不发生效力，但是法律另有规定的除外。依法属于国家所有的自然资源，所有权可以不登记。"

② 《建筑物区分所有权纠纷解释》（法释〔2020〕17号）第1条第2款规定："基于与建设单位之间的商品房买卖民事法律行为，已经合法占有建筑物专有部分，但尚未依法办理所有权登记的人，可以认定为民法典第二编第六章所称的业主。"

③ 需要注意的是，若从狭义的法律解释视角观察此规定，该规定已经超出了文义所能涵摄的范围，其应当属于法律漏洞填补。

《民法典》第 271 条和《建筑物区分所有权纠纷解释》第 9 条规定,开发商应当是业主,享有业主的权利并履行业主的义务,并无论其享有多少套商品房都仅计算为"一人"。

(六) 居住权人(准业主)

《民法典》物权编第十四章"居住权"相较《物权法》来说是新增内容,新增的"居住权人"是否为"业主"是个值得探讨的问题。根据《民法典》第 366 条的规定,居住权人是住宅的用益物权人,而非所有权人。再根据《民法典》第 271 条和《物业管理条例》第 6 条第 1 款的规定,业主应当是所有权人,结论显然是居住权人不是业主,进而无法行使业主的权利,履行业主的义务。这显然违反了居住权立法的初衷,依据《民法典》第 366 条、第 370 条的规定,居住权设立的目的是"满足生活居住需要",期限一般较长,甚至可以长至居住权人死亡,换言之,居住权人是较长时间甚至终生实际居住在房屋里的人,业主自治与居住权人密切相关,而所有权人与住宅小区的日常实际生活直接联系并不大。但还应当注意的是,若让居住权人行使涉及房屋、改建、重建或改变共有部分用途等重大事项的权利,也会存在危害所有权人利益的可能。在逻辑与现实发生冲突时,应当坚持现实优于逻辑的原则。笔者建议在积累一定的实践经验后可出台相关司法解释,可以提出"准业主"的概念,让居住权人行使涉及业主自治、物业管理等有关住宅小区治理的权利,其他涉及房屋改建、重建或改变共有部分用途等重大事项的权利仍为所有权人享有。鉴于居住权及居住权人不是本书讨论的重点,本书依据现有法律规定暂不将其列入业主的范畴。

需要注意的是,承租人、借用人等"物业使用人",不宜认定为业主。原因在于,对所有权人、以取得所有权为目的人来说,"他们以长期利用建筑物专有部分为目的生活在小区,他们作为业主在表决各类事项时,会基于小区的整体利益和长远利益考虑；而暂时使用专有部分的人，势必仅考虑自己居住期间的短期利益，而不愿作长远打算。而且，业主可能还要考虑与邻居的长期相处，从而在利益冲突时更容易达成妥协；短期居住者则完全不必有此顾虑，只以其个人利益为中心即可。因此，将短期居住者纳入业主，势必人为地造成团体内部长期利益与短期利益的矛盾，并导致长期利益受损"①。但是否应当保障物业使用人的知情权，值得探讨，笔者认为物业使用人是实际生活在住宅小区中的人，住宅小区的各项公共事务都与其生活息息相关，还影响其是否继续使用等问题。由此应赋予物业使用人知情权。

二、业主组织的名称、含义

（一）业主组织的名称

业主组织与业主团体经常混用，事实上，二者不完全一致，有必要予以厘清，二者可进一步简化为"组织与团体"的区别。"组织"一词的性质与业主组织相契合，具体来说有以下几点原因。首先，组织的上位概念是集合体，所谓的集合体是指为实现某种目的和功能，其不同于集合，不是个体简单相加的关系，其成员的变更不影响集合体本身。例如，几个人一起吃饭或一起开会只能认定为集合，不能认定为集合体。其次，组织的存在具有连续性和永久性，组织有超越其成员的目的或目标，组织是实现特定目的的手段。再次，组织内部有秩序和权威等级，组织运用相应的规则保障秩序，组织内个人之间的相互作用，需要借助沟通和协调系统。组织的目标、治理结构、规则及成员等要素的结合，构成集合体。最后，组

---

① 于飞：《〈物权法〉第六章"业主的建筑物区分所有权"中"业主"的界定》，载《华东政法大学学报》2011年第4期。

织与一定的社会关系有关,"章程"是组织内部成员联系的物化表现形式。①

另外,客观现实视角看也应当选择使用"组织"一词。一是《德国民法典》在结构主义思想的指导下,将法人分为社团法人和财团法人。团体被认为是个人基于契约自由的联合体,平等与自由是团体应有的思想内涵。依据《德国民法典》第56条的规定,可知团体登记人数最低为7人,需要有章程,其内部形成一定的结构和秩序。但当一人公司和个人独资企业出现时,团体概念的解释变得困难。"用'组织体'统合'人的联合体',并将组织作为法学上拟构建的法人概念的相邻属概念及现实基础。"② 二是我国《民法典》总则编采用的是功能主义的法人分类逻辑,未采用传统大陆法系的结构主义分类逻辑,即将法人的基本分类分为营利法人、非营利法人和特别法人,而非社团法人与财团法人。③ 三是我国《民法总则》关于法人本质的学说采用的是法人实在说之"组织体"说。④ 且《民法典》总则编将民事主体分为自然人、法人、非法人组织三类,其中的非法人组织已采用"组织"一词。四是2020年3月27日,北京市人民代表大会通过的《北京市物业管理条例》中的第四章;2020年5月22日,海南省住房和城乡建设厅发布的《海南经济特区物业管理条例(修订草案)》(征求意见稿)中的第三章;2020年5月28日,广州市人大常委会法工委发布的《广州市物业管理条例(草案)》(二次审议稿)中的第三章,均

---

① 需要说明的是,笔者赞同组织与一定的社会关系有关的观点,但不同意组织章程是人自愿联合的表现形式的观点。笔者认为,组织章程是组织治理结构和运行的规则依据,只是与组织中的人的主观意愿相关。即使不是自愿联合的组织,组织章程同样是其治理结构和运行的依据。参见冯珏:《作为组织的法人》,载《环球法律评论》2020年第2期。
② 冯珏:《作为组织的法人》,载《环球法律评论》2020年第2期。
③ 参见李适时主编:《中华人民共和国民法总则释义》,法律出版社2017年版,第157~159页。
④ 参见梁慧星:《民法总论》(第五版),法律出版社2017年版,第120~127页。

已使用了"业主组织"的叫法。五是部分学者与媒体已经使用"业主组织"一词来代表业主成员集合体。① 另需注意的是，还有人在"业主"与"组织"中间添加"自治"二字来表达业主组织是自治性质的组织。根据"奥卡姆剃刀"原则，"如无必要，勿增实体"，换言之，不增加"自治"二字不影响业主组织的自治性，就不要增添。故而，笔者认为使用"业主组织"一词来表示全体业主的组织体含义更符合我国国情。

(二) 业主组织的内涵

我国《民法典》未使用"业主组织"的叫法，有必要厘定其内涵。《民法典》第277条使用了"业主可以设立业主大会"的用语，有观点以此认为其中"设立"一词表明了"业主大会"应当为组织体②。另外，国务院出台的《物业管理条例》第8条第1款明确规定："物业管理区域内全体业主组成业主大会。"换言之，依据该两项规定可得出业主大会是业主组织体本身。再者，《民法典》第278条第1款第1项又使用了"业主大会议事规则"的用语，通过文义解释的方法，可以得知业主大会是议事机构。故而，学界主流观点认为业主大会既是业主组织体本身，也是其议

---

① 参见尹飞：《〈民法典〉物业领域制度完善需注意三事项》，载《中国建设报》2019年3月13日；张振：《共性中的差异：中美城市业主组织合法性比较——基于新制度主义的分析》，载《北京社会科学》2018年第3期；何悦：《住宅小区业主组织需要民事主体地位》，载《人民政协报》2016年8月15日。

② 参见王利明：《物权法研究（上卷）》（第三版），中国人民大学出版社2013年版，第622页。

事机构。① 在上述观点下，"业主组织"一词的内涵相当于业主大会组织体的含义；若认为业主委员会也可作为非法人组织，则业主组织的内涵也包括业主委员会。

　　笔者不赞同上述意见，原因有以下两点。一是，同一词语既表达全体成员的组织体，又表达该组织体的议事机构，语义混乱，容易产生误解，将业主大会作为组织体不符合日常生活习惯用语。当使用"业主大会"一词时，听者或读者还需要根据上下文来理解业主大会所表达的内涵。二是，不利于厘清业主组织、业主大会、业主委员会之间的关系，阻碍构建合理的业主组织治理结构。梅夏英教授坦言其曾就"业主大会的法人地位确定做过积极探索，但是把业主大会作为法人组织来看待确实存在歧义，业主大会仅作为业主的集会决议机制存在，不可能成为团体法人，严格说来，立法赋予法人地位的对象应是'业主团体法人'或'业主管理团体法人'等"②。事实上，利用亚里士多德的"质料形式理论"解释业主组织和业主大会之间的关系较为清晰，业主组织和业主大会之间是"质料相同"，二者均是由全体业主构成；但"形式不同"，业主组织是代表全体业主的组织体，而业主大会是由全体业主构成的组织体之意思机构，"形式"

---

① 参见黄薇主编：《中华人民共和国民法典物权编释义》，法律出版社2020年版，第150~151页；最高人民法院民法典贯彻实施工作领导小组主编：《中华人民共和国民法典物权编理解与适用（上）》，人民法院出版社2020年版，第371~375页；陈华彬：《建筑物区分所有权法》，中国政法大学出版社2018年版，第274页；梁慧星、陈华彬：《物权法》（第七版），法律出版社2020年版，第207~208页；王利明：《物权法研究（上卷）》（第三版），中国人民大学出版社2013年版，第621~623页；崔建远：《中国民法典释评物权编（上卷）》，中国人民大学出版社2020年版，第384~386页。

② 梅夏英：《民法典编纂中所有权规则的立法发展与完善》，载《清华法学》2018年第2期。

是事物的本质属性或者说是事物的规定性（Form）。① 相较来说，将其与《公司法》关于股份公司的规定类比更为妥当，业主大会类似于股东大会，业主委员会类似于董事会，② 业主组织自然类似于公司。

也有观点认为将业主大会认定为全体业主的组织体，下另设"业主大会会议"作为组织体的意思机构。③ 笔者也曾作过这方面的探索，表面看符合逻辑但是细究起来还存在诸多问题。首先，无法回避的是依据《民法典》第278条第1款第1项的规定，从"业主大会议事规则"的用语可知，业主大会为意思机构。其次，《民法典》多处条文将业主大会与业主委员会并列，即业主大会与业主委员会性质相同，提出"业主大会会议"作为意思机构违反立法初衷。再次，业主大会会议作为组织体的意思机构同样存在不符合人们的日常用语习惯，法律上也无此类似先例，不免让人理解困难。最后，业主大会作为非常设机构，会议是其存在的形式，而非另设的机构。类似的规定，在《公司法》中规定得较为清晰，股东大会由全体股东组成，股东大会是公司的权力机构，股东大会分为年会和临时会议，等等。④ 事实上，无论赞成何种观点的学者，均在其行文中自觉或不自觉地使用"业主组织"或"业主团体"来代表全体业主。由此，笔者认为提出"业主组织"一词作为代表全体业主成员的组织体，让业主大会回归议事机构（意思机构）的本位。将《民法典》第277条关于"设立业主

---

① 参见曹青云：《亚里士多德"质料形式理论"探源》，载《哲学动态》2016年第10期；[古希腊]亚里士多德：《形而上学》，吴寿彭译，商务印书馆1981年版，第125~170页。

② 参见尹章华等：《"公寓大厦管理条例"解读》，中国政法大学出版社2003年版，第59~60页。

③ 参见朱涛：《业主大会法律问题研究：民事主体理论的视角》，法律出版社2016年版，第202页。

④ 《公司法》第98条规定："股份有限公司股东大会由全体股东组成。股东大会是公司的权力机构，依照本法行使职权。"第100条规定："股东大会应当每年召开一次年会。有下列情形之一的，应当在两个月内召开临时股东大会……"

大会"的规定,解释为设立的是业主组织的意思机构,并未突破狭义法律解释之文义解释的规则。①

三、业主组织的肇源、形成及演进

(一)业主组织的产生背景

业主组织是商品房市场发展的产物,城镇居民住房制度改革是出现商品房市场的前提。20世纪90年代以来,我国的城镇住房制度改革经历了三个阶段。第一阶段是住房制度改革的探索阶段(1979年至1990年),1980年6月,中共中央、国务院在《全国基本建设工作会议汇报提纲》中正式提出"住房商品化"政策,准许私人可以建房或买房。1988年,国务院发布《关于印发在全国城镇分期分批推行住房制度改革的实施方案的通知》,其又称为"提租补贴方案",这是我国第一个全国性的住房改革总体方案,标志着全国性住房改革的开始。第二阶段是住房制度改革全面推进阶段(1991年至1997年),1991年10月,国务院住房制度改革领导小组公布《关于全面推进城镇住房制度改革的意见》,合理调整租房和售房的同时,推行新房新制度。1994年7月,国务院印发《国务院关于深化城镇住房制度改革的决定》,该决定奠定了我国住房改革的综合性框架,使得家庭可以直接在市场上购房,致力于建构功能性的住房市场,逐渐解脱单位提供住房的责任,此后我国房地产市场开启了快速发展之路。第三阶段是住房制度改革深化与完善阶段(1998年至今),1998年7月,国务院出台《关于进一步深化城镇住房制度改革加快住房建设的通知》,该通知规定明确提出建构多层次的住房供应体系,停止实物住房分配,实行货币

---

① 需要说明的是,鉴于《民法典》《物业管理条例》及《业主大会和业主委员会指导规则》中没有"业主组织"的叫法,下文提及设立业主大会或业主委员会之处,亦同时认定为设立业主组织。

化住房分配政策，同时改革相关配套制度，该通知的出台标志着我国住房制度进入了新阶段。2003年9月，国务院发布《关于促进房地产市场持续健康发展的通知》，通知明确规定住房市场化的改革方向，应当发挥市场在资源配置中的基础性作用，同时将房地产视为国民经济的支柱性产业。①

1978年以前，我国城镇住房均由各企事业单位提供，各企事业单位设房管科室负责管理，居民对住房只享有使用权，所有权归单位。② 随着我国城镇住房私有化的改革进路，由单位提供并管理住房逐渐退出主流，取而代之的是由个人出资通过市场化的手段购买并自主管理。个人购买的住宅被称为建筑物区分所有权，开发商建设住宅前必须经行政部门的规划审批，规划建设均以小区为单位，该小区的建筑物区分所有权人基于生活在同一区域内的客观现实，而形成同一共同体关系。该共同体关系的成员，因建筑物规模的大小不同，人数也有多少的差别，少则数十人，多则数百人、数千人，甚至更多。生活在同一小区的所有权人，经济实力、工作经历、学历、性格等千差万别，对住宅管理的耐受程度也不同，欲统一全体所有权人的意愿，极其困难。③ 为维护建筑物各部分之应有功能，化解所有权人之间的纠纷，维护住宅小区的公共秩序，协调彼此间的利益，需要借助一个超越个人的团体组织的力量订立规约，设置组织治理机构，处理全体业主的共同事务。

---

① 参见王敏：《我国城镇住房制度改革：回顾与反思》，载《兰州学刊》2012年第7期；朱涛：《业主大会法律问题研究：民事主体理论的视角》，法律出版社2016年版，第55~57页。

② 参见陈龙乾、马晓明：《我国城镇住房制度改革的历程与进展》，载《中国矿业大学学报（社会科学版）》2002年第3期。

③ 参见陈华彬：《建筑物区分所有权法》，中国政法大学出版社2018年版，第263页。

(二) 业主组织的发展历程

1. 我国第一个"业主管理委员会"的诞生

"一页历史胜过一卷逻辑。"① 恰当的时间、地点、人物、事件的结合，事物会按照它需要的样子进行演化。第一个业主管理委员会的诞生源于"电费纠纷"，深圳市万科天景花园小区规划时设计了两台电力变压器，分别向住宅和商铺供电，但运行一段时间后发现，住宅变压器无法满足住宅用户的用电需求，物业服务企业便向供电局申请将商铺的变压器补充住宅用户，供电局同意商铺用电补充住宅用电，但不同意按照住宅电价收费，仍需按照商铺用电收费。由于商铺用电价格远远高于住宅用电价格，这样就引起部分业主的不满，甚至有些业主干脆拒绝缴纳电费，业主意见越来越大。物业服务企业设想构建一个与业主沟通交流的平台以减少其与业主的矛盾。在借鉴新加坡经验的基础上，提出了建立"业主管理委员会"的想法。物业企业在住宅小区内，以单元楼栋为单位，每个单元推选出1名委员，鼓励推荐和自荐的方式，万科天景花园小区共有6栋楼14单元，另外加上物业服务企业设1位执行秘书，共15人组成业主管理委员会。1991年3月22日，在万科天景花园物业企业会议室召开业主管理委员会成立大会暨第一次委员会会议，物业服务企业的相关领导也到场参会。大会对业主管理委员会章程、电费、水费、管理费、果皮箱、休闲娱乐设施等问题进行了讨论并形成了决议，至此，我国内地第一个业主管理委员会正式宣告成立。会后，通过业主管理委员会委员李某明与供电局的反复沟通，供电局最终同意均按照住宅用户收取电费。第二次会议通过了《天景花园业

---

① 参见[美]本杰明·卡多佐：《司法过程的性质》，苏力译，商务印书馆1998年版，第32页。

主管理委员会章程》，并选举了会长、副会长。①

1994年，深圳市人民代表大会通过了《深圳经济特区住宅区物业管理条例》，该条例确认了住宅小区的管理实行业主自治与行业服务相结合的"共管模式"，同时规定了业主管理委员会委员由业主大会选举产生，并向业主大会报告工作，也规定了业主大会和业主管理委员会的具体职能等内容。②还需要说明的是，同年，住房和城乡建设部也颁布了《城市新建住宅小区管理办法》，该办法规定了"住宅小区管理委员会"（以下简称"管委会"），"管委会是在房地产行政主管部门指导下，由住宅小区内房地产产权人和使用人选举的代表组成，代表和维护住宅小区内房地产产权人和使用人的合法权益"。同时也规定了管委会的具体职能和物业管理公司的权利与义务。事实上，该办法也认可了业主自治与物业管理公司对住宅小区的"共管模式"。

第一个业主管理委员会的诞生，对我国住宅小区的治理产生了深远的影响。该影响可以分为有利和不利两个方面，有利影响主要有以下四点。一是它表明了业主组织自己的组织参与住宅小区的治理是客观现实需要，也是业主和物业服务企业共同的需求。二是业主组织可以成立沟通业主和物业服务企业之间的通道，既有利于维护业主的合法权益，也有利于物业服务企业和政府的管理。三是业主管理委员会与物业企业共同管理、服务全体业主的形式，实则是确立了住宅小区中业主自治与专业服务相结合的"共管模式"，该模式是治理住宅小区的有效模式，并被后来的法律、法规确立了下来。四是业主管理委员会的良好运作对业主和物业企业来说都有利，业主能够获得更好的服务，物业企业收取相关费用的阻力也减少了。不利的方面主要有三点。一是物业服务企业主导业主管理委员会的成立，

---

① 参见向云：《中国内地第一个业主委员会诞生始末》，载《中国物业管理》2011年第5期。

② 参见《深圳经济特区住宅区物业管理条例》第2章"业主大会及管委会"。

依据"经济人"的假设，物业服务企业在业主管理委员会的成立过程中，甚至成立后的运行中，难免掺杂物业服务企业的利益，进而危害业主的利益。二是业主管理委员会的成立先天不足，没有活动场地，借用物业服务企业会议室；没有活动经费，物业服务企业提供经费；场地、经费不独立，法人人格难言独立，这也为后来组织法人化埋下了隐患。三是政府有关部门或居民委员会未参与指导、协助业主管理委员会的成立，其当然也难以得到政府的承认。

纵然第一个业主管理委员会是在物业服务企业的主导下诞生的，但其诞生后并不会随着物业服务企业的意志而发展、演化，其必然依据客观现实发展的需要，组织发展的规律演变。第一个业主管理委员会存在各种不足，但其也会在发展中不断完善自我。可以说，业主管理委员会的诞生是住宅小区的业主自治的起点。

2.《物权法》及相关司法解释、《物业管理条例》与司法实践中的业主大会、业主委员会

随着我国住房制度的改革，房地产市场得到了快速发展。进入21世纪，商品房住宅是解决我国城镇居民居住问题的主要方式，其也构成了我国城镇居民的主要财产，住宅小区治理的问题影响着城镇居民的日常生活，相应法律规则的建立也迫在眉睫。实践中，业主管理委员会集决策、执行于一身，缺乏相应的监督机制，另外，业主管理委员会的活动经费和活动场地往往是由物业服务企业提供，故而，业主管理委员会侵害业主的利益，甚至勾结开发商、物业服务企业共同侵害全体业主的利益的情形频繁发生。[1] 鉴于此，2003年国务院颁布的《物业管理条例》进一步明确了业主、业主大会、业主委员会的关系，并将业主管理委员会更名为业主委员会。业主大会由物业管理区域内的全体业主组成，业主委员会是业主大

---

[1] 参见朱涛：《业主大会法律问题研究：民事主体理论的视角》，法律出版社2016年版，第76~77页。

会的执行机构。2003年的《物业管理条例》虽然对业主大会、业主委员会的职责内容作了较为详细的规定，但对业主大会、业主委员会的法律地位，是否具有诉讼权利，谁具有诉讼资格等问题，却未有涉及，成为后来产生各种民事主体争议的滥觞。

  一个组织一旦设立，其自然会产生各种法律纠纷，业主大会、业主委员会也不例外。当纠纷诉至法院时，法官不得以法律未明确规定而拒绝裁判。若法院以诉讼主体不适合或不存在为由驳回起诉，则必然造成业主权利受到侵害却无法得到救济的结果，矛盾不但没有得到缓解，反而会变得更加激烈，长此以往，最终可能会酿成群体性社会事件。由此，各地高级人民法院及最高人民法院逐渐开始有条件地承认业主委员会具有诉讼主体资格。2003年，北京市高级人民法院发布《关于审理物业管理纠纷案件的意见（试行）》，其中认定四种情形，① 业主委员会具有原告资格。2004年，重庆市高级人民法院颁布的《关于确认业主委员会在物业管理纠纷案件中诉讼主体资格的指导意见》中规定，依法成立的业主委员会可以自己的名义，在物业管理活动中为维护业主的公共利益行使诉权，诉讼风险由全体业主承担。同年，广东省高级人民法院在《关于业主委员会是否具备民事诉讼主体资格问题的批复》中也认定业主委员会在有关物业管理的纠纷中可以自己的名义参与诉讼。另外，最高人民法院在2003年回复安徽省高级人民法院的《关于金湖新村业主委员会是否具备民事诉讼主体资格请示一案的复函》中认可业主委员会可以自己的名义提起诉讼。2005

---

① 《北京市高级人民法院关于审理物业管理纠纷案件的意见（试行）》（京高法发〔2003〕389号）第7条规定："业主委员会于下列情形下可作为原告参加诉讼，以其主要负责人（主任或副主任）作为代表人：（1）物业管理企业违反合同约定损害业主公共权益的；（2）业主大会决定提前解除物业服务合同，物业管理企业拒绝退出的；（3）物业服务合同终止时，物业管理企业拒绝将物业管理用房和《物业管理条例》第二十九条第一款规定的资料移交给业主委员会的；（4）其他损害全体业主公共权益的情形。"

年，最高人民法院在回复安徽省高级人民法院的《关于春雨花园业主委员会是否具有民事诉讼主体资格的复函》中认定业主委员会可以作为被告参与诉讼。由此可知，司法实践中倾向于认定"业主委员会"为组织体，具有诉讼主体资格。

2007年3月15日，全国人民代表大会通过了《物权法》，第一次从法律的高度规定了业主大会、业主委员会，明确了建筑物区分所有权是其产生的基础。[①] 业主大会、业主委员会的职责基本延续了《物业管理条例》的规定，然而《物权法》仍然未明确规定业主大会、业主委员会的民事主体资格问题。事实上，在物权法立法过程中，曾经规定业主大会、业主委员会有诉讼主体资格，但立法者认为许多小区没有成立业主大会、业主委员会，且其没有独立的财产，难以承担败诉后的民事责任，以暂不规定为妥。[②] 需要注意的是，《物权法》第78条[③]第2款规定了业主可以请求人民法院撤销业主大会、业主委员会的决定，换言之，法律赋予了业主撤销权。在法律未明确谁代表全体业主的前提下，该规定的直接后果就是造成业主大会和业主委员会均可以成为民事诉讼中的被告，进而，必然存在同一组织"双诉讼主体"的局面。还需注意的是，由于《物权法》未规定业主大会、业主委员会的民事主体资格，最高人民法院回复安徽省高级人民法院的两份复函仍然影响着全国的法院，各地方高级人民法院关于认定业主委员会具有诉讼主体资格的规定也继续有效。

2009年5月，最高人民法院出台的《最高人民法院关于审理物业服务

[①] 参见最高人民法院物权法研究小组编著：《〈中华人民共和国物权法〉条文理解与适用》，人民法院出版社2007年版，第251页。

[②] 参见彭东昱：《五审物权法草案：直面社会关注问题——与全国人大常委会法工委主任胡康生谈物权法草案》，载《中国人大》2006年第9期。

[③] 《物权法》第78条规定："业主大会或者业主委员会的决定，对业主具有约束力。业主大会或者业主委员会作出的决定侵害业主合法权益的，受侵害的业主可以请求人民法院予以撤销。"

纠纷案件具体应用法律若干问题的解释》间接承认业主委员会具有诉讼主体资格。① 还需要说明的是，事实上《最高人民法院关于审理建筑物区分所有权纠纷案件具体应用法律若干问题的解释（草案）》（征求意见稿）第13条②明确规定了业主委员和业主大会的诉讼主体资格，但正式公布时，删除了相关规定。但是，最高人民法院发布的两则指导案例均认定业主委员会具有民事主体资格。朗琴园小区业委会与润博公司的业主共有权纠纷一案，确认了业主委员会可以作为全体业主的代表对涉及业主共同利益的公共事务行使起诉的权利。③ 徐州西苑艺君花园（一期）业主委员会与徐州中川房地产开发有限公司物业管理用房所有权确认纠纷一案，重要意义在于确认了业主委员会的民事诉讼主体资格。④ 由此可知，《物权法》及相关司法解释均未明确规定业主大会、业主委员会的民事主体地位，但司法实践中认可业主委员会的民事诉讼主体地位。

3. 《民法典》中的业主大会、业主委员会

2020年5月28日，全国人民代表大会通过的《民法典》对"业主大

---

① 《最高人民法院关于审理物业服务纠纷案件具体应用法律若干问题的解释》（法释〔2009〕8号）第2条规定："符合下列情形之一，业主委员会或者业主请求确认合同或者合同相关条款无效的，人民法院应予支持，（一）物业服务企业将物业服务区域内的全部物业服务业务一并委托他人而签订的委托合同；（二）物业服务合同中免除物业服务企业责任、加重业主委员会或者业主责任、排除业主委员会或者业主主要权利的条款。前款所称物业服务合同包括前期物业服务合同。"

② 《最高人民法院关于审理建筑物区分所有权纠纷案件具体应用法律若干问题的解释（草案）》（征求意见稿）第13条规定："业主共同权益受到侵害、妨害或者可能受到妨害的，原告的诉讼主体资格按下列方式确定：（一）已经选举出业主委员会的，为业主委员会；（二）没有选举出业主委员会，或者业主委员会怠于行使权利的，为业主大会或者业主。有关业主共同权益的生效裁判，对全体业主具有约束力。其诉讼利益归属于全体业主。"

③ 参见最高人民法院民事审判第一庭：《民事审判指导与参考（总第41集）》，法律出版社2010年版，第219~226页。

④ 徐州西苑艺君花园（一期）业主委员会与徐州中川房地产开发有限公司物业管理用房所有权确认纠纷案，载《最高人民法院公报》2014年第6期。

会成立难、公共维修资金使用难"等问题作了回应。① 具体来说有以下三点：一是增加了"居民委员会"作为设立业主大会和选举业主委员会的指导、协助单位；② 二是降低了业主共同决定事项的标准，特别是使用建筑物及其维修资金的表决门槛；③ 三是增加了紧急情况下使用公共维修资金的特别程序。④ 由此可知，《民法典》仅对业主大会的设立难、决议难、维修资金使用难三个具体问题，作了相应改变，其对业主大会、业主委员会的民事主体地位问题仍然采取回避态度。换言之，《民法典》仍未对业主大会与业主委员会之间的规范关系予以明定，业主大会、业主委员会的"双诉讼主体"状况仍未改变，同时对筹集经费难和业主委员会缺乏有效监督等问题，《民法典》也未予以回应。

综上所述，厘定"业主组织"一词的名称与含义是研究业主组织治理

---

① 参见王晨：《关于〈中华人民共和国民法典（草案）〉的说明》，2020年5月22日在第十三届全国人民代表大会第三次会议上的讲话。

② 《民法典》第277条规定："业主可以设立业主大会，选举业主委员会。业主大会、业主委员会成立的具体条件和程序，依照法律、法规的规定。地方人民政府有关部门、居民委员会应当对设立业主大会和选举业主委员会给予指导和协助。"

③ 《民法典》第278条规定："下列事项由业主共同决定：（一）制定和修改业主大会议事规则；（二）制定和修改管理规约；（三）选举业主委员会或者更换业主委员会成员；（四）选聘和解聘物业服务企业或者其他管理人；（五）使用建筑物及其附属设施的维修资金；（六）筹集建筑物及其附属设施的维修资金；（七）改建、重建建筑物及其附属设施；（八）改变共有部分的用途或者利用共有部分从事经营活动；（九）有关共有和共同管理权利的其他重大事项。业主共同决定事项，应当由专有部分面积占比三分之二以上的业主且人数占比三分之二以上的业主参与表决。决定前款第六项至第八项规定的事项，应当经参与表决专有部分面积四分之三以上的业主且参与表决人数四分之三以上的业主同意。决定前款其他事项，应当经参与表决专有部分面积过半数的业主且参与表决人数过半数的业主同意。"

④ 《民法典》第281条规定："建筑物及其附属设施的维修资金，属于业主共有。经业主共同决定，可以用于电梯、屋顶、外墙、无障碍设施等共有部分的维修、更新和改造。建筑物及其附属设施的维修资金的筹集、使用情况应当定期公布。紧急情况下需要维修建筑物及其附属设施的，业主大会或者业主委员会可以依法申请使用建筑物及其附属设施的维修资金。"

结构的前提。将业主大会组织体与意思机构的双重含义分离，使用"业主组织"代表全体业主的集合体，业主大会回归业主组织治理结构之意思机构含义的本位。"业主组织"一词单独代表组织体后，可以消解司法实践中业主大会、业主委员会"双诉讼主体"的混乱做法，统一由"业主委员会"对外代表"业主组织"，换言之，无论针对业主大会，还是业主委员会的诉讼均由业主委员会负责应诉，且业主委员会亦可代表业主组织提起诉讼。业主委员会委员参与诉讼时不得以业主委员会的名义，其只是受业主委员会的委派，必须以业主组织的名义。需要注意的是，业主组织概念的增加只是理顺了业主组织、业主大会、业主委员会的法律关系，不仅不影响现实生活中业主委员会主持日常工作的习惯做法，而且进一步确认了业主委员会该项职能的正当性。业主、业主组织、业主大会与业主委员会的关系，类似于股东、公司、股东大会与董事会之间的关系，与人民群众的通常认知相契合。

20世纪90年代以来的住房制度改革与房地产市场的快速发展是业主组织产生的背景。建筑物区分所有权人之间的利益协调与建筑物区分所有权共有部分及附属设施的维护客观上需要一个组织，该组织的设立也是建筑物区分所有权之成员权行使的结果。第一个业主管理委员会的诞生开启了业主自治与专业服务共同管理住宅小区的治理模式，简称"共管模式"，业主管理委员会也成了落实业主自治的第一个组织。随着《物权法》及相关司法解释、《物业管理条例》出台，业主大会、业主委员会的职能进一步完善，但其民事主体地位问题一直悬而未决，业主委员会的监督问题也未有涉及。不过，《民法典》仅对业主大会的设立难、决议难和使用维修资金难问题予以了回应，对上述遗留问题仍然未回应。业主大会、业主委员会的民事主体地位问题与业主委员会的监督问题，本质上均属于业主组织的治理问题，具体来说是，如何看待业主组织自身的问题和如何建构业主组织的治理结构的问题。故而，本书尝试在论证业主组织的民事主体定位后，重点论证建构业主组织的治理结构，希望通过笔者的努力能够为建构合理的业主组织治理结构提供思路，缓解业主组织的治理难题。

第二节　业主组织的特性与治理模式

依据《民法典》第271条的规定可知，我国业主的建筑物区分所有权包括专有部分所有权、建筑区划内共有部分的共有权和共同管理权三个方面，换言之，我国采纳的是三元论的建筑物区分所有权法律构造。[①] 依据《民法典》第278条的规定，可知业主对住宅小区的重大事项具有表决权，重大事项的结果是通过民事法律行为之决议的方式获得的，换言之，是通过团体法机制得出的结论。由此，将所谓的共同管理权解释为成员权更为妥当。"成员权系指业主基于一栋建筑物的构造、权利归属及使用上的不可分离的共同关系而产生的作为建筑物的一个团体组织的成员所享有的权利与承担的义务。"[②] 成员权不仅关注对建筑物共有部分的管理权利，而且注重成员资格及团体法属性。需要注意的是，依据《民法典》第278条规定中使用的"业主共同决定"的用语可知，即使住宅小区未成立业主组织，该住宅小区范围内容的全体业主仍然具备团体性法律关系，质言之，只要购买了某住宅小区的房屋就自然地成为该小区团体中的成员，享有成员权。当然，设立业主组织可更好地维护业主的合法权益，业主组织亦是

[①] 需要说明的是，关于建筑物区分所有权的含义有"一元论""二元论"和"三元论"三种学说，其中"三元论"是通说，即专有权、共有权、成员权一体化说。无论何种解释路径均承认业主享有共同管理权。参见陈薇主编：《民法典物权释义》，法律出版社2020年版，第132~133页；最高人民法院民法典贯彻实施工作领导小组主编：《中华人民共和国民法典物权编理解与适用（上）》，人民法院出版社2020年版，第330~334页；陈华彬：《建筑物区分所有权法》，中国政法大学出版社2018年版，第70~89页。

[②] 陈华彬：《建筑物区分所有权法》，中国政法大学出版社2018年版，第94页。

业主行使成员权的结果。

一、业主组织的特性

对业主组织的观察视角不同，业主组织就体现出不同的特性。依据形式逻辑分析，所谓的特性（特征）是通过对比展现出来的，特性是该类事物区别于其他事物的核心。① 依据事物的不同特性，面对不同的问题时，应当出具不同的方案。由此，准确厘定业主组织的特性，就显得尤为必要且重要。

（一）业主组织具有独立性

业主组织是独立于业主个人的社会存在，主要体现在以下三个方面。一是业主组织的意思与业主个人的意思相互独立，业主组织的意思由业主组织的意思机构业主大会依据法定或约定的程序产生，该意思代表的是业主组织成员多数人的意思，其区别于业主个人的意思。② 二是在司法实践中，业主组织责任独立，业主委员会代表全体业主参与诉讼败诉后，业主个人不直接承担败诉的责任，而是由业主组织承担相应的责任。笔者多次通过中国裁判文书网查阅业主大会、业主委员会参与诉讼败诉被执行的案件，未发现业主大会、业主委员会自身的财产无法满足执行时，执行业主财产的案例。事实上，责任独立也意味着财产独立，质言之，业主组织的财产独立于业主个人的财产。三是业主组织的存续与业主个人的加入或退出无关。另外，学界关于业主组织民事主体定位的观点不一致，法人或非

---

① 特性又可称为特有属性、固有属性或本质属性，概念是反映事物特有属性的思维形态。具有相同属性的事物就形成一类，具有不同属性的事物就分别形成不同类。参见金岳霖主编：《形式逻辑》（重版），人民出版社2006年版，第14~19页。

② 邓峰教授认为法人的本质在于团体意志的独立性，而非财产的独立性。不同组织的团体意志独立于成员意志的程度不同，这种程度受到组织和社团的公共性的维度影响。参见邓峰：《代议制的公司》，北京大学出版社2015年版，第205页。

法人组织,但大多数学者认为业主组织符合民事主体的构成要件。

(二) 业主组织具有非营利性

依据《物业管理条例》第8条①的规定可知,设立业主组织的目的在于"代表和维护物业管理区域内全体业主在物业管理活动中的合法权益"。依据《物业管理条例》第19条②的规定可知,业主组织不得作出与住宅小区内物业管理无关的决定,不得从事与住宅小区物业管理无关的活动。为维护建筑物各部分应有之功能,解决业主之间彼此之纠纷,维护住宅小区的环境卫生和公共秩序,需要设立一个超越个人的团体组织,借助团体的力量订立管理规约,设置管理机构,处理公共事务,由此而形成的业主组织,其天然地具有非营利的特性。还需注意的是,业主组织只能从事与物业管理相关的事务,但不意味着禁止其从事具有营利性质的活动。依据《民法典》278条第1款第8项的规定,业主组织可以利用业主共有部分从事经营活动,具体来说,业主组织可以组织业主共有商铺,出租电梯间、外墙、屋顶广告位等,但仅限于与物业管理相关的经营活动,其与以追求利润为目的的营利性企业完全不同。故而,该规定不改变业主组织非营利的特性。

(三) 业主组织具有籍合性

所谓"籍合性"是指以房籍、户籍或地籍为核心要素构成的组织。不考虑成员的个人意思,具有某种法律认可的籍,自动成为该组织成员。③

---

① 《物业管理条例》第8条规定:"物业管理区域内全体业主组成业主大会。业主大会应当代表和维护物业管理区域内全体业主在物业管理活动中的合法权益。"
② 《物业管理条例》第19条第1款规定:"业主大会、业主委员会应当依法履行职责,不得作出与物业管理无关的决定,不得从事与物业管理无关的活动。"
③ 参见陈甦:《籍合组织的特性与法律规制的策略》,载《清华法学》2018年第3期。

业主组织集合其成员，具有两个法律强制性要素：一是，业主必须是不动产登记中心登记簿中记载的或确定即将登记的专有部分所有权人；二是，只要其是登记在册或确定即将登记的人员，必然成为业主组织成员。换言之，年龄、职业、意愿等因素均不作考虑，即使该专有部分所有权人明确表示拒绝加入，其仍然是业主组织成员，应当受到业主组织的管理规约或决议的约束。业主组织是因其成员被登记于同一地域而集合成立的组织，其成员是法定的，该特性又被称为"籍合性"，其中"籍"是指国家公权力机构的登记簿，业主组织的"籍"是指房籍，即房屋登记簿。故此，业主组织亦被称为"籍合组织"，籍合组织具体类型还有，城市居民委员会、农村村民委员会等，他们有共同的"户籍"或"地籍"。① 需要注意的是，或许有人提出，选择购买房屋时，业主具有主观意识能动性，业主可以不选择购买，从而避免成为该住宅小区业主组织的成员。该观点看起来有几分道理，但与客观事实不相符。选择购买房屋时重点考虑的是房屋的地理位置、周边环境、建筑质量等因素，有时物业服务企业的声誉也是参考因素，至于住宅小区业主组织成员的因素对于购房来说可以忽略不计。换言之，几乎没有人因为要加入某一业主组织而购买房屋的，反而是由于购买了某一住宅小区的房屋而自动成了业主组织成员。

（四）业主组织具有封闭性

如前所述，依据《民法典》第 271 条的规定可知，业主的范围仅限于专有部分所有权人。虽然《建筑物区分所有权纠纷司法解释》第 1 条第 2 款将业主的范围扩展至已签订房屋买卖合同并合法占有的人，但毕竟是限定在取得或即将取得房屋专有部分为核心要素的人群范围内，质言之，业主组织无法面向社会公开招募成员，其具有"封闭性"。事实上，上述籍

---

① 参见陈甦：《籍合组织的特性与法律规制的策略》，载《清华法学》2018 年第 3 期。

合性也体现了业主组织的封闭性，业主组织成员的身份不是基于业主个人的意愿，而是基于法律的规定。需要说明的是，业主组织除了上述特性还具有其他方面的特性，如自治性，此处讨论上述特性的目的在于进一步探讨业主组织应然的民事主体法律定位，其他方面的特性无助于该目的的实现，不作过多论述。

二、业主组织的治理模式

根据《民法典》第277条第1款的规定："业主可以设立业主大会，选举业主委员会。"依据文义解释规则及社会客观现实可知，住宅小区的业主组织有三种治理模式：一是不设立业主组织，由业主共同直接治理的治理模式；二是只设业主大会，但不设业主委员会的治理模式；三是既设立业主大会，又选举业主委员会的治理模式。鉴于本书重点探讨的是业主组织的治理结构，下面着重分析设立业主组织治理的后两种模式。

（一）只设业主大会，不选举业主委员会的治理模式

有的住宅小区只有一栋或两栋楼，业主人数较少，小区的公共事务也不多，部分住宅小区不仅业主人数少，而且大部分业主相互之间还比较熟悉。对于这类住宅小区可以只设立业主大会，不选举业主委员会，涉及住宅小区公共事务时，由全体业主共同决定。需要注意的是，只设立业主大会，不选举业主委员会的住宅小区与不设业主组织的住宅小区在公共事务决议程序与决议比例上没有不同，二者的区别在于设立了业主大会的住宅小区可以使用公章，代表全体业主的共同意志，而不设业主组织的住宅小区，则只能通过达到相应比例的业主签名，代表全体业主的共同意志。更为重要的是，设立业主大会就必然设立负责人，负责人可以做通知、联络、召集等具体工作，而未设业主组织的住宅小区实则是无人负责的小区，只有重大事项时政府相关部门或居民委员会进行介入才能进行召集业

主进行决策，由此，即使人数较少的住宅小区只设立业主大会也是十分有利的。该类住宅小区的治理模式类似人数较少的有限责任公司，股东既是公司的所有者又是公司的经营者，所有者与经营者不分离，全体业主均直接参与业主组织的治理，也不存在所谓的委托代理问题。另需说明的是，只设业主大会不设业主委员会治理模式的小区属于少数，该种类型治理模式的业主组织不是本书讨论的重点。

（二）设立业主大会，并选举业主委员会的治理模式

由于住宅小区的人数较多，不可能所有事务均交由业主大会来决定。依据《民法典》第278条的规定可知，业主大会决定的事项仅涉及"有关共有和共同管理权利的重大事项"。住宅小区有关共有和共同管理权利的一般事项授权给业主委员会来决定。对重大事项与一般事项的判断，除有法律的特别规定以外，由业主大会进行判断，但不应当由业主委员会来判断，防止其权力的扩张。还需要说明的是，业主大会只是意思机构（决策机构），业主大会本身并不执行自己的决定，而是由业主委员会负责执行。

依据《民法典》第278条第1款第3项的规定，业主委员会委员是通过业主大会选举的。全体业主并非直接参与业主组织的治理活动，而是通过业主大会选举业主委员会委员，由委员组成的业主委员会负责日常的工作，执行业主大会的决定，并履行法律及管理规约赋予其的权力。该种治理模式类似于现代大型股份有限公司（以下简称"现代公司"）的治理模式，由于股东人数众多且较为分散，股东不可能全部直接参与公司的治理，股东通过股东大会选举董事，由董事组成的董事会，负责股份有限公司的日常经营活动，执行股东大会的决定，并履行法律及公司章程赋予董事会的权力。代理人直接经营公司享有信息优势，存在代理人利用信息优势侵害委托人利益的可能，实践经验表明，该类事件普遍存在。业主组织也是委托代理模式，其中业主是所有权人和委托人，业主委员会委员是经

营权人和代理人。设立业主大会,并选举业主委员会的治理模式是最常见的住宅小区治理模式,这也是本书讨论的重点。

综上所述,业主组织具有独立性、非营利性、籍合性及封闭性。其中独立性本质上是如何看待业主集合体的问题,是简单地将其视为业主个人相加的结果,还是将其视为一个具有独立意思,能够独立承担责任的整体,显然业主组织属于后者。非营利性是相对于营利性而言的,依据《民法典》第76条、第87条关于营利法人与非营利法人的定义,非营利法人并不排斥营利行为,只是不分配利润而已,由此,业主组织的部分营利行为并不否认其自身的非营利性。籍合性是陈甦老师提出的新概念,业主以"房籍"为依据自动成为组织成员,与业主个人的主观意愿没有直接联系。封闭性是指业主组织无法公开招募组织成员,其与籍合性的内涵有交叉,个人也无法单凭自己的意愿而成为业主组织成员。需要说明的是,业主组织的特性不仅有上述四种,仍然可以从客观现实的需要出发,发掘业主组织的其他特性。依据不同的特性将业主组织归入不同组织的类型中,然后借鉴该类型之中其他组织应对问题的策略或方案,进而提升业主组织的治理水平,属于较为可行的路径。依据《民法典》关于业主组织的规定和住宅小区治理的客观现实,最常见的是既设业主大会又选举了业主委员会的业主组织治理模式。该模式的核心特征在于所有权与经营权分离,经营人可能利用信息优势侵害所有权人的利益,产生委托代理问题。业主组织的特性和治理模式对业主组织的民事主体定位和治理结构的建构起着至关重要的作用。

第三节 业主组织的民事主体定位

《民法典》对业主组织、业主大会、业主委员会的民事主体定位问题未回应。学界对业主组织、业主大会、业主委员会的民事主体定位问题，已经作了较多的讨论，其观点主要有以下四类：一是主张提出业主组织或业主团体的概念，让业主大会回归决策机构的本位，业主委员会是其执行机构，认定业主组织为民事主体之法人[①]或非法人组织[②]；二是主张业主大会为民事主体之法人[③]或非法人组织[④]，抑或仅认可业主大会为民事主体，但具体法人或非法人组织仍须探讨[⑤]；三是主张业主大会、业主委员会均为民事主体之非法人组织[⑥]；四是仅认可业主大会或业主委员会的诉讼主体地位，但不认可其民事主体地位[⑦]。上述观点除了学术观点的分歧，笔者认为，现有学术讨论还有如下局限：一是针对业主组织、业主大会、业主委员会之间的关系缺乏清晰的厘定；二是多从域外立法比较、历史演进、价值论角度分析论证，缺少对民事主体规定的重视；三是针对争论各方之间观点的实质性差异，缺少正面回应，其结论也往往难以应对司法实

[①] 参见梅夏英：《民法典编纂中所有权规则的立法发展与完善》，载《清华法学》2018年第2期；吴国平：《论业主团体法律地位的确立》，载《北方法学》2008年第5期。

[②] 参见郭升选：《论业主团体民事主体地位的重塑》，载《西北大学学报（哲学社会科学版）》2009年第3期；刘保玉、孙超：《论业主委员会的法律地位——从实体法与程序法的双重视角》，载《政治与法律》2009年第2期。

[③] 参见陈华彬：《建筑物区分所有权法》，中国政法大学出版社2018年版，第274页；朱涛：《业主大会法律问题研究：民事主体理论的视角》，法律出版社2016年版，第142页。

[④] 参见于凤瑞：《民法典编纂中业主大会的法律属性与财产责任》，载《北方法学》2018年第6期；孟强：《论业主大会的诉讼主体资格》，载《政治与法律》2009年第8期。

[⑤] 参见崔建远：《中国民法典释评物权编（上卷）》，中国人民大学出版社2020年版，第384~387页；王利明：《物权法研究（上卷）》（第三版），中国人民大学出版社2013年版，第623页。

[⑥] 参见张鸣起主编：《民法总则专题讲义》，法律出版社2018年版，第302页，该部分由郭明瑞教授执笔。

[⑦] 参见孟强：《论业主大会的诉讼主体资格》，载《政治与法律》2009年第8期；夏永全：《〈物权法〉视角下的业主大会与业主委员会——以法的可诉性为中心》，载《北方法学》2007年第5期。

践中的难题。笔者认为,业主组织符合民事主体的构成要件,且应当为民事主体法人之非营利法人中单独的一类,下面分别论述。

一、业主组织符合民事主体的构成要件

(一) 民事主体的构成要件

民事主体是民事法律关系的核心要素,所有的民事活动若缺少民事主体则无法进行,因此任何组织若被民法调整则须被确认为民事主体。但何者能成为民事主体,换言之,成为民事主体的依据是什么?值得探究。史尚宽教授指出:"为权利之主体,第一须有适于享受权利之社会存在。第二须有法律之承认。虽有适于为权利主体之存在,如法律不予承认,仍不得为权利主体。"[①] 梁慧星教授也表达了类似的观点:"要成为民事权利主体,首先须是适于享有民事权利之社会存在;其次须经法律之认可。"[②] 但问题在于,法律认可的依据是什么?仍然值得继续追问。江平教授认为,确认法人或社团为民事主体的决定性理由是:"法理秩序为之规定了独立权利和义务或者说法律主体地位,即所谓国家授予它权力以保护其利益",[③] 这些权利和义务区别于其成员的权利和义务,应被解释为社团本身的权利和义务。郑玉波教授认为:"法人能担当社会作用,而具有社会价值,法律有赋与其人格之必要,故赋与之也。"[④] 由此可知,确认组织是否具有民事主体资格时,应当考虑该组织的两个方面:一是,该组织是否是适于享有权利、承担义务的社会存在;二是,该组织是否需要法律授予其权利以保护其自身的利益,换言之,该组织是否具有独立的社会价值。

---

① 参见史尚宽:《民法总论》,中国政法大学出版社2000年版,第86页。
② 参见梁慧星:《民法总论》(第五版),法律出版社2017年版,第59页。
③ 参见江平:《民商法论要》,中国政法大学出版社2019年版,第117~118页。
④ 参见郑玉波:《民法总则》,中国政法大学出版社2003年版,第173页。

（二）业主组织是适于享有民事权利、承担民事义务的社会存在

如前所述，《民法典》第 277 条第 1 款规定："业主可以设立业主大会，选举业主委员会。"国务院制定的《物业管理条例》和各地方人大或政府制定的物业管理条例或办法，均有相应的落实设立业主大会、业主委员会的条款，且《民法典》第 277 条第 2 款增加了居民委员会作为指导、协助单位，成立后的业主组织到相应的政府机构登记备案，一般登记备案机构是当地的街道办事处，备案后的业主大会、业主委员会即可以自己的名义从事民事活动。业主组织的民事活动分为两个方面。一是对内，又分为对人和对物两个方面的管理。对人，主要是业主、借用人、租赁人等，也包括临时外来人员，类似于"地域管辖"，凡到住宅小区地域范围内的人员，业主组织都可依据法律、管理规约，对其进行必要的管理。还有对物的管理，对建筑物区分所有权共有部分进行管理。二是对外，业主组织涉及的对外活动主要有物业服务公司、开发商和政府机构。由此可知，业主组织是法定组织，且具有相应的法定职能。

业主组织有自己的决策机构，能产生独立的意志。业主大会是业主组织的决策机构，形成意思的方式是决议，所谓的决议实则不需要每一个人都同意，它只需获得多数人的认可，至于是相对多数还是绝对多数，需要根据不同的情形来定，该决议就是业主组织的意思，他区别于业主个人意思。业主组织可以有独立的财产。曾经在《物权法》的制定过程中，对是否确定业主组织的民事主体地位有过讨论，最终未确定业主组织的民事主体地位，一个重要的原因就是业主组织没有独立的财产。这实际上是将其与营利性法人类比后的一个误解，非营利法人中既没有国家财政保障，也没有拥有营利性收入的组织，仅向其成员收取费用即可维持法人的正常运转，例如，互益性法人之商会、协会、俱乐部等。业主组织的正当收入至少可以来自以下两个方面：一是业主组织可以向业主收取必要的服务费

用，业主组织为业主提供了公共服务，其有收取费用的正当性基础；二是住宅小区公共部分的收益，例如公共停车费，出租墙面、电梯广告位的收益等。需要说明的是，关于业主的房屋公共维修基金能否归入业主组织，需要慎重考虑，由于金额较大，我国现有业主组织不成熟，暂不归入为宜。业主组织本身的事务并不多，所需要的费用也不多，即使单纯地从业主处收取服务费，也不会特别加重业主的负担。业主组织是法定组织，具有独立的意思，且可以具有一定的财产，故而，业主组织是适于享有民事权利、承担民事义务的社会存在。

(三) 业主组织具有独立的社会价值

业主组织独立的社会价值表现为，其一，维护住宅小区的环境卫生及公共秩序，保障业主的合法权益。"公地悲剧"的理论告诉我们，当稀缺性公共资源没有被管理时，就会被无节制地利用。在住宅小区中具体表现为，业主违章搭建屋顶房屋、侵占楼梯通道、占用绿地为停车位等，损害小区生活环境，致使小区整体品质降低，进而损害每位业主的利益。业主共同达成的管理规约无人认真遵守，任意弃置垃圾、排放污染物、违规饲养动物，陷入"一切人对一切人的战争"状态。除此，小区还有一些公共财物需要维护，如小区的环境卫生需要有人打理、楼宇间的电梯需要定时保养、墙面长时间风吹雨蚀需要修缮，若这些公共事务无组织负责，该小区必然变得破烂不堪。生活实践经验表明，我们需要一个组织，并且需要赋予这个组织必要的权力，让其以自己的名义去管理小区内的人和物，维持小区的正常的生活环境，从而保障每位业主的权利。

其二，简化手续、提升效率、节约社会资源。业主组织不是业主个人意志的简单相加，而是通过一定的议事规则，表达出的独立于业主组织成员的决议，即业主组织的意思。业主组织代表全体业主作为民事法律关系的主体，行使民事权利、承担民事义务，避免交易、交往的相对人对业主进行逐一谈判，无须也难以让全部业主同意，如聘请物业服务公司。若物业服务公司或开发商侵犯业主共同利益时，业主组织可以依据业主大会的决议或依据管理规约，以自己的名义直接行使诉讼权利，这样使得同样的事务更简便迅捷。司法实践经验表明，业主组织的主体身份不明，给司法裁判也造成不便，甚至是混乱。

二、业主组织应当是民事主体之法人

依据《民法典》关于民事主体的规定，我国民事主体分为自然人、法人、非法人组织三类，显然业主组织不可能是自然人，故只能在法人和非法人组织之间选择。依据《民法典》第 57 条①规定的法人的定义和第 60 条②规定的法人的责任，可知法人是指依法独立享有民事权利能力、民事行为能力和民事责任能力的组织。依据《民法典》第 102 条③和第 104 条④规定可知，非法人组织能够依自己的名义从事活动，但不具有法人资格，不能独立承担民事责任。非法人组织与法人同样具有民事权利能力和民事行为能力。⑤ 法人与非法人组织在是否具有权利能力和行为能力方面，无实质性差别。二者的实质性差别仅在于非法人组织不具有完全民事责任能力，即"非法人组织不具有独立承担民事责任的能力，须由其出资人或

---

① 《民法典》第 57 条规定："法人是具有民事权利能力和民事权利行为能力，依法独立享有民事权利和承担民事义务的组织。"

② 《民法典》第 60 条规定："法人以其全部财产独立承担民事责任。"

③ 《民法典》第 102 条第 1 款规定："非法人组织是不具有法人资格，但是能够依法以自己的名义从事民事活动的组织。"

④ 《民法典》第 104 条规定："非法人组织组织的财产不足以清偿债务的，其出资人或者设立人承担无限连带责任。法律另有规定的，依照其规定。"需要说明的是，本条后一句的法律另有规定的，依照其规定。该句针对的是有限合伙中的有限合伙人，其不承担无限责任，普通合伙承担无限责任。

⑤ 参见张其鉴：《民法总则中非法人组织权利能力之证成》，载《法学研究》2018 年第 2 期。

设立人对其债务承担无限连带责任"①。具体到业主组织来说，选择法人意味着业主对业主组织的债务不负无限连带责任，对保障业主的利益更为有利；选择非法人组织意味着业主对业主组织的债务负无限连带责任，对保障债权人的利益更为有利。笔者认为，认定业主组织为法人更契合现有的学理、法理及相关的法律制度，也与司法实践中关于债务承担的内容相一致。

如前所述，业主组织的治理模式是所有权与经营权分离的"委托代理"模式，即业主通过业主大会，选举业主委员会，由业主委员会负责业主组织的日常工作，业主委员会是业主组织的执行机构。委托代理的治理模式属于营利法人与非营利法人最常见的治理模式。反观非法人组织的治理模式，依据《民法典》第102条第2款的规定，非法人组织的具体类型包括个人独资企业、合伙企业、不具有法人资格的专业服务机构等。由此可知，非法人组织的具体类型采用的是列举加概括的开放式列举方式，需要注意的是，此处的"等"字表达两层含义：一是，未有穷尽列举，还可能有其他非法人组织类型，此处仅列举的是典型的非法人组织；二是，未列举穷尽的其他非法人组织类型应当与已列举的类型类似，所谓的类似是指与已列举类型承担无限连带责任的理由应当相同，此正所谓类比推理的本质相同。通过观察我们可知，个人独资企业、合伙企业和不具有法人资格的专业服务机构，均为营利性组织，共同的特征是个人或合伙人均直接参与企业或机构的经营活动，个人或合伙人对企业或机构的经营状况较为清楚，个人或合伙人是企业或机构的直接控制人，个人或合伙人与企业或机构的财产未严格分离，个人独资企业、合伙企业、律师事务所、会计师事务所均不交纳企业所得税。故而，法律让个人或合伙人承担无限连带责任，这符合法理上的"责任自负原则"。业主组织是"委托代理"的治理

---

① 梁慧星：《民法总论》（第五版），法律出版社2017年版，第150页。

模式，业主未直接参与业主组织的日常活动，也未直接控制业主组织，其与非法人组织已列举的具体组织类型有根本上的差距，故而，让业主对业主组织的债务承担无限连带责任，学理、法理上无法自洽。另外，需要说明的是，即使是只设业主大会，不设业主委员会的业主组织，业主直接参与业主组织的活动，但业主组织的意思是通过业主大会多数决议的结果，其仍然是独立于业主个人的意思，与非法人组织的意思完全不同。

司法实践中，若业主大会、业主委员会名下的财产不足以支付债务时，会终止本次执行，从未发生过执行业主财产的情形，换言之，司法实践中在业主组织责任承担时，已经认定业主组织为法人，而非非法人组织，即业主个人的财产与业主组织的财产是分离的，业主个人不直接承担业主组织的债务。值得注意的是，有学者主张："业主组织为非法人组织，但让业主按比例承担业主组织的债务。"① 需要说明的是，该建议实则是修改了非法人组织关于无限连带责任的规定，创设了一个新的按份责任非法人组织，不是将业主组织与现有的非法人组织制度相契合，而是修改非法人组织的规定使其与业主组织相契合，这将冲击现有《民法典》关于自然人、法人与非法人组织的基本规定、基本理论，不可轻易为之。

另须注意的是，反对业主组织作为法人还有一个重要的理由，业主组织无法适用破产制度。② 有必要予以回应，首先，《民法总则》中不适用破产制度的法人已经存在，如机关法人、公益法人等。其次，根据《物业管理条例》第 19 条和《业主大会和业主委员会指导规则》第 4 条规定，业主组织不得从事与物业管理无关的活动。该规定属于法律的强制性规范，即若业主组织从事与物业管理无关的行为，其法律效果一般应认定为无

---

① 于凤瑞：《民法典编纂中业主大会的法律属性与财产责任》，载《北方法学》2018 年第 6 期。

② 参见王利明：《物权法研究（上卷）》（第三版），中国人民大学出版社 2013 年版，第 623 页。

效。由此，限制了业主组织活动的范围，避免其陷入破产的境地。再次，可以通过购买商业保险来规避物业管理实践中常见的因管理不善造成建筑物侵权责任。最后，物业管理中业主组织与他人签订的物业小区建筑物或其附属设施维修、保养合同，需要承担的债务，当业主组织不能清偿时，债权人可依据《民法典》第283条关于建筑物及其附属设施的费用按比例分摊的规定，利用《民法典》合同编第五章中的"代位权"制度向未按比例交纳的业主主张，无须申请业主组织破产。毋庸讳言，业主组织作为法人，相对来说增加了债权人的风险，但依据现有的制度可以予以弥补。

三、业主组织法人具体类型的选择

业主组织被认定为法人后，还需要根据法人的具体类型确定其地位。以法人的功能为标准，可将法人分为营利法人、非营利法人和特别法人三类。营利法人是指"以取得利润并分配给股东等出资人为目的成立的法人"。① 非营利法人是指"为公益目的或者其他非营利目的成立，不向出资人、设立人或者会员分配所取得利润的法人"。② 特别法人没有确切的定义，"它是将实践中在设立、变更、终止等方面具有特殊性的法人，且难以纳入营利法人和非营利法人的范围，而单设的一类法人类型"。③ 需要注意的是，特别法人的类型只有四种，并且是完全列举，没有"等"字，是封闭式列举，换言之，新的具体法人类型没有列入特别法人之可能。从尊重已有立法的角度看，只能在营利法人与非营利法人之间选择。业主组织

---

① 《民法典》第76条规定："以取得利润并分配给股东等出资人为目的成立的法人为营利法人。营利法人包括有限责任公司、股份有限公司和其他企业法人等。"
② 《民法典》第87条规定："为公益目的或者其他非营利目的成立，不向出资人、设立人或者会员分配所取得利润的法人，为非营利法人。非营利法人包括事业单位、社会团体、基金会、社会服务机构等。"
③ 参见李适时：《中华人民共和国民法总则释义》，法律出版社2017年版，第299~300页。

的功能是维护业主共同生活秩序，协调业主彼此间的利益，其与有限责任公司、股份有限公司等营利性法人的功能差距巨大，显然不属于营利法人。故而，从逻辑上来看，业主组织只能选择非营利法人。

非营利法人依据设立的目的来分，分为公益法人和其他非营利目的法人。公益法人是指面向社会大众，以满足不特定多数人的利益，如中国红十字会、保护妇女儿童组织等。其他非营利目的法人，从语义上分析，有两个方面的含义：一是不包含公益法人；二是开放式的概括规定，表示还有其他非营利目的的法人。目前，其他非营利目的的法人有互益法人，"互益是指仅向组织成员提供非经济利益，而非经济利益，亦非公益"①，如商会、行业协会、学会等。"非营利法人在存续期间不得分配利润，其终止后以公益为目的的法人不得分配剩余财产，但为其他目的设立的非营利法人可以分配剩余财产。"② 非营利法人的具体类型有事业单位、社会团体、基金会、社会服务机构等。其中"事业单位是指国家为了社会公益目的，由国家机关举办或者其他组织利用国有资产举办的，从事教育、科技、文化、卫生等活动的社会服务组织"③。科研院校、医院、电视台等是其典型代表。"基金会是指利用自然人、法人或者其他组织捐赠的财产，以从事公益事业为目的的捐助法人。"④ 我国实施改革开放后，社会各界人士设立了儿童福利、残疾人福利以及教育科研方面大量的基金会。社会服

---

① 参见李适时：《中华人民共和国民法总则释义》，法律出版社2017年版，第257页。

② 参见李适时：《中华人民共和国民法总则释义》，法律出版社2017年版，第258页。

③ 《事业单位登记管理暂行条例》第2条规定："本条例所称事业单位，是指国家为了社会公益目的，由国家机关举办或者其他组织利用国有资产举办的，从事教育、科技、文化、卫生等活动的社会服务组织。事业单位依法举办的营利性经营组织，必须实行独立核算，依照国家有关公司、企业等经营组织的法律、法规登记管理。"

④ 《基金会管理条例》第2条规定："本条例所称基金会，是指利用自然人、法人或者其他组织捐赠的财产，以从事公益事业为目的，按照本条例的规定成立的非营利性法人。"

务机构替代了民办非企业单位的名称,"其是指企业事业单位、社会团体和其他社会力量以及公民个人利用非国有资产举办的,从事非营利性社会服务活动的社会组织"①。非营利性民办学校、民办医院、民办博物馆、民办养老院等是其典型代表。业主组织是仅为其组织内部成员服务,而非面向社会公开提供服务的组织,与上述事业单位、基金会和社会服务机构三类公益性组织的成立目的不同。故而,业主组织的具体类型只剩两条解释路径:一是成为社会团体法人;二是属于"等"字范围内的法人,即在非营利法人范围内再设单独的一类。

《民法典》规定社会团体法人的条款为第91条②,其中规定了社会团体法人应当制定法人章程,应当设立会员大会或者会员代表大会等权力机构,应当设立理事会等执行机构,理事长或者会长等负责人为法定代表人。从形式上看,业主组织与其有相似之处,管理规约相当于法人章程、业主大会相当于会员大会、业主委员会相当于理事会、业主委员会主任相当于理事长,二者都仅向组织内部成员提供服务。正因如此,支持业主组织为法人的学者认为业主组织应当认定为社会团体法人。③ 但需要说明的是,社会团体法人与业主组织有本质区别,根据《社会团体登记管理条例》第2条④的规定,社会团体成员是为实现会员共同意愿而自愿组成的

---

① 《民办非企业单位登记管理暂行条例》第2条规定:"本条例所称民办非企业单位,是指企业事业单位、社会团体和其他社会力量以及公民个人利用非国有资产举办的,从事非营利性社会服务活动的社会组织。"

② 《民法典》第91条规定:"设立社会团体法人应当依法制定法人章程。社会团体法人应当设会员大会或者会员代表大会等权力机构。社会团体法人应当设理事会等执行机构。理事长或者会长等负责人按照法人章程的规定担任法定代表人。"

③ 参见朱涛:《业主大会法律问题研究:民事主体理论的视角》,法律出版社2016年版,第142页。

④ 《社会团体登记管理条例》第2条规定:"本条例所称社会团体,是指中国公民自愿组成,为实现会员共同意愿,按照其章程开展活动的非营利性社会组织。国家机关以外的组织可以作为单位会员加入社会团体。"

组织，具有人合性；而根据《物业管理条例》第 6 条第 1 款①和《建筑物区分所有权纠纷解释》第 1 条第 2 款②的规定，只有房屋所有权人或确定即将成为房屋所有权人的才是业主，且只要是房屋所有权人或确定即将成为房屋所有权人的就必然是业主，换言之，业主组织的业主不是自愿组成的而是法律规定的，此正所谓"籍合性"，这是二者的根本差别。另外，社会团体的管辖、成立、变更、注销、监督、惩罚等内容，与业主组织的相关内容也不相符，且社会团体受《社会团体管理条例》调整，业主组织受《物业管理条例》调整，两部管理条例难以融洽。故而，业主组织选择在非营利法人之下单设一类较为适宜，且笔者建议直接依业主组织的名字命名即可。

业主组织确定为非营利法人的瑕疵与填补。可能会有人提出，根据非营利法人的定义，非营利法人不得分配利润，但根据《民法典》第 283 条③的规定，业主可以分配建筑物及其附属设施的收益，二者有矛盾。应当承认，从形式上来看，二者确实不融洽，但实质上二者的前提不一致，且可以填补形式上的瑕疵。首先，业主分配物业小区公共部分的收益的规定，是在业主组织还未普遍设立的情形下，为保护业主的合法权益而设规定，若设立了业主组织，则无须给业主分配，且《民法典》第 282 条④规定，共有部分的收益属于业主共有，将该收益归入业主组织符合立法本意。其次，事实上，非营利法人定义中所谓的"利润"二字，一般是指投

---

① 《物业管理条例》第 6 条第 1 款规定："房屋的所有权人为业主。"
② 《建筑物区分所有权纠纷解释》（法释〔2020〕17 号）第 1 条第 2 款规定："基于与建设单位之间的商品房买卖民事法律行为，已经合法占有建筑物专有部分，但尚未依法办理所有权登记的人，可以认定为民法典第二编第六章所称的业主。"
③ 《民法典》第 283 条规定："建筑物及其附属设施的费用分摊、收益分配等事项，有约定的，按照约定；没有约定或者约定不明确的，按照业主专有部分占建筑物总面积的比例确定。"
④ 《民法典》第 282 条规定："建设单位、物业服务企业或者其他管理人等利用业主的共有部分产生的收入，在扣除合理成本之后，属于业主共有。"

资获得的利润，如前所述，业主组织禁止从事物业管理以外的活动，业主组织能获得公共部分的收益实则不多，甚至难以弥补业主组织日常的经费开销，没有必要向业主分配。最后，业主组织不属于公益性组织，若最后解散时还有剩余财产，可以按比例向业主分配，既符合业主的利益也与非营利法人的规定不矛盾，法律仅禁止公益性组织不能分配剩余财产。

第四节 业主组织与其他类似概念的厘清

一、业主组织与非法人团体概念的厘清

非法人团体与无权利能力社团内涵一致，是传统大陆法系国家的叫法。非法人团体是否为民事主体，一直有争议。民事主体理论经历了一个由单一到多元的过程，1804年《法国民法典》制定时正是自由资本主义鼎盛时期，个人主义盛行，并且拿破仑为维护资产阶级革命胜利的果实，防止封建势力利用集体性的法人进行反扑，由此，《法国民法典》只规定了自然人作为民事主体，而否认法人的主体地位。随着经济由自由资本主义发展到垄断资本主义时期，经济上开始重视集体和社会的力量，民法逐渐确认了法人为自然人之外的另一种民事主体，其中1900年《德国民法典》关于法人的规定是典型代表。法人的本质学说也经历了由"拟制说"到"实在说"的发展过程，即承认法人是社会生活中存在的组织体，我国《民法典》制定过程中采用的是"实在说"之"组织体说"。各国一般将非法人团体视为合伙，直到"二战"后才有所发展。德国和日本通过学说与判例逐渐承认非法人团体具有权利能力、行为能力及诉讼能力，换言

之,承认非法人组织也是民事主体。① 但需要注意的是,非法人团体的成员对外承担无限连带责任,因此有观点认为,非法人团体有团体法人之形式,但无团体法人之实质。②

通说认为,我国《民法典》总则编第四章的非法人组织与非法人团体的内涵与外延一致,但笔者持不同观点。尽管非法人组织与非法人团体在权利能力与责任能力以及章程等方面的规定几乎一致,但依据《民法典》第 103 条的规定可知,我国的非法人组织需要进行登记才能成立,而非法人团体则无强制性登记要求。德国关于非法人团体是否登记的问题,发生过激烈的争执,立法者企图通过登记来达到监督管理的目的,而工会、学生团体、宗教等组织拒绝登记,德国学者曾严厉批评该立法与现实的错位。③ 由此,笔者认为我国的非法人组织与大陆法系传统民法上的非法人团体并不一致。从登记和责任承担视角看,非法人组织与无限责任公司更为接近。④ 如前所述,业主组织属于非营利法人,业主对业主组织承担有限责任,其与承担无限责任的非法人团体和非法人组织差异较大。

二、业主组织与业主管理团体的厘清

各个国家或地区建筑物区分所有权法对由建筑物区分所有权人(业主)组成的组织名称不一致。德国法称为住宅所有权人共同体,日本学界依据不同情况分别称为区分所有人团体、管理组合以及社区管理团体,法国与新加坡称为管理团体,美国称为业主协会。⑤ 上述概念与我国的业主组织的内涵不完全一致,但功能相仿。笔者不赞成使用上述概念,主要原

---

① 参见陈甦:《民法总则评注》,法律出版社 2017 年版,第 712~719 页;梁慧星:《民法总论》(第五版),法律出版社 2017 年版,第 144~145 页。
② 参见尹田:《论非法人团体的法律地位》,载《现代法学》2003 年第 5 期。
③ 参见梁慧星:《民法总论》(第五版),法律出版社 2017 年版,第 144~145 页。
④ 参加柯芳枝:《公司法论》,中国政法大学出版社 2004 年版,第 76~77 页。
⑤ 参见陈华彬:《建筑物区分所有权法》,中国政法大学出版社 2018 年版,第 271 页。

因有以下几点。一是使用"管理"一词不恰当，业主组织设立的目的是维护业主的合法权益，其具体工作的内容既有管理又有服务，但更多地体现为服务而非管理。使用"管理"一词，容易使得业主组织更为重视权力的运用，而遗忘服务才是其最核心的工作。如前所述，我国深圳万景花园小区第一个业主组织就被称为"业主管理委员会"，但在后来的立法中均去掉了"管理"一词，另外，将物业管理企业更名为物业服务企业，也是基于同样的理由。二是我国的法律、法规中没有业主管理团体的叫法，变更或增加新的概念不便于理解与适用。三是"业主组织"一词表达相较于业主管理团体来说，更为客观中立，另外，如前所述，"业主组织"一词已经为我国的理论界、实务界以及部分媒体所用，其名称与内涵也较为匹配。

三、业主组织与物业管理委员会概念的厘清

2020年3月27日，北京市人大常委会公布的《北京市物业管理条例》第四章首次使用了"物业管理委员会"的叫法，且也使用了"业主组织"的叫法，有必要从法规的视角厘清二者的内涵。需要说明的是，《北京市物业管理条例》中的"业主组织"一词与本书使用的"业主组织"内涵与外延不完全一致。该条例中的业主组织是业主大会与业主委员会的上位概念，从语义分析的角度看，其并不认可业主大会仅仅是业主组织意思机构的观点，其仍然坚持通说的业主大会既是业主组织又是意思机构的观点。如前所述，本书中业主组织既是业主大会与业主委员会的上位概念，又是代表全体业主的组织体，而业主大会与业主委员会只是其意思机构和执行机构而已，不具有民事主体的资格。但业主组织概念的提出为业主大会的组织体和意思机构的双重含义分离提供了条件。

物业管理委员会是针对设立业主大会、成立业主委员会难而提出的一个全新的机构，该机构设立的目的在于推动设立业主大会、选举业主委员会，故"临时性"和"过渡性"是其典型特征。在业主大会未设立，业主

委员会未选举前，其有组织业主共同决定物业事项的职责。物业管理委员会的任期一般不超过3年，若期限届满，该住宅小区仍未设立业主大会，选举业主委员会，须重新组建物业管理委员会。《北京市物业管理条例》第54条第1款规定："物业管理委员会由居民委员会、村民委员会、业主、物业使用人代表等七人以上单数组成，其中业主代表不少于物业管理委员会委员人数的二分之一。物业管理委员会主任由居民委员会、村民委员会代表担任，副主任由居民委员会、村民委员会指定一名业主代表担任。物业管理委员会委员名单应当在物业管理区域内显著位置公示。"物业管理委员会可以刻制自己的印章，履行业主大会、业主委员会的职责。住宅小区已经设立了业主大会，选举了业主委员会的，应当解散物业管理委员会。需要说明的是，业主组织与物业管理委员会属于并列概念，二者没有交叉或隶属关系。

本章小结

对业主组织的准确界定是研究的起点，本章重点在于回答"业主组织是什么"的问题。首先，厘定了业主、业主组织概念的内涵与外延，并简要追溯了业主组织的发展历史。其次，从不同角度探析了业主组织的特性，并基于法律规定与生活实践讨论了业主组织的治理模式。业主组织特性与治理模式的探讨对论证其民事主体地位至关重要。从法教义学视角，递进式论证了业主组织应当是非营利法人中单独一类的观点。最后，厘清了业主组织与其类似的概念。上述内容为下文全面展开业主组织治理结构问题的讨论奠定了基础。

业主不仅包括建筑物区分所有权人，还包括尚未登记取得所有权，但旨在转移所有权并已经合法占有建筑物专有部分的单位或个人，其中建筑物区分所有权人包括基于法律行为取得所有权的单位或个人，也包括基于法律规定和事实行为取得所有权的单位或个人。将业主大会组织体与意思机构的双重含义分离，提出"业主组织"的概念来代表组织体，让业主大会回归意思机构的本位，由此，业主组织是指物业管理区域内由全体业主组成的集合体，业主大会是其意思机构，业主委员会是其执行机构。业主组织与业主团体二者虽然内涵一致，但二者是基于不同理论与实践背景下的名称，使用"业主组织"的叫法更符合我国的国情。业主组织的历史发展经验表明，业主组织的产生与发展均是基于客观现实的需要，具有强烈的实践基础。业主组织具有独立性、非营利性、籍合性和封闭性的特性，其治理模式主要是所有权与经营权分离的"委托代理模式"。依据民法学理论，《民法典》关于民事主体的规定，司法实践以及生活实践，业主组织符合民事主体的构成要件，且其应当为法人之非营利法人中单独的一类。对业主组织基本法理与学理的分析研究，既是我国立法、司法以及生活实践的需要，也是进一步研究业主组织治理结构的前提。

第二章 业主组织治理结构的理论溯源

第一节 业主组织治理结构与现代公司治理结构的概要

一、治理与治理结构

在《辞海》中,"治"有"治理、管理、秩序、安定"之意,"理"有"整理、办理"之意,"治理"有"统治、管理、处理"之意。在《元照英美法词典》中,治理(govern)具有管理、指导、控制的意思,指通过立法、权力当局、个人遗嘱等对行为进行指导、规范和控制等。在英语中的"治理"(governance)一词的内涵,可追溯到古拉丁语和古希腊语中的"操舵"一词,其与 government 的含义交叉,原意主要指控制、指导、操纵之意。① 20 世纪 90 年代以来,"治理"被赋予了新的含义,其不再限于政治学领域,而扩展至经济学领域;不再限于英语国家,并且在欧洲其他语言中也很流行。② 欧盟为寻求建立欧洲统一的市场,需要对管理体制进行重建,而大量使用"治理"一词。美国使用的治理往往是指"政府运

---

① 参见[英]鲍勃·杰索普:《治理的兴起及其失败的风险:以经济发展为例的论述》,漆燕译,载《国际社会科学杂志(中文版)》1999 年第 2 期。
② 参见俞可平:《治理和善治:一种新的政治分析框架》,载《南京社会科学》2001 年第 9 期。

用非政府组织来达到自身目的"。世界银行发现"治理"可以规避政治问题，故将其改革表述为"善治"（good governance）。另外，该术语也广泛地用于描述组织的控制，如公司治理、政府治理。"治理"一词的应用变得非常广泛，含义变得逐渐模糊。还需注意的是，治理与管理（统治）经常被交叉使用，但二者不同，管理是通过命令或指令来实现管理者的目的，而治理则不限于此。

英国思克莱德大学（曾译斯特拉斯克莱德大学）政治学教授格里·斯托克对治理总结为五个论点：（1）治理是指源自政府，但不仅限于政府的行为或一套社会公共机构；（2）治理是指在为社会和经济问题寻求答案的过程中的界限和责任的模糊点；（3）治理涉及集体行为时，存在对各个社会公共机构的权力依赖；（4）治理涉及行为人的自主自治；（5）治理是指处理好事情的关键不在于政府权力或权威的运用，而在于政府利用新工具和新技术的控制和指引。[1] 澳大利亚科尔巴齐研究员认为：与其将所有治理活动定义为治理，不如将治理作为分析性概念，即区别性概念。这种概念能够描述特定社会现象，并考察其如何有助于理解对实践的观察。[2] 关于治理的定义，全球治理委员会的定义最具代表性和权威性，在其发表的《我们的全球伙伴关系》中，对治理作了如下定义："治理是各种公共的或私人的个人和机构管理其共同事务的诸多方式的总和。"[3] "治理"是指调和具有不同利益，甚至冲突的各方，并促使各方采取联合行动的过程。其中，既有正式的制度或规则迫使人们遵守，又有人们同意的符合其利益的非正式的制度安排。它有四个特征：其一，"治理"是一个过程，其既不

---

[1] 参见［英］格里·斯托克：《作为理论的治理：五个论点》，华夏风译，载《国际社会科学杂志（中文版）》1999年第1期。

[2] H. K. Colebatch, Making Sense of Governance, 33 Policy and Society 307, 307-316 (2014).

[3] 俞可平：《治理和善治：一种新的政治分析框架》，载《南京社会科学》2001年第9期。

是一整套规则，也不是人类活动；其二，治理过程的关键是协调，而不是控制；其三，治理涉及公共部门和私人部门；其四，治理是持续的互动，而不是一个静态的制度。①综上所述，学者对治理的理解虽然不完全相同，但其基本内涵大体一致。一是治理不仅限于政府，营利法人、非营利法人等组织也需要治理，换言之，所有的组织都需要治理；二是治理过程中更注重协调，而非控制，换言之，治理更注重自主自治的作用；三是治理的目的是增进组织的公共利益。本书语境下的治理是利用制度引导、规范业主组织自主自治的治理，其目的是增进全体业主的共同利益。

治理与治理结构曾经混合使用，其原因在于理论界将"Corporate Governance"翻译为"公司治理结构"。从语义分析的角度看，Governance 与治理结构互译，不准确，且现实中的 Corporate Governance 理解为公司治理更合适，其不仅涉及公司内部，而且涉及公司外部、市场体系等，因此在Governance 后加 Structure，再译作"公司治理结构"是更为可取、谨慎的态度。②从形式逻辑的角度看治理与治理结构，二者应当是种与属的关系，治理是治理结构的上位概念，治理结构与治理主体、治理机制、治理环境等是同阶位的概念。"所谓'结构'应理解为兼具'机构''体系''控制机制'的多重含义。"③事实上，治理结构内涵的确定主要从内部结构和外部结构两个方面，所谓内部结构是指组织设置的具体机构及其职权，所谓外部结构是指组织与利益相关者之间的关系及其定位功能，其中内部关系视角往往被称为"狭义"定义，内部与外部关系均关注则被称为"广义"定义，组织治理结构的狭义定义的确立是探讨其广义定义的前提。

---

① 参见俞可平：《治理和善治：一种新的政治分析框架》，载《南京社会科学》2001年第9期。

② 参见卢代富：《企业社会责任的经济学与法学分析》，法律出版社2002年版，第119页。

③ 参见梁能主编：《公司治理结构：中国的实践与美国的经验》，中国人民大学出版社2000年版，第4页。

二、业主组织治理结构与现代公司治理结构内涵的厘定

公司是民事主体中历史悠久且较为成熟的私人组织，业主组织治理结构内涵的界定需要借鉴公司治理结构内涵界定的思路。关于公司治理结构的含义经济学界也未形成通说，代表性的观点学说概括起来有"权责结构"和"角色结构"两种，其中赞成"权责结构"的学者认为："公司治理结构是指由出资者、董事会、监事会和经理层等组成的一种相互制衡的公司组织结构或一套制度安排，并通过这种联盟实现经济利益。"① 具体来说又可分为狭义和广义两种，狭义的公司治理结构是指股东大会、董事会、监事会以及经理层之间的一种组织机构和均衡机制，股东大会是公司的最高权力机构，对公司的重大事项进行决策，并监督董事会；董事会是公司的最高经营决策机构，对公司的重要事项进行决策，对股东大会具有说明责任，对经理层进行监督；经理层是公司的最高经营执行机构，执行董事会的决策，受董事会的监督；监事会是公司的内部的专门监督机构，监督董事会和经理层，并对股东大会具有说明责任。广义的公司治理结构还包括上述机构与其他利益相关者之间的关系。② 赞成"角色结构"的学者认为："公司治理结构就是指公司的各方参与人在正式和非正式的制度环境中，逐渐形成的特点角色、报告关系，以及按照工作关系联系起来并进行沟通的组织系统。"③ 相较来说，权责结构学说更符合公司治理结构的实际，角色结构学说过于一般化，并不能准确地说明公司治理结构的特殊

---

① 钱颖一：《企业的治理结构改革和融资结构改革》，载《经济研究》1995年第1期。

② 参见吴敬琏：《什么是现代企业制度》，载《改革》1994年第1期；张维迎：《企业理论与中国企业改革》，上海人民出版社2015年版，第111页；马连福：《公司治理》（第二版），中国人民大学出版社2020年版，第34页；倪建林：《公司治理结构：法律与实践》，法律出版社2001年版，第3页。

③ 剧锦文：《企业与公司治理理论研究》，中国经济出版社2018年版，第58~59页。

性,另外,权责结构学说下的公司治理结构含义与公司治理的含义也相契合,故而,笔者赞同该学说。

需要注意的是,法学对公司治理结构的研究受经济学的影响,但其与经济学有一定的区别:首先,经济学上的公司治理结构侧重于为保护股东或利益相关者的利益而采取的一系列措施、程序和规则;法学则侧重于在平衡各利益相关者权益的基础上作出制度性回应,关注规范的建构。其次,相较于经济学强调效率来说,法学更注重各方利益的平衡、责任的归属以及规制的底线。①换言之,法学上的公司治理结构"是为维护股东、公司债权人以及社会公共利益,保证公司正常有效的运营,由法律和公司章程规定的有关公司组织机构之间权力分配与制衡的制度体系"②。

借鉴公司治理结构的定义思路,法学上的业主组织治理结构的内涵为"维护业主合法权益与社会公共利益,保障业主组织正常有效运转,由法律和管理规约规定的业主组织机构之间权力分配与制衡的制度体系"。需要说明的是,狭义的业主组织治理结构仅试图主要解决业主(委托人)与业主委员会(代理人)之间的内部问题,重点关注所有权与经营权分离带来的代理问题。广义的业主组织治理结构还强调业主组织与其他利益相关者之间关系的问题。鉴于业主组织的发展处于初级阶段,本书探讨的业主组织治理结构是指狭义的定义,质言之,主要涉及业主组织的内部关系,即业主与业主组织内部机构以及内部机构之间的关系,涉及其他利益相关者的问题,仅作力所能及的探讨。

综上所述,使用"治理"一词更符合现代社会的理念,其不仅强调"管理"和"控制",还注重"协商"的内涵。组织从单纯地强调"自上而下"的管理方式,到将"自上而下"和"自下而上"结合的治理方式,

---

① 参见梅慎实:《现代公司机关权力构造论》,中国政法大学出版社2000年版,第1页。

② 范健、王建文:《公司法》(第五版),北京大学出版社2018年版,第326页。

其与"以人为本"的社会思想相一致。本书探讨的业主组织应当更注重二者的结合,与其相关的"物业服务企业"原名称为"物业管理企业","业主委员会"原名称为"业主管理委员会"等,名称的更换均体现了业主组织更适于采用"治理"的内涵。事实上,无论典型的私法人"公司"还是典型的公法人"政府",无一不是强调治理的内涵。"治理"与"治理结构"的内涵应当分离,治理的含义更广,而治理结构的含义相对较窄,狭义的治理结构仅指组织的内部关系,即使广义的治理结构也仅涉及利益相关者的问题。公司是典型且较为成熟的私人组织,现代公司治理结构内涵的界定思路值得其他类型的组织借鉴。结合"权责结构"的定义思路,法学上的现代公司治理结构的内涵主要是指"由法律和公司章程规定的有关公司组织机构之间权力分配与制衡的制度体系"[1]。借鉴现代公司治理结构内涵的界定思路,业主组织治理结构的内涵主要是指"由法律和管理规约规定的有关业主组织机构之间权力分配与制衡的制度体系"。本书仅探讨狭义的业主组织治理结构,主要涉及业主与业主组织内部各机构以及内部机构之间的问题。

现代公司治理结构不仅内涵的界定可以为业主组织提供借鉴思路,现代公司治理的理论同样可以为业主组织治理理论提供助力,进而建构业主组织的治理结构。事实上,从现代公司到业主组织是一个类比推理的过程,应当严格遵守类比推理的逻辑规则,即"本质相同"。能否准确发现二者"本质相同"的方面,是成功类比推理的关键。需要说明的是,现代公司属于营利法人,而业主组织属于非营利法人,二者的不同点也十分明显,将二者的治理理论进路类比推理式的运用,除从正面"证成"以外,还应当从反面"证伪",回应已经产生的或可能产生的质疑。笔者关于现代公司治理理论与业主组织治理理论之间关系问题的基本观点是,现代公

---

[1] 范健、王建文:《公司法》(第五版),北京大学出版社2018年版,第326页。

司和业主组织均具有高度分散的所有权结构和"两权分离"(所有权与经营权分离)的特征,二者均基于该两点特征而产生了委托代理问题,其是现代公司有关治理结构的治理理论能够类比推理至业主组织的关键。现代公司的营利性与业主组织的非营利性主要体现在激励机制的差别方面,对组织的基本治理结构不产生实质性影响,下文展开论述。

第二节 现代公司治理理论与现代公司治理结构的检视

一、现代公司治理与现代公司治理结构的关联考量

(一)现代公司治理的发展历程、特征、内涵分析

"企业制度的发展经历了两个时期——古典企业制度时期和现代企业制度时期。古典企业制度主要以业主制企业和合伙制企业为代表,现代企业制度主要以公司制企业为代表。总体而言,企业制度从古典到现代的转变,经历了业主制企业、合伙制企业和公司制企业的发展过程。"[①] 最早的企业制度是业主制企业,其是指单个自然人全额投资企业,并对企业债务承担无限连带责任。业主制企业的缺点是规模小,资金筹集困难,且无限连带责任的风险大。合伙制企业是指由两个或两个以上的自然人联合投资组成企业。其缺点是合伙人对企业债务仍然承担无限连带责任,企业的生存还受合伙人退出或死亡的影响。公司制企业是指依法成立的以营利为目的、具有独立产权、对外独立承担责任的组织。公司独立于自然人而独立存在、出资人承担有限责任、股权可以转让是公司的三个重要特点。公

---

① 李维安:《公司治理学》(第四版),高等教育出版社2020年版,第4页。

制企业相对克服了业主制、合伙制企业的资金和无限连带责任的局限。随着公司制企业的快速发展，现代公司呈现出股权结构分散和所有权与经营权分离的特征，正是由于该特征才导致现代公司治理问题的产生。①

股权高度分散是现代公司的第一个重要特征。公司股权结构，经历了由少数人持股到多数人甚至是社会公众持股的演变过程，上市公司是典型的现代公司。高度分散的股权结构导致对公司经营者缺乏有力的监督，公司经营者容易产生机会主义，侵害股东的权益，高度分散的股权结构也使得公司在集体行动上难以达成一致意见。所有权与经营权分离是现代公司的另一重要特征。事实上，所有权与经营权分离是股权高度分散的必然结果，否则公司无法正常运转。股权高度分散致使企业无法将所有决策均交由全体股东决议，只能选出董事，组成董事会，由董事会决策公司的大部分事务，董事会选聘经理层负责执行。所有权与经营权分离，自然产生两种利益主体，即所有者与经营者，二者的目标并不完全一致。经营者负责公司的日常经营工作具有信息优势，其存在逆向选择与道德风险的问题，侵害股东的权益。公司治理便有存在的必要性与重要性。② 公司治理的含义虽然未有通说，但从公司治理问题的产生与发展的角度看，可以从狭义和广义两个方面理解，"狭义的公司治理是指所有者（股东）对经营者的一种监督与制衡的机制，即通过一种制度安排来合理地配置所有者与经营者之间的权利与责任关系，以实现股东利益最大化这一公司目标。广义的公司治理是指通过一套包括正式和非正式的制度安排和机制设计，来协调公司与所有利益相关者之间的利益关系。广泛的利益相关者包括股东、债权人、供应商、员工、政府和社区等与公司有利益关系的集团"③。

---

① 参见马连福：《公司治理》（第二版），中国人民大学出版社2020年版，第3~6页；李维安：《公司治理学》（第四版），高等教育出版社2020年版，第4~5页。

② 参见李维安：《公司治理学》（第四版），高等教育出版社2020年版，第5~6页；马连福：《公司治理》（第二版），中国人民大学出版社2020年版，第25~31页。

③ 马连福：《公司治理》（第二版），中国人民大学出版社2020年版，第34页。

(二) 现代公司治理理论与现代公司治理结构的关系分析

公司治理理论是公司治理结构制度设计的理论基础，不同的公司治理理论对公司治理结构的制度设计有着不同的理念和制度安排。① 现代公司治理理论可以分为主流公司治理理论和利益相关者理论。其中主流公司治理理论又分为三个学派。一是交易费用理论，其研究的重点在于企业与市场之间的关系。二是代理理论，其研究的重点是企业内部组织结构和其中的代理关系，该理论又可细分为代理成本理论和委托代理理论两类，代理成本理论重点从契约角度研究，委托代理理论重点从构建激励与约束的机制角度研究。需要说明的是，在主流公司治理理论中，委托代理理论被普遍接受，委托代理关系及其所产生的代理问题是公司契约关系的基本特征。② 三是企业家理论，其研究的重点是企业家及企业家精神对企业的重要作用。主流公司治理理论主要强调的是"股东利益至上"，或者说是"股东中心主义"，忽略了其他企业利益相关者的利益，后又产生了利益相关者理论，该理论认为企业治理的目的在于实现企业利益相者利益的最大化，而非仅是股东利益最大化。③ 本书重点研究的是"治理结构"的问题，联系最为紧密的公司治理理论是委托代理理论和利益相关者理论，其他公司治理理论与治理结构仅仅是相关，不具有相当的因果关系，故而，委托代理理论与利益相关者理论是本书介绍的重点。

上述公司治理理论均是以公司的契约论为前提，换言之，其均认为公司本质上是一系列契约的联结，坚持契约自由原则，强调公司的私人自治

---

① 参见王文钦：《公司治理结构之研究》，中国人民大学出版社2005年版，第80页。

② 参见王文钦：《公司治理结构之研究》，中国人民大学出版社2005年版，第50~53页。

③ 参见张维迎：《企业理论与中国企业改革》，上海人民出版社2015年版，第53~93页。

和私法属性。《公司法》只是标准契约条款,其应当是任意性而非强制性的,股东利益最大化是公司的目标。但现代公司社会责任的问题日益凸显,有学者从政治学的角度重新审视公司的本质,并提出了问责原则、协商原则和争议原则。我国的邓峰教授与施天涛教授对此也进行了部分研究。

二、委托代理理论与现代公司治理结构

现代公司的核心特征是所有权与经营权(控制权)分离,即所谓的两权分离。1932年,伯利和米恩斯在其《现代公司与所有财产》一书中公开了其在1930年对美国200家非金融工业公司为调查样本的所有权与经营权实证研究的结果。实证研究结果表明现代公司股权越来越分散,公司被实际的经营者控制,所有者的权力越来越只是名义上的,控制公司的经营者可能会以损害股东权益的方式追求自己的利益。伯利和米恩斯指出:"事实上,公司经营者实际上被看作一组代理人,他们为了一组财产所有者的利益而从事经营活动;尽管这些经营者能够并真的比大多数代理人拥有更大的权力,但他们得严格地承担责任,而且在一般的政策事务上,他们处于受所有者控制的地位。"① 基于现代公司的两权分离特征,产生了委托代理关系和委托代理理论。詹森指出:"代理关系的狭义定义就是一个或多个人(委托人)与其他人(代理人)约定让后者按照前者的利益行事,而这同时需要前者将一些决策权委托给后者。"② 广义的委托代理关系包含三层委托代理关系,第一层是股东为委托人,股东高度分散,不直接从事经营管理活动,通过股东大会委托授权给董事会;第二层是董事会选聘经理

---

① [美]阿道夫·A.伯利、加德纳·C.米恩斯:《现代公司与私有财产》,甘华鸣、罗锐韧、蔡如海译,商务印书馆2005年版,第146页。
② [美]迈克尔·詹森:《企业理论——治理、剩余索取权和组织结构》,童英译,上海财经大学出版社2008年版,第134页。

层进行日常管理；第三层是经理层招聘员工，经理层与员工之间形成委托代理关系。① 实践中争论最多的是股东与董事和经理层之间的委托代理关系。

委托代理问题是指委托人与代理人目标不一致，二者信息不对称，市场的不确定性，契约的不完备性以及委托人难以观察到代理人的经营行为，作为理性经济人的代理人就可能偏离委托人的目标期待，靠近自己的目标期待，代理人可能利用信息优势侵害委托人的利益。现代公司委托代理关系随处可见，代理人问题主要有"逆向选择"和"道德风险"两种，其中逆向选择是指公司经营者比外部投资者掌握更多的有关公司当前状况及未来前景的信息。他们可以通过各种途径，以牺牲投资者的利益来谋取自己的利益。道德风险是指委托人不可能有效地直接观察到代理人的努力程度和工作效率，偷懒便成了可能，或将公司状况的恶化归结为不可控因素。② 具体表现为以下两类。一类是所有者与经营者之间的委托代理问题，经营者具有信息优势，有追求信息租金的倾向，一般有两种表现：一是运用资源、进行投资时滥用职权以及利用股东的支出来为自己谋取利益；二是领取高额的薪酬而付出较少的努力。这些机会主义偏离了公司利益最大化的目标，损害了股东利益。另一类是大股东侵害小股东利益的委托代理问题，有些大股东控制的资源远大于他们投入的资金，大股东存在将这些资源据为己有的机会主义倾向，另外，大股东倾向于参与公司的实际运营管理，按照大股东利益选聘经营者，使得大股东侵害小股东利益成为可能。③ 由此，委托人需要建构治理结构来监督和制约代理人，需要设计一

---

① 参见张咏莲、沈乐平：《公司治理学》（第三版），东北财经大学出版社2019年版，第16页。

② 参见马连福：《公司治理》（第二版），中国人民大学出版社2020年版，第29~30页。

③ 参见李维安：《公司治理学》（第四版），高等教育出版社2020年版，第28~29页。

套有效的治理机制来激励和约束代理人。使其能够促使代理人将委托人的利益放在第一位。

总之，现代公司的核心特征是所有权与经营权分离，自然产生委托代理关系。基于经济理性人的假设，委托人与代理人的利益不完全一致，代理人可能利用信息优势侵害委托人的利益。委托人有必要设计一套有效的激励与制约机制，维护自身的利益。实际上其中所谓的制约机制是指对代理人的监督制约，具体来说，是建构分权制衡的现代公司治理结构。由此可知，委托代理理论是现代公司治理结构的理论基础，该理论的宗旨是维护股东的利益。需要说明的是，现代公司治理结构的建构并不能完全解决委托代理问题，还须激励机制的建构和治理环境的完善等一起发挥合力。另须说明的是，世界各国因法律、政治、经济、历史、文化、传统等不同，现代公司治理结构的具体模式也不相同，各有优势与缺陷，但基于委托代理理论的指引应当对代理人授权与监督制约的思路是一致的。

三、利益相关者理论与现代公司治理结构

最早提出利益相关者思想的是美国哈佛大学法学院教授多德，其在20世纪30年代初与伯利和米恩斯的一场著名的争论中提出"董事应该为谁承担义务？"的发问，他主张公司的董事不仅是股东的信托人，还应当包括公司职员、消费者，尤其是社区的信托人。[①] 该理论在20世纪六七十年代得到了发展，企业面临的环境日益复杂，投资人（股东）尽可能地追求短期回报行为，有悖于企业的长期发展，也限制了经理层的自主经营。随着收购活动大量涌现，经理层为维护自身利益利用政治力量立法反对收购。这使得在企业经营过程中不得不处理企业社会责任问题、环境治理问题以及企业伦理问题。需要说明的是，20世纪80年代以前，企业对利益

---

① 参见剧锦文：《企业与公司治理理论研究》，中国经济出版社2018年版，第48页。

相关者的考虑更多是基于战略管理,而非企业治理,"股东利益至上"仍然是企业治理普遍遵循的理念,英美国家企业治理模式表现更为突出。20世纪80年代以后,英美国家企业竞争力普遍下降以及恶意收购与兼并带来的负面影响使得"股东利益至上"的治理理念受到质疑。德国、日本等国家的企业通过与员工、金融部门、关联企业等建立长期合作关系的治理模式,取得显著成效。利益相关者理论逐步引起人们的重视,英、美以及其他国家的立法与司法也开始考虑利益相关者的利益。①

利益相关者理论的要点可以概括为如下四个方面。一是董事会是资产的受托人,不仅仅是股东的受托人。银行、员工、供货商、客户以及政府等利益相关者也为企业的发展提供了物质资本或人力资本,公司治理结构的构建应当超越委托代理理论。二是股东不是唯一的企业风险承担者,人力资本投入者承担了更大的风险。美国学者布莱尔指出,从风险分担的角度看,技术工人等投入形成的专用性人力资本,是一种沉没成本,高度依赖公司的存在,一旦离开或公司破产,前期投资形成的沉没成本将无法收回。三是企业所有决策应当充分考虑利益相关者的利益均衡。利益相关者理论主张在公司剩余分配上,应当充分考虑各利益相关主体的合理要求,在不同利益相关者的利益之间求得平衡。四是刚性的劳动市场是实施利益相关者理论的重要约束条件。为了更有效地促使所有员工努力,企业应当具有足够高的可能性来留住年轻员工,刚性的劳动力市场为合作提供可能。②

利益相关者理论是对主流企业治理理论下的"股东利益至上"理念的修正。将利益相关者纳入治理结构具有明显优势:首先,利益相关者参与

---

① 参见陈宏辉:《企业的利益相关者理论与实证研究》,浙江大学2003年博士学位论文,第37页;孙文博:《中国公用企业治理结构研究》,浙江工商大学2007年博士学位论文,第46页。

② 参见剧锦文:《企业与公司治理理论研究》,中国经济出版社2018年版,第48~49页。

公司治理有利于激发利益相关者对企业利益的关注,减少机会主义和激励监督成本;其次,利益相关者与企业合作可以使企业无须过多担心股市和债市对企业的威胁,着重于追求企业长期发展目标;再次,利益相关者利益得到维护有利于稳定劳动力市场和地区经济。① 反对者对利益相关者理论提出了严厉的批评,具体观点如下:一是从法理上说,股东是企业的所有者,过多考虑其他利益相关者的诉求,不符合股东设立企业的目的;二是利益相关者的概念不清晰,利益相关者理论由于要平衡所有利益相关者的利益,致使在决策时无法明确回答企业的目标,兼顾多方利益使得经营者无所适从,而且难以用统一的指标对经理人的业绩进行评价;三是企业为专用性的物力和人力资产付出了高昂的成本,企业改革、正常收购、兼并时涉及众多利益相关者利益难以推进。② 反对者认为:"对其他利益相关者利益的保护主要通过市场竞争、法律制度以及重复交往过程中所形成的信誉机制来保护。"③ 需要注意的是,经济合作与发展组织(以下简称"经合组织",英文简称"OECD")2015年修订的《公司治理原则》第四章内容仍然是"利益相关者在公司治理中的作用",并作了必要的修订,其强调投资人、员工、供应商以及债权人都为公司竞争力的形成和最终的成功贡献了不同资源。利益相关者之间与企业进行积极的合作和沟通符合企业长期利益。企业应当尊重法律和共同协议确立的利益相关者的权利。

---

① 参见杨瑞龙、周业安:《论利益相关者合作逻辑下的企业共同治理机制》,载《中国工业经济》1998年第1期;杨瑞龙、魏梦:《公司的利益相关者与公司股利政策》,载《上海经济研究》2000年第4期;陈宏辉:《企业的利益相关者理论与实证研究》,浙江大学2003年博士学位论文,第57~58页。

② 参见张咏莲、沈乐平:《公司治理学》(第三版),东北财经大学出版社2019年版,第18~19页;张维迎:《理解公司——产权、激励、治理》,上海人民出版社2014年版,第206~214页;陈宏辉:《企业的利益相关者理论与实证研究》,浙江大学2003年博士学位论文,第59页。

③ 张维迎:《理解公司——产权、激励、治理》,上海人民出版社2014年版,第225页。

利益相关者有权及时获得企业的信息，并在其权利受到侵害时有救济的途径。债权人是重要的企业利益相关者，企业应当建立高效的破产制度框架和有效的债权人执行机制。① 由此可知，经合组织倾向于赞成利益相关者理论。

综上所述，公司社会责任、员工利益、债权人利益保护等客观现实因素是利益相关者理论提出的基础。股东投入的物质资本、员工投入的人力资本以及其他利益相关者贡献的资源共同造就了企业的成功，更具有解释说服力。利益相关者理论更有利于企业长远利益，有利于维护员工的利益等其他利益相关者的利益，德国、日本的企业治理结构模式与该理论相契合。但不可否认的是，利益相关者理论的缺陷也是显而易见的，平衡各方利益导致决策目标不清晰，进而为经理层的懒惰或无能制造各种借口，过多考虑利益相关者的利益容易纵容员工或供应商不尽职责，该理论容易助长形成傲慢的、迟钝的公司治理结构模式。企业治理过程中如何平衡委托代理理论和利益相关者理论，至今仍是难题，但对保护其他利益相关者利益的观点，均无异议。由此，利益相关者理论亦是公司治理结构的理论基础，建构公司治理结构的过程中不仅要关注股东利益，也应当关注其他利益相关者的利益。

第三节　现代公司治理理论适用于业主组织治理结构建构的证成与证伪

依据《民法典》关于民事主体的规定可知，现代公司是营利法人，前文已论述业主组织应当是非营利法人，现代公司与业主组织属于不同种类

---

① 参见鲁桐：《〈G20/OECD公司治理原则〉（2015）修订内容及其影响》，载《国际经济评论》2016年第6期。

的组织。若将现代公司治理理论适用于业主组织治理结构的建构,则需要充分且正当的理由。如上所述,现代公司有关治理结构的治理理论有委托代理理论和利益相关者理论,下面分别述之。

一、委托代理理论适用于业主组织治理结构的建构

如前所述,现代公司高度分散的股权结构和所有权与控制权分离的客观事实导致了现代公司的治理问题。高度分散的股权结构致使公司股东们无法在集体行动上达成一致意见,也无法对公司控制者形成强有力的监督,公司实际经营者容易在机会主义的影响下侵害股东的利益。基于高度分散的股权结构,现代公司若正常运转必然产生所有权与经营权分离的结果,委托代理关系、委托代理问题、委托代理理论,便应运而生。[①] 换言之,高度分散的所有权结构和所有权与控制权分离是产生委托代理理论的根源,也是委托代理理论适用的前提。进言之,高度分散的所有权结构和所有权与控制权分离的组织产生的治理问题,同样可以适用委托代理理论。

业主组织是高度分散的所有权结构,并且其所有权与经营权分离。城市住房制度的改革,房地产市场的快速发展,商品房住宅小区是绝大部分城市居民生活的场所。由于城市土地资源稀缺,房屋建造成本等,基于建筑物区分所有权的楼房是商品房住宅的主流形式。即使是独栋别墅也是在政府规划的商品房住宅小区内的建筑物,独栋别墅的所有权之间也存在共有部分。现代商品房住宅小区的产权结构建立在一个个建筑物区分所有权的基础上,而非单一的某一私人持有,换言之,商品房住宅小区的产权结构是高度分散的,进而基于建筑物区分所有权的业主表决权也是分散的。即使存在某一私人拥有多个建筑物区分所有权,根据《民法典》第278条

[①] 参见李维安:《公司治理学》(第四版),高等教育出版社2020年版,第5~6页。

的规定，业主共同决定事项受"人数"和"专有部分面积"两个因素约束，这就杜绝了单一或少数业主控制业主组织的情形发生，进一步强化了高度分散的所有权结构。

高度分散的表决权彰显每位业主的建筑物区分所有权，但对业主组织的日常经营活动也造成了不利影响。首先，表决权高度分散化的最直接的影响是全体业主无法在集体行动上达成一致意见，从而提高了治理成本。其次，由于对业主组织经营者的监督弱化，不少业主不仅缺乏参与业主组织决策和对业主委员会监督的积极性，而且也不具备这种能力，进而，使得业主处于被机会主义侵害的风险之下。再次，需要说明的是，人数较少的住宅小区虽然也是高度分散的产权结构，但由于业主组织的日常经营活动较少，所有权人之间联系也较为便捷，全部所有权人均参与业主组织的日常经营活动难度不大，故而，根据《民法典》第277条的规定，业主可以仅设业主大会，不选举业主委员会，换言之，住宅小区的治理由全体业主共同参与、共同决定。该类型的商品房住宅小区的治理不是本书讨论的重点，未有特别说明时，本书中的商品房住宅小区均是指人数较多，全体业主难以参与日常活动的小区。商品房住宅小区的产权结构是高度分散的建筑物区分所有权结构，进而产生高度分散的业主表决权。生活实践表明，人数较多的商品房住宅小区在缺乏引导、协助的情况下，几乎无法作出任何有关集体行动的决定。有物业服务企业服务的住宅小区，由于物业服务企业缺乏业主组织的监督，物业服务企业侵害业主利益的现象便会层出不穷。具体表现为，物业服务企业侵害业主共有部分的收益、承诺服务项目不兑现、乱涨物业费、任意停电、停水等。无物业服务企业服务的住宅小区，由于建筑物区分所有权共有部分及其附属设施缺乏维护，业主违法行为缺乏监督约束，住宅小区的公共秩序和环境卫生变得混乱不堪，陷入"公地悲剧"和"一切人对一切人的战争"。具体表现为，房屋外墙脱落、公共道路损坏、业主违规饲养动物、乱搭乱建、侵占消防通道、花坛种菜等。

业主与业主委员会之间是委托代理关系，存在委托代理问题。依据《民法典》第277条的规定，通过业主大会选举业主委员会，由业主委员会代表业主组织，监督物业服务企业的行为，组织维护建筑物共有部分及其附属设施，并约束部分业主的违法行为。业主委员会作为业主组织的直接经营者有利于提高业主组织的治理效率，有利于维护业主的利益。另外，业主组织的所有权与控制权分离，也厘定了业主组织区别于业主的独立责任和业主组织的独立的法人地位。故而，业主组织的所有权与经营权分离是客观现实使然。业主组织的所有权与经营权分离后与现代公司同样存在委托代理关系，产生委托代理问题。所有权人（业主）是委托人，业主委员会是代理人，二者是两种利益主体，二者目标函数并非完全一致，二者的利益可能存在偏差，甚至冲突。业主委员会比业主掌握更多关于业主组织当前及未来的信息，换言之，二者信息不对称。基于经济理性人的假设，业主委员会同样存在逆向选择和道德风险的问题。逆向选择是指业主委员会可以通过各种途径利用信息优势牺牲业主的利益来谋取自己的利益。道德风险是指业主不可能有效地直接观察到业主委员会的努力程度及工作效率，业主委员会可能存在不作为或乱作为的情形，或将住宅小区治理恶化和业主组织运行不畅等问题归结为不可控因素。例如，陕西省榆林市望湖星城小区业主委员会独断擅权、横行霸道，敲诈勒索小区业主、商铺、物业服务企业，依法被刑事逮捕。[1] 再如，广东省深圳市龙华区七里香榭花园业主委员会擅自进行广告经营，擅自与物业服务企业续签物业服务合同等违法行为被住房和建设部门行政处罚，后被街道办责令召开业

---

[1] 参见《望湖星城小区5名业委会成员敲诈小区业主10万余元》，载搜狐网，https://www.sohu.com/a/305979491_684417，访问日期：2019年4月4日。

大会罢免。① 事实上，生活实践中业主委员会侵害全体业主利益的情形并不鲜见。

综上所述，业主组织与现代公司同样存在高度分散的所有权结构，客观上需要所有权与经营权分离，达成统一的集体行动。所有权与经营权分离后自然形成委托代理关系，便必然产生委托代理的治理问题。业主组织与现代公司的治理问题虽然表现形式不同，但实质相同，核心问题是代理人（经营者）利用信息优势侵害委托人（所有权人）的利益。另外，现代公司大股东侵害小股东利益的问题，在业主组织中展现为多数人侵害少数人利益的问题，二者实质相同。故而，委托代理理论同样适用于业主组织治理结构的建构。

二、利益相关者理论适用于业主组织治理结构的建构

如前所述，利益相关者理论是对委托代理理论产生的"股东利益至上"理念的修正。利益相关者理论认为董事会不仅是股东的委托人，也是其他利益相关者的委托人，现代公司决策应当平衡所有利益相关者的利益。只有调动所有利益相关者的积极性，才能实现公司的长远发展。② 由此，在现代公司治理结构的建构中应当给予利益相关者适当的位置。业主组织适用委托代理理论建构治理结构时同样存在"业主利益至上"的问题。在法律、国家不介入的前提下，业主建构业主组织治理结构时，基于经济理性人的假设，必然产生"业主利益至上"的结果，若其他利益相关者的利益无法得到保障，同样不利于业主组织的长远发展。例如，部分住宅小区业主委员会缺乏活动经费，业主委员会委员不仅付出时间、精力等

---

① 参见《业委会成员滥用权力照样被罚款》，载蜂巢物业论坛，http://bbs.combpm.com/thread-130888-1-1.html，访问日期：2019年9月15日。

② 参见剧锦文：《企业与公司治理理论研究》，中国经济出版社2018年版，第48~49页。

成本，有时还要付出经济成本，结果是业主委员会委员怠于履行职责，业主组织无法正常运转。再如，若只强调公共部分收益归业主共有，忽视物业服务企业应当获得的回报，物业服务企业必然缺乏经营公共部分的积极性，结果是不产生收益，出现"双输"，甚至是"多输"的局面。

  事实上，我国现有的与业主组织相关的立法均体现了利益相关者理论的思想。根据《民法典》第 277 条的规定可知，业主组织是由业主设立的，一般来说，业主组织的治理目的应当是维护业主的利益，但问题在于业主组织的治理目的是否只是维护业主的利益，是否需要兼顾其他利益相关者。国务院出台的《物业管理条例》第 1 条规定的立法是"为了规范物业管理活动，维护业主和物业服务企业的合法权益，改善人民群众的生活和工作环境"。从该规定可以看出，《物业管理条例》制定的目的不仅包括维护业主的合法权益，还包括维护物业服务企业的合法权益。还需注意的是，2020 年 3 月 27 日，北京市人民代表大会通过的《北京市物业管理条例》第 1 条规定的立法目的是"维护物业管理相关主体的合法权益"。另外，该条例创造性地提出了设立"物业管理委员会"作为业主组织的过渡机构，"物业管理委员会由居民委员会、村民委员会、业主、物业使用人代表等七人以上单数组成"。显然，该条例认可的利益相关主体更加广泛。《民法典》出台后，2020 年 7 月 24 日，广西壮族自治区人大常委会修订的《广西壮族自治区物业管理条例》第 1 条规定的立法目的是"维护业主、物业服务人以及物业管理各方的合法权益"，由此可见，该条例同样不仅维护业主的合法权益。事实上，查阅其他省、自治区、直辖市的物业管理条例，未见仅维护业主合法权益的规定。另外，《民法典》第 86 条规定了营利法人从事经营活动应当承担社会责任，"举重以明轻"，作为非营利法人的业主组织更应当承担社会责任。故而，业主组织的治理不仅需要维护业主的利益，而且需要兼顾物业服务企业、社区居民委员会、基层人民政府等其他利益相关者。由此可知，利益相关者理论同样适用于业主组织治理结构的建构。

三、现代公司治理理论不适用业主组织治理结构之证伪

此处所谓的"证伪"是指对反对意见或可能的反对意见的证伪，具体来说，是对认为现代公司有关治理结构的理论不能适用于业主组织治理结构建构意见的反驳。尽管笔者在上述内容中论证了现代公司治理理论之委托代理理论和利益相关者理论可以适用于业主组织治理结构，但仍然可能存有疑问，即为什么上述论证的角度与内容是妥当的、严谨的，换言之，上述论证的视角与内容何以得出公司治理理论能够适用业主组织治理结构建构的结论，笔者认为有必要予以回应。另外，现代公司治理结构与业主组织治理结构纵然有诸多相似之处，但二者毕竟属于不同性质的组织，营利性与非营利性如何体现，笔者认为这也属于合理怀疑，也有必要予以回应。

从现代公司到业主组织实际上是一个类比推理的过程。不同事物之间能够进行类比推理的关键在于"事物的本质相同"。① 如果类比推理的目的不同，那么认定"本质相同"的视角也不同。例如，法官运用类推适用方法填补法律漏洞过程中的类比推理，此处的"本质相同"是指立法目的相同。医生运用"同情用药"的方法给身患重病但无特效药的病人使用未上市的药品过程中的类比推理，此处的"本质相同"是指致病机理相同。当然对"本质相同"认识错误，将会导致类比推理失效，推导出错误结论。对事物本质的认识是一个抽象的过程，本质是隐藏于具象背后的抽象，需要发挥人的主观能动性才能挖掘。从表面上看，类比推理是从特殊到特殊的过程，实质上类比推理是特殊到一般再到特殊的过程，其中的"一般"

---

① 参见[德]卡尔·拉伦茨：《法学方法论》，陈爱娥译，商务印书馆2003年版，第258页；[英]安东尼·韦斯顿：《论证是一门学问》，卿松竹译，新华出版社2018年版，第38页。

是特殊到特殊的"中项",故而,有人也将类比推理看作是归纳演绎省略式推理。它与演绎推理的区别在于,演绎推理的大前提是已知的,或者说是确定的,而类比推理的大前提需要通过抽象获得的。演绎推理与类比推理的后半段相同,都是从一般到特殊,从抽象到具象的过程。演绎推理是一个保真的过程,只要大前提为真,结果一定为真。类比推理有两个阶段,第一个阶段是从具象到抽象的过程,也就是寻找事物本质、寻找"一般"的大前提的过程,也是寻找"中项"的过程;第二个阶段是从抽象到具体的过程,利用抽象出来的一般的本质演绎推理到另外一个事物上,因此,只要类比推理过程中本质抽象地正确,也就是大前提正确,结论一定正确。认定不同事物之间的"本质相同"是类比推理的关键。[1]

具言之,其一,委托代理理论能够适用现代公司治理结构的本质在于现代公司具有高度分散的所有权结构和所有权与经营权分离的特征,业主组织也具有高度分散的所有权结构和所有权与经营权分离的特征,从这个角度可知二者本质相同,由此,委托代理理论可以类推适用于业主组织治理结构。进言之,所有具有高度分散所有权结构和所有权与经营权分离两个特征的组织,均可类推适用委托代理理论。其二,利益相关者理论能够适用于现代公司治理结构的本质在于现代公司存在"股东中心主义""股东利益至上"的情形,业主组织是由业主共同设立的,也容易形成"业主利益至上"的情形,依据类比推理的逻辑,利益相关者理论也适用于业主组织。还需注意的是,从现代公司治理结构抽象出的一般规则,不仅可以适用于业主组织,也可以适用于其他类型的组织,只要类比推理所依赖的那个"本质"是相同的。

---

[1] 参见张盛彬:《论因明、墨辩和西方逻辑学说推理理论之贯通》,载《中国社会科学》1983年第1期;陶伯华:《试论类比推理的逻辑结构与认识功能》,载《求是学刊》1984年第3期;张晓光:《国内类比推理研究综述》,载《哲学动态》2000年第5期;屈茂辉:《类推适用的私法价值与司法运用》,载《法学研究》2005年第1期。

现代公司是营利法人而业主组织是非营利法人，二者毕竟是不同种类的法人，二者的区别如何体现？业主组织与现代公司的核心区别在于业主组织缺乏经济利益激励机制。经济利益激励机制与治理结构关联不大，如前所述，治理结构主要是分权制衡的监督约束机制，而非激励机制。换言之，有无经济利益激励，现代公司治理结构、业主组织治理结构、国家治理结构都会按照分权制衡的监督约束机制设置。《民法典》第76条①明确规定，营利法人设立的目的是追求利润，现代公司活动的动因就是经济利益。毋庸讳言，业主组织需要寻找经济利益以外的激励机制。需要说明的是，虽然业主组织可从事部分经营活动，例如出租业主共有商铺、共有车位、外墙面广告位、楼梯间广告位等，并且《民法典》第283条②规定了业主可以依照专有部分面积所占比例分配收益，但仍然不能因此而认定业主组织具有营利性。依据《物业管理条例》第19条的规定，业主组织不得从事与物业管理无关的活动。换言之，业主组织能够从事的经营范围非常小，获得的收益往往无法弥补业主组织的日常活动的费用开销，给业主分配收益的情形也罕见。由此可知，现代公司与业主组织的区别对二者治理结构建构的影响不大，进而也无法影响二者治理结构的理论借鉴，相反，缺乏经济激励机制的业主组织更依赖于构建完善的治理结构。

---

① 《民法典》第76条规定："以取得利润并分配给股东等出资人为目的成立的法人为营利法人。营利法人包括有限责任公司、股份有限公司和其他企业法人等。"

② 《民法典》第283条规定："建筑物及其附属设施的费用分摊、收益分配等事项，有约定的，按照约定；没有约定或者约定不明确的，按照业主专有部分面积所占比例确定。"

第四节　现代公司治理理论对
业主组织治理结构建构的应用

一、委托代理理论视角下业主组织治理结构的建构

如前所述，委托代理理论是以经济理性人假设为前提，委托人与代理人是两个利益主体，二者的利益不完全一致，代理人对委托人具有信息优势。当委托人与代理人利益不一致时，代理人有利用信息优势侵害委托人利益的可能，由此，应当建立对代理人的激励与制约机制。其中，现代公司的激励机制主要是现金与股权激励，这属于正向激励，激发人性利己的一面；现代公司制约机制是指建构分权监督制衡的治理结构，这属于反向制约，防止人性利己的一面。现代公司治理结构的建构是一个实践的过程，不同国家、不同地区的环境、历史、文化、传统等不同，具体治理结构的模式也不同。卢梭也认为："没有任何一种政府形式适用于一切国家。"① 英美国家现代公司治理结构的模式是基本遵循决策、执行、监督的框架，股东大会、董事会、经理层的一元治理结构，其中董事会下又设各种专门委员会作为董事会经常性的具体决策机构，董事会中设立独立董事监督董事会，被称为"董事会中心主义"。德国、日本等国家现代公司治理结构的模式是将决策、执行、监督三种权力分别设立，股东大会之下设置董事会与监事会，被称为二元治理结构，股东大会作为意思机构、董事会作为业务执行机构、监事会作为监督机构。具体来说，德国与日本还有差异，德国现代公司监督机构的地位高于执行机构，监事会推选董事组成

---

① ［法］卢梭：《社会契约论》，李平沤译，商务印书馆2011年版，第87~93页。

董事会，任免董事且拥有董事报酬的决策权和重大业务的批准权。日本现代公司的董事会与监事会的地位则是平等的，监事会重在财务监督。鉴于德国的董事会由监事会产生并受监事会监督，换言之，监事会的法律地位高于董事会，由此，德国现代公司的治理模式被称为"双层二元制"治理结构；日本的董事会和监事会的法律地位相同，二者均由股东大会产生，由此，日本现代公司的治理模式被称为"单层二元制"治理模式。我国现代公司治理结构基本借鉴了德、日的治理结构，采用二元治理结构，但同时又引入了英美的独立董事制度，但基本上采用的是"单层二元制"的日本模式。① 由此可知，委托代理理论下现代公司治理结构的具体模式各不相同，但都遵循决策机构（意思机构）、执行机构、监督机构的治理结构基本模式。

业主组织与现代公司一样面临着经营者侵害所有权人的风险，需要对经营者进行监督制约，具体来说，是指对业主委员会进行监督制约。如上所述，各个国家、地区因为环境、历史、文化、传统等不同，业主组织治理结构的具体模式也不相同，但决策机构（意思机构）、执行机构、监督机构的基本模式应当是一致的。

二、利益相关者理论视角下业主组织治理结构的建构

如前所述，利益相关者理论是对委托代理理论的修正，委托代理理论中的"股东理论至上"的理念不利于现代公司的长远发展。现代公司不仅是一个独立的经济主体，其也是社会的一部分，其发展会影响所在社区的环境和就业等，政策导向、社会治安、经济环境等的变化也会反过来影响现代公司的发展。另外，现代公司的发展对公司内部的员工、管理层，以

---

① 参见范健、王建文：《公司法》（第五版），法律出版社2018年版，第326~329页；张咏莲、沈乐平：《公司治理学》（第三版），东北财经大学出版社2019年版，第10~15页。

及与公司产生交易的供应商和客户都有直接的影响，因此，利益相关者理论主张现代公司的经营者不仅要关注股东的利益，也应当关注员工、供应商、客户、债权人、社区等其他利益相关者的利益，当然，基于经济理性人的假设，经营者也会关注自己的利益。德国、日本现代公司二元治理结构的模式与利益相关者理论更为契合，质言之，股东大会、董事会、监事会的现代公司治理机构模式更契合利益相关者理论。① 需要说明的是，利益相关者理论对决策机构（意思机构）、执行机构、监督机构现代公司治理结构的基本模式没有影响，其只是影响具体现代公司治理结构的具体模式的选择，换言之，在选择英美式的现代公司治理结构还是德日式的二元现代公司治理结构之间，后者更符合利益相关者理论。我国现代公司治理结构的模式主要借鉴的是日本的"单层二元制"的治理结构模式。

业主组织与现代公司一样，不能仅仅关注业主的利益，也应当关注物业服务企业、债权人以及业主委员会自身的利益。由此，相较于一元的现代公司治理结构模式，业主组织应当选择的是二元的现代公司治理结构模式，且为"单层二元制"模式，质言之，类似于股东大会、董事会、监事会的现代公司治理结构，业主组织治理结构应当是业主大会、业主委员会、业主监事会的治理结构模式，且业主委员会和业主监事会法律地位平等，二者均由业主大会产生。

综上所述，委托代理理论指引下业主组织治理结构的基本模式为决策机构（意思机构）、执行机构、监督机构的模式，利益相关者理论则进一步指引应当建构业主大会、业主委员会、业主监事会的单层二元业主组织治理结构。委托代理理论与利益相关者理论是一脉相承的，且二者均是以"公司契约论"为前提。由此，无论是从"公司契约论"的委托代理理论

---

① 参见张咏莲、沈乐平：《公司治理学》（第三版），东北财经大学出版社2019年版，第18~19页；李维安：《公司治理学》（第四版），高等教育出版社2020年版，第31页。

还是从利益相关者理论视角，业主组织治理结构建构的结论是一致的，即业主大会、业主委员会、业主监事会的业主组织治理结构模式。学界普遍认为现代公司的决策权、执行权、监督权的治理结构模式是模仿国家治理结构的结果。①事实上，这不仅是理论推导的结果，也是历史经验的总结与沉淀。②

第五节 我国现行业主组织治理结构的反思

一、我国业主组织治理结构的立法评析

《民法典》第277条第1款规定："业主可以设立业主大会，选举业主委员会。"依据该规定可知，人数较少的住宅小区可只设立业主大会，不设业主委员会。人数较多的住宅小区可以设立业主大会，并选举业主委员会，其中业主委员会是执行机构。③依据《物业管理条例》第8条、第9条、第10条规定可知，"物业管理区域内全体业主组成业主大会""一个物业管理区域成立一个业主大会"，人数较少的住宅小区可以不设立业主大会，由业主共同履行业主大会、业主委员会职责。故而，住宅小区有三种治理模式：一是不设业主大会、业主委员会，业主大会、业主委员会的职责由业主共同承担；二是只设立业主大会，不设立业主委员会，业主大会代表全体业主，同时并履行业主委员会的职责；三是既设立业主大会，又设立业主委员会，由业主大会、业主委员会各自履行自己的职责。住房

---

① 参见刘俊海：《现代公司法（上册）》（第三版），中国人民大学出版社2015年版，第579页。

② 参见龙卫球：《民法总论》（第二版），中国法制出版社2002年版，第424页。

③ 参见黄薇主编：《中华人民共和国民法典物权编释义》，法律出版社2020年版，第150~151页。

和城乡建设部《业主大会和业主委员会指导规则》第 2 条、第 3 条重申了上述规定,并进一步提出业主委员会活动受业主监督。

关于业主组织的规定,除了上述全国性的规定,还有各地方人大或政府的法规、规章。依据《北京市物业管理条例》第 5 条、第 29 条以及第四章第三节的规定可知,该条例除了重申业主大会、业主委员会设立的规定,还提出了建立过渡性质的"物业管理委员会"。另外,广东省广州市、江西省九江市、河北省衡水市在制定本市的物业管理条例过程中,均借鉴了《北京市物业管理条例》的规定设立"物业管理委员会"。① 依据《河南省物业管理条例》第 34 条,②《深圳市物业管理条例》第 32 条,③《广州市物业管理暂行办法》第 34 条第 4 项④可知,业主大会可以决定设立"业主监事会","业主监事会"的主要职责是监督业主委员会。另需说明的是,《深圳市物业管理条例》《北京市物业管理条例》《广州市物业管理条例(草案)》(征求意见稿)、《海南经济特区物业管理条例(草案)》(征求意见稿)等均提出了业主大会、业主委员会的上位概念"业主组织"。⑤

综上所述,我国关于业主组织治理结构的立法有以下几个方面的缺

---

① 2020 年 5 月 28 日,《广州市物业管理条例(草案)》(征求意见稿)第三章第二节为"物业管理委员会和业主委员会"。2020 年 4 月 10 日,《九江市物业管理条例(草案)》(征求意见稿)第四章第三节为"物业管理委员会"。

② 《河南省物业管理条例》第 36 条规定:"业主大会可以设立业主监事会或者独立监事,负责监督业主委员会的工作,并履行业主大会赋予的其他职责。"

③ 《深圳市物业管理条例》第 32 条规定:"业主大会可以设立业主监事会或者监事,监督业主委员会的工作。具体办法由市住房和建设部门另行制定。"

④ 《广州市物业管理暂行办法》第 34 条第 4 项规定:"业主共同决定以下事项:(四)决定是否设立业主监事会。"

⑤ 2019 年 9 月 3 日,《深圳市物业管理条例》第三章为"业主和业主组织"。2020 年 3 月 27 日,《北京市物业管理条例》第四章为"业主、业主组织和物业管理委员会"。2020 年 5 月 28 日,《广州市物业管理条例(草案)》(征求意见稿)第三章为"业主和业主组织"。2020 年 5 月 22 日,《海南经济特区物业管理条例(草案)》(征求意见稿)第三章为"业主和业主组织"。

陷。一是规定众多且不统一，法律、行政法规、部门规章、地方性法规以及地方政府规章对业主组织均有规定，但普遍存在法律用语不统一，业主组织治理结构设置不统一的情形。二是设立物业管理委员会具有一定的创新性，但过渡性质的物业管理委员会有长期存在的风险，"反客为主"的概率较高，三年的过渡期较长，且未严格限定其辅助设立业主组织的职责。三是业主组织的治理结构仅有业主大会和业主委员会，未有专门的监督业主委员会的机构。设立监督机构"业主监事会"的意义重大，但只是部分地区可有可无的选择。四是业主组织、业主大会、业主委员会之间的关系不清，业主组织的内涵与外延不确定。总体来说，我国关于业主组织的立法不成熟，各地方相互之间的借鉴特征较为明显。

二、理论指引下我国应然的业主组织治理结构

制度的不完善，源自理论认识的偏差。上述我国业主组织治理结构的立法欠缺，根源在于对业主组织及业主组织治理结构理论与正当性基础认识的偏差。首先，业主组织不是纯粹的自治组织，具有籍合性。业主组织不仅是自治组织，还有社会性组织，具有公私二重属性，法律及政府主动介入业主组织的治理具有正当性，也有必要性。实践中政府有关部门不但不协助业主设立业主组织，部分地方政府有关部门还存在故意增添障碍的情形。由此，笔者认为应当回归业主组织的本身的性质特征，法律及政府主动承担设立业主组织的责任。其次，作为业主委员会的监督机构，业主监事会可有可无的状态是缺乏对业主组织治理理论清楚的认识。基于理性经济人假设的委托代理理论和利益相关者理论指引下，业主委员会的监督机构业主监事会，属于应当设立的机构，否则必然产生业主委员会利用信息优势侵害业主利益的结果。在人性恶假设的理论前提下，业主监事会也属于应当设立的机构，否则必然导致业主委员滥用权力的结果。实际上，实践中已经多次证明了上述理论推导的结论。由此，依据委托代理理论和

利益相关者理论将业主监事会确立为应当设立的机构。再次,准确界定概念是所有研究与立法的前提,前文已有论述,最为紧要的是先界定业主组织的内涵与外延,业主组织是纲,业主大会、业主委员会、业主监事会是目,纲举则目张,否则理论研究与立法将陷入语义混乱的泥潭。最后,物业管理委员会作为临时性、过渡性组织,辅助成立业主组织具有正当性,但其常态化,则缺乏正当性基础,由此,防止其常态化是法律与政府应有的责任。

综上所述,鉴于我国以一个物业服务区域,即一整个住宅小区为一个业主组织,由此,一般情况下,我国业主组织属于人数较多的情形,其应当建构单层二元的治理结构,即在业主大会之下设立业主委员会和业主监事会。换言之,依据委托代理理论、利益相关者理论,应设立专门的监督机构业主监事会监督业主委员会。需要说明的是,人数非常少仅设业主大会和管理负责人的业主组织由于不存在信息优势的问题,业主可以直接行使监督权,没有必要设置专门的监督机构或监督员;人数较少的业主组织若仅设业主委员会,则可设置专门的财务委员和监察委员,不设专门的监督机构,其与股东人数较少的有限责任公司仅是监事本质上是一致的。值得注意的是,物业管理委员会主要功能是辅助业主设立业主组织,应当缩短物业管理委员会存在的时间,若在规定时间内未设立业主组织,有必要追究相关负责人的责任,更不允许相关负责人连任。

本章小结

理论指导实践,业主组织治理结构的理论指引业主组织治理结构的构建。本章重点回答的问题是"业主组织治理结构的理论是什么,以及应当如何建构业主组织治理结构"。业主组织治理结构脱胎于现代公司治理结构,借鉴现代公司治理结构的基本理论是本章的主要思路。现代公司的治理问题产生于高度分散的股权结构和所有权与经营权分离的特征。由于所有权与经营权分离,产生了委托代理关系、委托代理问题、委托代理理论。委托人与代理人的利益不完全一致,代理人具有信息优势,其有可能为了自己的利益而损害委托人的利益。故而,应当对代理人进行激励与制衡。对代理人的激励主要是现金与股权激励,对代理人的制衡主要是建构分权制衡的治理结构。各国现代公司的具体治理结构虽然各有不同,但都遵循决策机构、执行机构、监督机构的基本治理结构模式。"股东利益至上"不利于现代公司的长远发展,也有损现代公司的其他利益相关者,有必借鉴利益相关者理论,注重协调员工、供应商、债权人、社区等其他利益相关者的利益。德国、日本的二元现代公司治理结构与利益相关者理论更为契合,其中日本的"单层二元制"治理模式与我国现代公司的治理结构基本一致,即股东大会、董事会、监事会,且董事会和监事会法律地位平等,二者均由股东大会产生。

现代公司治理理论适用于业主组织治理结构的建构。业主组织也具有高度分散的所有权结构和所有权与经营权分离的特征,同样产生了委托代理关系、委托代理问题,且代理人侵害委托人的案例并不鲜见,代理人也需要激励和制衡,由此,委托代理理论同样适用于业主组织,业主组织也需要建构分权制衡的治理结构。"业主利益至上"同样损害其他利益相关者的利益,也有必要借鉴利益相关者理论,建构业主组织的二元治理结构。业主组织被认为是自治组织,但同时法律又规定了业主组织成立的条件与程序,甚至规定了部分事项的决议成立生效的标准。依据类比推理规则,现代公司与业主组织是不同种类的组织,现代公司治理的理论能够适用于业主组织的关键在于二者面临的治理问题"本质相同",即面对如何监督制约经营者(代理人),如何兼顾利益相关者利益,如何监督制约权力,现代公司与业主组织相同。二者的不同在于,如何激励经营者与权力人，这与治理结构的建构关联不大。由此，在委托代理理论和利益相关者理论的指引下，业主组织应当建立单层二元治理结构，即业主大会、业主委员会、业主监事会。

第三章 业主组织治理结构的规范依据
——管理规约及法律

第一节 我国法律关于管理规约规定的评析

一、我国法律关于管理规约的规定

我国现行关于管理规约的规定有《民法典》《物业管理条例》《业主大会和业主委员会指导规则》以及各地方性物业管理条例。根据《民法典》第279条和第286条的条文表述，"法律、法规以及管理规约"是业主行为规范的依据，不包括国务院下属部委的"规章"，由此，住房和城乡建设部出台的《业主大会和业主委员会指导规则》不具有强制约束力。各地方性物业管理条例，仅具有地方性局部效力，且关于管理规约的规定差异较大。故而，基于效力层级与范围的考量，本章重点讨论《民法典》和《物业管理条例》关于管理规约的规定，将《业主大会和业主委员会指导规则》和各地方物业管理条例的规定作为参考内容。①

---

① 需要说明的是，《民法典》关于管理规约规定的内容较少，相较于《物权法》关于管理规约的规定没有实质性变动，不存在所谓的《物业管理条例》需要依据《民法典》的内容修改管理规约相关内容的情形，故而，本章将《民法典》和《物业管理条例》关于管理规约的规定，一并讨论。

（一）管理规约的制定和修改

根据《民法典》第278条第1款第2项的规定，业主共同决定制定和修改管理规约，再依据该条第2款的规定可知，制定和修改管理规约应当由专有部分面积占比三分之二以上的业主且人数占比三分之二以上的业主参与表决。应当经参与表决专有部分面积过半数的业主且参与表决人数过半数的业主同意。由此可知，业主大会是管理规约的制定与修改的主体。上述关于管理规约制定与修改需要通过比率的规定相较于《物权法》第76条的要求有所降低，并且区分了参与比率与表决比率，更为科学，该处修改也是对群众普遍反映的业主大会决议难的回应。①

（二）管理规约的记载事项

《物业管理条例》第17条规定："管理规约应当对有关物业的使用、维护、管理、业主的共同利益、业主应当履行的义务、违反管理规约应当承担的责任等事项依法作出约定。管理规约应当尊重社会公德，不得违反法律、法规或者损害社会公共利益。管理规约对全体业主具有约束力。"《民法典》未对管理规约的记载事项作出规定，《物业管理条例》第17条列举了管理规约应当记载的四项内容，并在最后加"等"字，可以还有其他内容。其中"物业"（property）一词起源于英国，中文"物业"一词源自粤港澳方言。②"物业"的含义"是指各类建筑物及其配套的设施设备，既可指整个建筑物的住宅区域，也可指一定单位面积房屋，包括高层住宅

---

① 参见黄薇主编：《中华人民共和国民法典物权编释义》，法律出版社2020年版，第155~170页；崔建远：《中国民法典释评物权编（上卷）》，中国人民大学出版社2020年版，第387~396页。

② 参见葛治华、邓兴广、葛成：《物业管理之法律属性解析》，载《河北法学》2004年第4期。

楼、商业写字楼、综合性大楼等及其附属的设施"①。事实上，所谓的"物业管理"不仅包括对建筑物及其配套设施设备的物业服务，还包对物业管理区域内的人的管理，包括但不限于业主的范围。需要说明的是，《业主大会和业主委员会指导规则》第 18 条列举了 7 项应当记载的内容。法律、法规和公序良俗是管理规约记载事项内容的底线，若违反可能导致整个管理规约无效，也可能导致管理规约部分条款无效或可撤销。

（三）管理规约的效力

《民法典》第 280 条第 1 款规定："业主大会或者业主委员会的决定，对业主具有法律约束力。"《物业管理条例》第 17 条第 3 款规定："管理规约对全体业主具有约束力。"依据《民法典》第 278 条的规定可知，管理规约通过业主大会决议产生，将业主大会决议的法律约束力传递给管理规约，认定管理规约也具有对业主的法律约束力，不存在逻辑上的障碍。《物业管理条例》第 17 条的规定也印证了上述逻辑推理。另外，对管理规约效力范围的理解，应当理解为"包括但不限于"，不能理解为"仅"，换言之，管理规约除对全体业主具有约束力以外，还对其他主体或机构具有约束力。

二、对我国法律关于管理规约规定的探讨

整体来说，《民法典》和《物业管理条例》关于管理规约规定的内容较少，管理规约的制度功能难以发挥应有的功能，从法教义学、比较法以及社会实践的视角观察，笔者认为，有以下几个方面值得探讨。一是法律与管理规约之间的关系不清，法律与管理规约均是业主组织治理的依据，

---

① 黄薇主编：《中华人民共和国民法典合同编释义》，法律出版社 2020 年版，第 898 页。

何为法律管辖，何为管理规约管辖，法律为何以及如何介入管理规约缺乏较为清晰的明定。二是未区分临时管理规约与正式管理规约，从比较法和社会实践视角看，临时管理规约的制定主体是建设单位（开发商），正式管理规约的制定主体是业主大会，二者主体利益不一致，制定过程与结果差异较大。三是管理规约的制定和修改主体虽然均是业主大会，但管理规约的制定是由首次业主大会完成的，业主组织还未设立，业主委员会无法成为召集人，其与管理规约的修改差异较大，应当予以特别规定。四是管理规约记载事项的内容较少，不具有可操作性，而且与《业主大会和业主委员会指导规则》规定的内容不完全一致。另外，管理规约的内容缺乏逻辑性，换言之，无法从上述规定中观察出法定记载事项之间的关系。五是缺少管理规约的保管和阅览的规定，管理规约属于业主组织自治性法规，是业主组织治理的主要依据，具有公开性，而且具有一定程度的对抗善意第三人的作用，是重要的组织文件，应当有保管和阅览的规定。六是管理规约的效力范围较小，仅规定了对全体业主具有约束力，关于继受人、其他第三人未规定，也未从地域管辖的视角探讨管理规约的效力范围。事实上，基于管理规约的性质考量，其不仅具有内部效力，而且具有外部效力。由此可知，我国法律关于管理规约的规定仍然处于初步阶段，有必要在厘清管理规约与法律关系的基础上，借鉴国外相关法律经验，结合我国具体的社会实践，探讨应然的法教义学上的管理规约制度。

第二节 管理规约与法律之间的关联考量

一、管理规约的法律地位

(一) 管理规约的内涵及特性

管理规约，又称业主规约，其是为维护良好的生活环境，增进共同利益而设立，全体业主通过业主大会决议，就建筑区划内有关建筑物及其附属设施设备的使用、维护、管理、所有关系以及业主之间的基本权利义务关系所制定的自治规范。① 管理规约是业主自我管理、自我约束、自我规范的规则约定。② 在遵守法律、公序良俗以及尊重区分所有建筑物固有性能前提下，依据团体法（组织法）的章程自治主义，业主可以自由制定或修改管理规约。所谓管理规约的特性是指管理规约这一法定文件区别于其他业主组织文件的本质属性。管理规约作为规范业主组织与活动的基本规则，与一般的业主组织文件相比具有以下几个方面的特性。一是法定性，管理规约的法律地位、制定与修改、内容与形式以及效力均由法律或多或少地介入。管理规约是业主组织成立的法定条件之一，管理规约的制定与修改法定，依据《民法典》第278条规定可知，管理规约的制定与修改应当由法定比例的业主参加；管理规约的效力法定，依据《民法典》第280条的规定，管理规约对业主具有约束力。二是自治性，尽管理论界关于管理规约的性质存在争议，但均不否认管理规约是业主组织内部组织关系和

---

① 参见梁慧星、陈华彬：《物权法》（第七版），法律出版社2020年版，第205页；温丰文：《论公寓大厦规约》，载我国台湾地区《法令月刊》1996年第9期。

② 参见黄薇主编：《中华人民共和国民法典物权编释义》，法律出版社2020年版，第157页。

组织行为的基本文件与规则。管理规约是业主共同行为的结果，是业主意思自治的产物。业主组织可以根据住宅小区的文化传统、风俗习惯、建筑物结构、业主整体偏好等特点在法律允许的范围内确定业主组织活动的具体规则。管理规约是一种法律以外的行为规范，业主组织可以自行执行。业主组织的效力仅限于业主组织内部及相关当事人，区别于法律的普遍约束力。三是真实性，管理规约内容的记载应当与事实相符。业主组织主要是两权分离的治理模式，管理规约是维持业主组织、业主及业主委员会利益平衡的基本工具。管理规约的真实性实际上也是业主组织意思表示真实的体现，意思表示真实是民事法律行为有效的条件之一。四是公开性，管理规约应当依法备案登记并公示于便于业主及第三人阅览的场所。管理规约不仅是调整业主组织内部组织关系，其作为业主组织的基本法律文件，往往还涉及第三人甚至是社会公众的利益。

（二）管理规约的性质

学界关于管理规约的性质因观察角度不同，而存在诸多观点。归纳起来主要有如下三种。(1) 契约说，该观点认为管理规约是建筑物区分所有权人之间意思一致的结果。《日本建筑物区分所有权法》（1962年）和《德国住宅所有权法》（1951年）都曾规定管理规约的设立、变更、消灭需要全体所有权人的同意。[①] (2) 决议说，该观点认为管理规约是民事法律行为之决议行为的结果。决议是指数个当事人依据法定或约定的程序以相对多数或绝对多数的形式形成的意思表示。例如，股东大会的决议。决议行为效力不是考察每个人的意思表示真实性，而是考察其是否依据了法

---

① 需要说明的是，1983年版及以后的《日本建筑物区分所有权法》和2007年版的《德国住宅所有权法》已经修改了关于设定、变更及废止管理规约全体一致同意的规定，均改为绝对多数决。

定或约定的程序。决议代表的是组织体而非某个人。① （3）自治法规说，该观点认为管理规约是对业主权利、义务的基本规定，其是建筑物区分所有权人组织，即业主组织的自治法规，是建筑物区分所有权人组织最高自治规范。类似于公司的章程。② 另需说明的是，还有观点认为管理规约是共同行为，③ 因我国《民法典》关于民事法律行为的规定，只有双方或多方意思表示一致、单方意思表示和组织决议三种形式，未使用"共同行为"的称谓，由此不再单独论述。④

管理规约"契约说"是法人契约论（法人拟制说）的产物，提倡尊重每个人的意思表示，尊重个人的权利。实践证明，绝对的个人自由不利于组织的发展，无法达成集体行动的一致意见，甚至不存在所谓的团体（组织）行为，致使众多公共事务无法处理，最终反过来损害个人的权利。1962年的《日本建筑物区分所有权法》曾经规定管理规约的修订需全体区分所有权人书面同意，由此造成实践中原始管理规约修订极其困难，故1983年予以修订，采用多数决立场。该法规定管理规约的设立、变更及废止须经业主大会决议并由业主及表决权的四分之三以上的多数同意。⑤ 2007年的《德国住宅所有权法》修改为对某些事项认可事实上的多数决优

---

① 参见李志刚：《公司股东大会决议问题研究》，中国法制出版社2012年版，第10页；[德] 卡尔·拉伦茨：《德国民法通论（下册）》，王晓晔译，法律出版社2003年版，第433页。

② 参见陈华彬：《建筑物区分所有权法》，中国政法大学出版社2018年版，第239~240页。

③ 参见王雷：《我国民法典编纂中的团体法思维》，载《当代法学》2015年第4期；王洪宇：《区分所有建筑物"管理规约"解析》，载《学术交流》2012年第2期。

④ 《民法典》第134条规定："民事法律行为可以基于双方或者多方的意思表示一致成立，也可以基于单方的意思表示成立。法人、非法人组织依照法律或者章程规定的议事方式和表决程序作出决议的，该决议行为成立。"

⑤ 伊藤栄寿『所有法と団体法の交錯：区分所有者に対する団体の拘束の根拠と限界』（成文堂，2011年）182頁。

先于原始管理规约的规定。① 日本、德国修改"一致决"为"多数决"说明管理规约契约说不可取。决议说与自治法规说实则内涵一致，但自治法规更为准确。依据《民法典》第278条的规定，管理规约的制定与修改应当由专有部分占比三分之二以上的业主且业主人数占比三分之二以上的业主参与表决，另外应当经参与专有部分面积过半数的业主且参与表决人数过半数的业主同意。由此可知，管理规约是业主共同决议的结果，业主大会决议的内涵包括管理规约。决议结果表达的是组织体的意思表示，当然对全体业主产生拘束力，无论业主是否参与表决，抑或是后来加入业主组织的业主。需要注意的是，业主大会决议往往表示对某一具体事务依据法定或约定程序表决的结果，而自治法规虽然是业主大会决议的结果，但其更具有稳定性、长远性、普遍性的特性，具有效率上的优势，由此，管理规约应当是自治法规。② 值得注意的是，管理规约仅能对建筑物区分所有权的共有部分和共同管理作出规定，不得干涉建筑物区分所有权的专有部分。若通过业主大会制定或修改的管理规约干涉了业主个人的权益，应当经过业主个人同意，否则业主可依据《民法典》第280条的规定行使撤销权。但是何为业主个人对建筑物区分所有权专有部分的权益，何为有关共有部分或共同管理的全体业主的公共利益，二者的界限一直是一个争论的话题。

综上所述，管理规约对于业主组织至关重要，管理规约之于业主组织的作用，犹如章程之于公司。具体来说，以下几个方面反映了管理规约的地位。一是管理规约是业主组织设立的条件之一。各国法律普遍规定，管理规约是业主组织设立的必备条件，无管理规约，业主组织不得设立。二

---

① 参见白江：《传统与发展：德国建筑物区分所有权法的现代化》，载《法学》2008年第7期。

② 需要说明的是，业主大会决议的内涵包括管理规约，二者实质上均体现的是业主自治，依据文义逻辑，使用"业主大会决议"一词来表示业主组织治理的依据更为周延，但鉴于管理规约是业主组织日常治理的主要依据，且管理规约是需要论述的重点内容，坚持实质大于形式的原则，故而本章使用"管理规约"一词。

是管理规约是全面指导业主组织行为、活动的基本规范。业主组织的基本准则主要有《物业管理条例》等相关法律和管理规约,管理规约是全体业主共同一致的意思表示,反映业主共同的愿望,作为业主组织自治规范,是业主组织制定其他规则的重要依据,也是具有法律约束力的文件。三是政府管理业主组织的重要依据。管理规约作为设立业主组织的文件之一,向政府有关部门备案登记,这就意味着业主组织向政府提交了一份书面保证,保证组织将按照管理规约所定的准则从事组织活动,并接受政府的监督。如前所述,业主组织具有公私二重属性,而且具有一定的社会责任,国家介入业主组织治理具有正当性,国家可以通过干预业主组织的管理规约来实现对业主组织的微观干预,通过司法制度对业主组织违反管理规约的行为进行法律制裁。

(三) 管理规约价值与功能

业主通过业主大会让渡一部分权利给业主组织,或者说授予业主组织相应的权力,使得其有能力为全体业主提供服务,同时业主也应当承担相应的义务。但权力与生俱来就具有腐败与扩张的缺陷,业主委员会代表业主组织行使权力,存在权力腐败与扩张的可能,由此,业主还应当设立业主委员会的监督机构,即业主监事会。管理规约就是将上述授权和分权制衡的理念转化为现实文本,故而管理规约的根本价值与功能在于明定"授权与限权"。其中"授权"是指业主让渡出的权利,具体表现为管理规约对业主的约束力;"限权"是指业主委员会的权力仅限于授权的范围内,设立专门的监督机构业主监事会也是限权的一种具体表现。"对于个人来说,法无禁止即自由;对于政府来说,法无授权即禁止"的理念,同样适用于业主组织。法律或业主大会未授予业主委员会或业主监事会的权力,二者不得行使。《民法典》中对业主委员会的法定特别授权的目的也是让业主委员会更有效的履行服务业主的职能。故而,管理规约是业主组织的纲领性文件，具有"授权与限权"的价值与功能，进而管理规约的核心内容是业主的权利和义务与业主组织治理结构的权限，管理规约是业主组织行为、活动的基本规范。事实上，依据"委托代理理论"也基本阐释了上述内容，只是论述视角不同而已，但结果一致。

另外，管理规约是政府对业主组织进行管理的重要依据。管理规约是业主组织设立的法定文件，向政府有关部门申请设立业主组织，管理规约类似于全体业主向政府作出的书面保证，保证业主组织将按照管理规约的规定从事组织活动。如前所述，业主组织具有公私二重属性，国家具有在一定范围内干预的正当性。对管理规约作强制性规定，就体现了国家的意志，政府有关部门可以依据管理规约对业主组织进行日常的管理和监督。对违反管理规约的，可以进行必要的处罚。国家通过干预管理规约来实现对业主组织的微观干预，实现国家的意志。

二、作为业主组织治理依据的法律

从各国对业主组织规制的法律来看，往往是强制性规定和授权性规定并存。通说认为强制性规定与授权性规定的区别在于当事人能否依据合意或决议拒绝适用或修正该规定。若然，则为授权性规定；若否，则为强制性规定。[①] 苏永钦教授关于强制性规定与授权性规定的理解值得我们思考，他认为强制性规定的功能在于节约交易成本或指导交易，建立自治的基础结构，为法官裁判提供依据，而非禁止或强迫人们从事某一行为。[②] 美国学者 M. V. 艾森伯格依据法律规则的表现形式将调整法人的规则分为赋权性、补充性（任意性）和强制性三种类型；依据法律规则调整的对象可以将其分为结构性、分配性和信义性的规则。封闭性的法人须依赋权性和补

[①] 参见黄茂荣：《法学方法与现代民法》（第五版），法律出版社2007年版，第155~156页。

[②] 参见苏永钦：《走入新世纪的私法自治》，中国政法大学出版社2002年版，第17~20页。

充性规则为主,强制性规则为辅,法律提供强制性规则的目的在于防止机会主义和保护公正的预期,尤其是在信义性规则中。公开性法人中存在所有权人与管理层之间的利益分歧,核心的信义性规则以及结构性规则必须由强制性法律规则调整。① 由此,依据上述分析,强制性规则和授权性规则在不同类型的公司中所占的比重不同。

相较于封闭性和公开性公司的法人来说,业主组织更接近于公开性公司法人,如前所述,业主组织也存在委托代理关系,委托人与代理人利益不完全一致。尽管业主组织是相对封闭的,但其所有权结构高度分散与封闭性的公司法人差异较大。鉴于此,在业主组织中的信义性规则和结构性规则主要应当由强制性法律来调整,但法律也应当保留必要的克制和适度,避免过度介入不利于业主组织自治。

三、管理规约与法律之间的关系

对组织(法人)本质的认识涉及组织、管理规约与法律之间的关系。法人本质学说。关于法人本质的学说一直是学界争论的重大问题,主要有法人拟制说、法人否认说和法人实在说三种。法人拟制说认为,民事权利主体仅限于有自由意思的自然人,自然人之外的民事权利主体,仅仅是法律的拟制。法律拟制说与自由资本主义时期主张的个人主义和个人本位思想相契合,长期被认为通说。其强调法人作为权利主体属于法律技术的安排。法人否认说依据实证方法观察认为社会生活中只可能有个人及其财产,不存在所谓的法人。法人实在说认为法人是独立于自然人的社会实体存在。此学说又分为二说,一是有机体说,该说认为社会生活中的团体有其固有生命,有其团体的意思,类似于自然人的生命与意思;二是法律上的组织体说,该说认为法人非社会有机体,而是权利义务主体之法律上的

---

① 参见金锦萍:《非营利法人治理结构研究》,北京大学出版社2005年版,第74~76页。

组织体。① 依照《民法典》关于法人的规定可知，法人是依法成立并独立享有民事权利承担民事义务的组织，法人有自己的名称、组织机构、住所、财产，且其成立的条件、程序均由法律规定，法人以其全部财产独立承担民事责任。② 由此可知，我国《民法典》采用的是法人实在说之组织体说，进而管理规约的性质不采契约说，而采自治规范说。

法人实在说之组织体说认为组织是客观的社会存在。法人拟制说和法人否认说主张法人是私人意志的安排，不应当受到其他个人或组织的干涉，任意性法律规范是其主要特征。但是，法人实在说之组织体说认为法人不是凭空拟制的民事主体，首先，社会生活中已经存在适于享有权利承担义务的组织体，其次，有承认其作为独立的民事主体的必要性。对必要性的考察虽然有主观价值判断、利益衡量的因素，但其是以客观存在为前提的考量。法人的设立虽然由特许主义走向了准则主义和许可主义，但任何国家或地区均不存在放任主义。③ 法人人格与其成员人格分离既是法律的规定也是客观现实的选择。具体到业主组织来说，《民法典》第 277 条第 1 款明确规定："业主大会、业主委员会成立的具体条件和程序，依照法律、法规的规定。"换言之，业主组织的本质学说不可能是拟制说或否认说，只能是实在说，业主组织应当被认定为社会实体存在。需要说明的是，法人本质实在说之组织体并不排斥其成员的意思自治，也不是主张法人设立的特许权主义。

法律应当介入业主组织治理。业主组织不是纯粹的私人组织，其是社会组织。业主组织的内部决策虽然是私人的行为，但具有公共效果。当业主组织行使权力时，但是当其自身无法承担行使权力带来的后果时，法律

---

① 参见梁慧星：《民法总论》（第五版），法律出版社 2017 年版，第 119~121 页。
② 参见《民法典》第 57 条、第 58 条、第 59 条、第 60 条。
③ 参见［美］阿瑟·库恩：《英美法原理》，陈朝璧译，法律出版社 2002 年版，第 108~112 页。

就应当及时介入。① 业主组织的内部决策行为，必须符合公共利益。《民法典》第 10 条②和第 143 条③也规定了民事法律行为不得违反法律、法规的强制性规定，不得违背公序良俗。正如苏永钦教授所言："当事人的意思自由只是在国家设定的高低不同栅栏中流动，私法自治领域，事实上自始充满了各种国家强制力。""国家在私法关系的形成到消灭过程中，从来就不是一个旁观者。"④ 依照《民法典》《物业管理条例》《业主大会和业主委员会指导规则》及各地方物业管理条例关于业主组织的规定可知，业主组织的设立条件、程序、决议事项、决议效力、业主权利救济等等内容均有相应的规定。另外，管理规约的法律地位、内容、形式、制定与修改等均由法律规定。故而，法律不但从理论上应当介入业主组织的治理，事实上法律已经深度介入了业主组织的治理。

综上所述，作为业主组织治理依据的法律与管理规约之间是交叉关系，而非并列关系。法律不仅守护公共利益的底线，而且为管理规约作出必要的规制与指引。法律规制管理规约的主要目的在于让业主组织自治的自由运行避免受到不当的限制。需要注意的是，尽管法律可以对管理规约作出规制与指引，但基于业主组织本身的自治性，这种规制本身也应当有所限制。需要基于相关法律与管理规约的性质和目的以及实践经验的总结，借助类型化的手段，探索法律规制与指引管理规约的类型和内容。

---

① 参见［美］弗兰克·H. 伊斯特布鲁克等：《公司法的逻辑》，黄辉编译，法律出版社 2016 年版，第 252~253 页。

② 《民法典》第 10 条规定："处理民事纠纷，应当依照法律；法律没有规定的，可以适用习惯，但是不得违背公序良俗。"

③ 《民法典》第 143 条规定："具备下列条件的民事法律行为有效：（一）行为人具有相应的民事行为能；（二）意思表示真实；（三）不违反法律、行政法规的强制性规定，不违背公序良俗。"

④ 苏永钦：《走入新世纪的私法自治》，中国政法大学出版社 2002 年版，第 3~4 页、第 16 页。

第三节　管理规约的制定和修改与
管理规约的保管和阅览

一、管理规约的制定和修改

"程序先于权利。"① 管理规约的公平与正义，需要正当程序的保障，只有经过法定程序订立的管理规约才具有合法性、有效性。管理规约的制定与修改需要通过业主大会形式进行，主要经过召集、召开、表决的程序。正当程序是集体意志的合法性的保障，所有利益相关者在正当的程序内平等地参与，他们相互影响的机会是平等的，并且在结果上也为所有参与者创造了平等的机会，那么该协议就应当被视为是公平的。② 基于管理规约的地位与作用，为保障管理规约订立程序的公平公正，世界各个国家或地区一般采用订立程序法定主义，我国亦应如此。

（一）管理规约的制定

首次业主大会是管理规约的设立机构。为建立住宅小区和谐有序的生活秩序，落实业主自治的治理理念，尽早召开首次业主大会订立管理规约具有重要意义。世界各国对首次业主大会的召集人都有明确规定，但具体规定不尽相同。美国各州的建筑物区分所有权法明确规定，小区业主协会及其章程在房屋售出前已经由开发商设立，第一次全体成员大会通常由开发商或者开发商雇用的社区协会管理公司召集，第一次全体成员大会召开

---

① ［法］勒内·达维德：《当代主要法律体系》，漆竹生译，上海译文出版社1983年版，第337页。
② 参见［德］哈贝马斯：《在事实与规范之间——关于法律和民主法治国的商谈理论》，童世骏译，三联书店2003年版，第204页。

通常也是开发商将小区控制权移交的时间。① 由此可知，美国关于管理规约的设立是强制设立主义，设立人为开发商，开发商还负有召开首次业主大会的责任。相较而言，日本关于管理规约的制定采取的是自由主义，管理规约是否制定由业主组织自由选择，但实际上日本管理规约订立的比例很高。② 故而，关于设立管理规约的规定，各个国家、地区规定差异较大，需要结合本国、本地区的实际情况来具体确定。

事实上，基于管理规约作为业主组织成立的必备条件可知，制定管理规约的过程也是设立业主组织的过程。由于召开首次业主大会不存在先前的业主委员会，首次业主大会还涉及表决业主大会议事规则、选举业主委员会委员、选举业主监事会监事等议题，复杂程度远高于定期业主大会。《民法典》第278条与《物业管理条例》第11条均规定了"制定与修改管理规约"由业主共同决定，即通过业主大会会议决定。《业主大会和业主委员会指导规则》明确规定，如何召开首次业主大会主要有以下几个程序：首先，建设单位（开发商）向政府有关部门报送召开首次业主大会会议所需要的资料；其次，政府有关部门、居民委员会、业主代表以及建设单位代表共同组成筹备组，其中业主代表不得低于筹备组人数的一半，筹备组组长由街道办或乡镇人民政府代表担任；再次，识别业主身份、人数及专有部分面积，确定首次业主大会会议召开的时间、地点、形式及内容，草拟各种材料，并将召开首次业主大会会议的内容于15日前以书面形式在物业管理区域公布；最后，筹备组自组成立之日起90日内组织召开首次业主大会。③

---

① 参见［美］约翰·保罗·汉娜、格蕾丝·H.莫里卡：《美国业主协会实务手册》，夏茂森、宋铮、李研绮等译，上海社会科学院出版社2009年版，第72页；周树基：《美国物业产权制度与物业管理》，北京大学出版社2005年版，第67~69页。

② 稲本洋之助＝鎌野邦樹『コンメンタール マンション区分所有法』（日本評論社，2006年）171頁。

③ 参见《业主大会和业主委员会指导规则》（建房〔2009〕274号）第8条至第15条。

上述规定存在如下三个方面的问题。一是根据《民法典》第277条的规定，我国的业主组织属于是自由设立主义，进而管理规约也是自由设立。业主组织设立难、业主大会召开难问题普遍存在，正式管理规约的制定也就无从谈起，进而住宅小区的物业管理工作实际发挥效力的是开发商制定的临时管理规约。二是我国商品房住宅小区的物业服务企业一般是开发商的独立子公司或控股公司，物业服务企业与开发商普遍担忧成立业主组织会危害自己的利益，业主组织与物业服务企业和开发商的目标函数不完全一致，难免产生纠纷，由此开发商和物业服务企业有阻挠设立业主组织与制定管理规约的动力，实践中该类事件并不鲜见。三是首次业主大会召开难度大，若仅依靠业主难以顺利开展。依据《民法典》《物业管理条例》和《业主大会和业主委员会指导规则》的规定政府有关部门与居民委员会有指导协助业主设立业主组织并制定管理规约的义务，但实践中，政府有关部门与居民委员会基于各种原因往往不落实相关义务。笔者认为，基于对首次业主大会的复杂性与专业性的考量，政府有关部门及居民委员会应当作为召开首次业主大会的主要负责人，且有必要进一步落实相关细则并对负责人作适当的考核。实践经验表明，首次业主大会的相关细则在临时管理规约中规定较为适宜，并同时明确开发商与物业服务企业的责任及相应的处罚措施。《北京物业管理条例》规定的"物业管理委员会"作为召开首次业主大会的机构，① 属于有益的探索，值得推广。

(二) 管理规约的修改

管理规约制定后，因客观环境发生变化或特殊事情发生，为回应实际生活的需要，业主可以通过业主大会加以检讨变更。② 管理规约修改的过程中，容易出现多数业主借管理规约修改之机利用法定表决权优势规则进

---

① 参见《北京市物业管理条例》第四章第三节"物业管理委员会"。
② 参见温丰文：《论公寓大厦规约》，载我国台湾地区《法令月刊》1996年第9期。

行有利于自己，损害少数业主的内容修改，法律应当对管理规约修改的内容进行必要的限制。管理规约的修订应当注意如下几个方面的问题。一是管理规约的修改不得侵害第三人的利益。例如，不得在物业服务合同期限内擅自以变更管理规约的内容来降低物业费。二是管理规约的修改涉及业主个人利益的，应当首先获得业主的承诺，否则涉嫌侵害业主个人的利益，业主可依据《民法典》第 280 条的规定行使撤销权。三是管理规约的修改不得删除绝对必要记载事项，绝对必要记载是管理规约存在的基本保障，缺少或非法将导致管理规约无效。关于法律、法规未有关于管理规约废止的规定，一般说来，只要业主组织存在，管理规约也应当存在，管理规约是设立业主组织的必要条件之一。若业主组织因各种原因解散或消失了，管理规约自然就废止了。另外，从变更的视角看，新的管理规约公布实施后，旧的管理规约应当予以废止，且应当在新的管理规约中应当注明。

二、临时管理规约的缺陷与修正

从语义逻辑分析，临时管理规约是管理规约的一种类型，但事实上，临时管理规约与日常所谓的管理规约差异巨大，临时管理规约的性质、制定主体、内容等均不相同，且从社会实践来看，存在较多的问题，有必要单独论述。"临时管理规约，又称原始管理规约，是自首户业主入住之日起至业主组织（业主大会）设立期间，业主与业主、业主与建设单位等主体之间，对有关物业的使用、维护、管理，业主的共同利益，业主应当履行的义务，违反临时管理规约应当承担的责任等事项的约定。"[①] 依据《物业管理条例》第 22 条、第 23 条之规定可知，临时管理约定的制定者是建

---

① 需要说明的是，临时管理规约没有统一的定义，通过查阅相关资料笔者认为，《北京市住宅区临时管理规约（示范文本）》（京建发〔2010〕636 号）中关于临时管理规约的描述性定义较为科学，但需在内容中明确首次业主大会会议筹备和物业项目交接的内容，以突出"临时性"的特性。

设单位（开发商）。一般来说，临时管理规约"包括物业基本情况，物业的使用、维修和管理，前期物业服务，装饰装修，首次业主大会会议筹备、物业项目交接，争议解决方式和附则等内容"①。临时管理规约与管理规约的区别主要有以下三点。一是制定主体不同，临时管理规约的制定主体是建设单位，而管理规约的制定主体是业主大会。二是制定方式不同，临时管理规约是建设单位逐一与业主签订，而管理规约是业主大会通过决议的方式。需要注意的是，建设单位逐一与业主订立的过程与签订合同有区别，建设单位在与房屋买受人签订房屋买卖合同时，将临时管理规约给予房屋买受人明示，并让房屋买受人签订遵守承诺书。该过程体现的是临时管理规约性质的"契约论"立场，订立方式是"一致决"形式。三是内容不完全一致，临时管理规约需要突出"临时性"，其中的首次业主大会会议筹备和物业项目交接是其独有特性。需要注意的是，临时管理规约中的物业项目交接是指建设单位向物业服务企业的交接，而非物业服务企业之间的交接。临时管理规约中无法涉及业主大会、业主委员会的内容。

临时管理规约的缺陷。首先，建设单位订立临时管理规约看似增加了建设单位的责任，实则赋予了建设单位权力。临时管理规约不仅涉及业主内部的管理问题，还涉及物业的使用、维护、管理，首次业主大会会议筹备和物业项目交接等问题。其与建设单位和物业服务企业的利益息息相关，其内容实则涉及业主、物业服务企业和建设单位三方的利益。我国的客观现实是物业服务企业和建设单位要么是母子公司，要么是控股关系公司，二者没有任何关系的现象极其罕见。这就容易造成建设单位在拟定临时管理规约过程中，在建设单位、物业服务企业与业主利益不一致时，偏向自己和物业服务企业的利益，侵害业主的利益，进而在临时管理规约中嵌入不公平条款。例如，部分建设单位预留部分房屋自用，在临时管理规

---

① 参见《北京市住宅区临时管理规约制定规范》（京建发〔2010〕636号）第4条。

约中规定物业费、维护费等费用的缴纳者是已销售交付的房屋所有者，建设单位借此逃避应承担的义务。又如，加大首次召开业主大会会议的难度，阻碍成立业主组织，便于物业服务企业对住宅小区的控制。其次，涉及业主内部的管理问题时，对于建设单位没有直接利害关系，建设单位容易不作为、敷衍塞责，漠视业主的利益。具体表现为临时管理规约关于调整业主之间关系的条款较少，无法解决现实生活中的实际问题。再次，临时管理规约的通过看似采用了更高要求的"一致决"标准，实则忽视了建设单位与房屋买受人地位与能力的前提。毋庸讳言，房屋买卖合同虽然是平等主体之间的合同，实际情况是房屋买受人没有与建设单位平等的能力，业主不具备对临时管理规约提出意见的能力，况且即使有人提出意见，建设单位也不可能因为几个人的意见而修改相应的内容。对于房屋买受人来说只有买或不买两个选择，若买就要同时签订遵守临时管理规约承诺书，相比较来说，房屋买受人更关注的是房屋的价格与质量而非临时管理规约。最后，所谓的临时管理规约属于"契约论"的观点，笔者认为无法立足，建设单位或物业服务企业根本不是合同相对人，也不存在合同相对人，整个过程无法体现出所谓的契约（合同）。业主对于临时管理规约既不是重点关注的内容，也无谈判修改的能力。

鉴于临时管理规约存在上述缺陷，有必要在厘清临时管理规约相关问题的基础上，结合我国的现实国情予以修正。首先，由建设单位拟定临时管理规约看似符合国际惯例，实则不符合我国客观现实，是问题产生的根源。如前所述，建设单位与业主是两个利益不同的主体，建设单位没有动力为业主制定完善的临时管理规约，反而有动力侵害业主的利益增添自己和物业服务企业的利益。其次，从临时管理规约性质来看，其不是建设单位与业主签订的合同，也不是一致决的"契约论"的立场，而仅仅是一份过渡性质的基本规定。设立临时管理规约的目的在于从房屋开始销售到业主入住再到成立召开首次业主大会会议时间较长，为防止住宅小区内部业主自治缺乏规则依据，而制定临时管理规约予以弥补，待正式管理规约出台临时管理规约自动废止。再次，从其内容来看，临时管理规约除了首次业主大会会议筹备和物业项目交接的特有临时性内容外，其与管理规约的核心内容没有区别，均是为了维护全体业主的利益，确保良好的生活环境。最后，日本依据公证证书单独设立原始管理规约的做法，① 与我国现行制度类似，原始管理规约也是由开发商制定，只是多了一个公证环节，事实上，我国实践中对临时管理规约也要备案。日本法关于临时管理规约的做法对我国临时管理规约的借鉴完善意义不大。

　　实践中，我国各地方出台的临时管理规约示范文本对完善临时管理规约作用非常大，② 应当予以肯定。但临时管理规约不是强制性适用规范而是指引参照适用，开发商在拟定时仍然可以加入有利于自己利益的条款，另外，部分地方制定的临时管理规约示范文本水平较低，不利于解决实践中的问题。由此，笔者认为严格限制开发商制定临时管理规约是解决问题的关键，我国从南到北、从东到西国土面积跨越较大，风土人情各异，就业主临时管理规约方面不便于制定全国性的示范文本。实践中，各省级人民政府制定物业管理条例的同时制定临时管理规约示范文本的做法较为可行。同时应当允许各地级市人民政府根据本市的情况继续细化临时管理规约示范文本的规定。应当规定建设单位在拟定具体的住宅小区临时管理规约文本时，必须依据示范文本，禁止添加主观价值判断内容。由于业主未参与临时管理规约的拟定过程，不能对开发商的拟定行为行使有效的制衡与约束，国家作为公共利益的代表强势介入具有正当性。实践表明，住宅小区治理混乱的承担者不仅仅是小区的业主，居民委员会、基层政府及住

---

　　① 水本浩＝遠藤浩＝丸山英気『基本法コンメンタール マンション法』（日本評論社，2006 年）75 頁。

　　② 笔者于2019年至2020年多次查阅各省、自治区、直辖市以及各地级市的政府与住房和城乡建设部门的官网发现，全国大部分地区均出台了临时管理规约示范文本、管理规约示范文本以及业主大会议事规则示范文本等。

房和城乡建设部门等均要为住宅小区治理混乱承担必要的责任。另外，各地人民政府在制定临时管理规约时，应当邀请专家学者和各利益相关者的参与，运行各方表达观点及主张自己的利益诉求，这符合业主组织本身所具有的社会组织属性。该做法既能制定较为科学的临时管理规约示范文本，也是本土经验的总结，具有较高的适用性。

三、管理规约的保管和阅览

管理规约的保管和阅览是管理规约的公示制度。管理规约的效力不仅及于业主，还及于物业服务企业、物业使用人、房屋购买人等第三人，质言之，业主组织管理规约具有对抗第三人的效力，由此管理规约应当采用合理的方式予以公示，便于利害关系人及时查阅。我国没有关于管理规约的公示制度，但其他国家或地区有明确的规定。依据《日本建筑物区分所有权法》第30条第5款、第33条规定，管理规约应当以书面或电磁性的记录的形式保存，由管理人保管。若无管理人时，由区分所有权人集会决议确定保管人。保管人不得拒绝利害关系人的阅览请求，有正当理由的除外。管理规约应当在容易看见的场所公示。

借鉴上述做法，我国业主组织的管理规约应当以书面及电磁方式保存，并应公示于相关网站、微信公众号、住宅小区显著位置等，以便业主及其他利害关系人阅览。业主委员会、物业管理委员会、业主组织负责人及政府有关部门应当作为管理规约的保管人。业主或其他利害关系人申请阅览原始文件时，保管人不得拒绝，并应赋予司法救济路径。保管人有妥善保管的义务，若怠于履行保管职责造成原始文件毁损灭失等严重后果，应当予以相应的处罚。

第四节　管理规约的记载事项与管理规约的效力

一、管理规约的记载事项

(一) 管理规约记载事项的调整对象与日本法的规定

世界各国关于业主组织的立法均对管理规约的内容作了具体的规定。尽管英美法系和大陆法系之间的法人制度差异较大，但对管理规约的要求具有一致性。从管理规约记载事项的调整对象观察，可以将管理规约记载事项分为以下四个方面：一是业主组织基础法律关系事项，例如共用部分的份额比例与所有关系，建筑物毁损时业主的权利义务等；二是业主之间共同事务的事项，例如业主组织的治理结构、职责、运行程序等；三是关于调整业主之间利益关系的事项，该事项主要包括专有部分的使用限制和共用部分及附属设施的使用方法；四是关于业主违反义务的处理事项，例如业主委员会依据法律和管理规约的规定有权阻止业主的违法、违规行为，可以劝告、向政府有关部门举报等。[①] 需要注意的是，如何处理管理规约与业主大会议事规则之间的关系。日本不存在单独的业主大会、业主委员会议事规则，其本身是管理规约的一部分，但美国的业主协定（通常被称为 CC&R 规约）与业主协定细则是分离的，注册为法人的还有一份法人章程，章程内容与业主协定有交叉，但业主协定是业主协会最重要的文件，它是业主协会成立的前提条件，业主协定细则内容较为丰富细致，是

[①] 参见陈华彬：《建筑物区分所有权法》，中国政法大学出版社 2018 年版，第 253~254 页。

日常业主协会活动的操作依据，其内容不得与业主协定相违背。① 笔者认为二者合并或分离并无优劣之分，关键在于准确理解各自的定位，制定详略得当的规则内容。依据《民法典》第278条第1款、第2款的规定可知，我国将管理规约和业主大会议事规则分离，且二者均由业主大会制定与修改。需要注意的是，实践中业主大会议事规则还包含了业主委员会议事规则和业主监事会议事规则的内容，由此从名称上，将其改为"议事规则"更为妥当，其相当于是管理规约关于业主组织治理结构更为详细的规定，其内容也不得与管理规约相冲突。事实上，二者分离更符合我国国情。另外，从实践角度看，管理规约是政府备案审查的法定文件，若内容较多，审查大大增加了审查难度，不利于业主组织的设立。故而，不应采用日本的做法，而是继续沿用本土做法，二者分离。

在日本，学界或立法者均对管理规约非常重视，针对不同类型的业主组织（管理组合、区分所有人团体）制定了不同类型的管理规约示范文本。日本学者对管理规约的研究值得重视，日本学者认为《日本建筑物区分有权法》将管理规约分为强行规定事项、绝对规约事项和相对规约事项。其中强行规定事项是指该事项应当由法律直接规定，管理规约不应当涉及该内容；② 绝对规约事项是指该事项只能由管理规约规定不能通过集

---

① 参见［美］马琳·M.科尔曼、贾奇·威廉·赫斯：《美国业主协会运作指南》，赵宇、王婧菁等译，上海社会科学院出版社2009年版，第50~63页。

② 依据《日本建筑区分所有权法》的规定可知，其强行性规定包括第1条（区分所有建筑物的定义）、第2条（建筑物区分所有权相关概念的定义）、第3条（区分所有人的团体）、第6条（区分所有人的义务）、第7条（优先取偿权）、第8条（特定继受人的责任）、第9条（关于建筑物的设置或保存的瑕疵的推定）、第10条（区分所有权的让售请求权）、第12条（共有部分）、第13条（共有部分的使用）、第15条（共有部分的应有部分的处分）、第21条（有关共用部分规定的准用）、第23条（分离处分无效主张的限制）、第24条（民法255条适用的除外）、第30条（管理规约的事项）、第31条（管理规约的设定、变更与废止）、第32条（依公证证书的管理规约的设定）、第33条（管理规约的保管及阅览）、第36条（召集程序的省略）、第40条（表决权行使者的指定）等。

会决议，法律条文中的表述为"无妨以管理规约另行规定或管理规约另外规定的除外";① 相对规约事项是指该事项既可以由管理规约规定也可以由集会决议，法律条文的表述为"无妨以管理规约或集会决议定之"②③。上述关于管理规约类型化的内容与我国公司法关于公司章程内容和我国非营利法人章程内容类型化的方法和结果具有一致性，均是基于章程与法律之间的关系，换言之，依据法律介入章程的程度为标准进行的分类，借鉴意义较大。④

(二) 管理规约记载事项应然的类型分析

如上所述，依据法律介入管理规约的程度为标准，借鉴我国公司法学者关于公司章程的分类以及上述日本学者对业主组织管理规约的分类方法，再结合我国的《民法典》关于民事法律行为效力的规定，可以将管理规约的内容分为法律的强制性规定、绝对必要记载事项、必要记载事项、

---

① 依据《日本建筑区分所有权法》的规定可知，绝对规约事项包括：第4条第2项（约定专有部分）；第5条第1项、第2项（规约建筑用地的确定）；第11条第2项（约定共用部分）；第14条第4项（共用部分的共有持分的比例）；第17条第1项（对于共用部分的变更决议的区分所有权人的法定人数的削减）；第18条第2项（有关共用部分的管理的决定方法）；第19条（共用部分的负担及利益收取的比例）；第22条第1项（专有部分和建筑用地利用权的分离处分的允许）；第22条第2项（对应各专有部分的建筑用地利用权的比例）；等等。

② 依据《日本建筑区分所有权法》的规定可知，相对规约事项包括：第7条第1项（以先取特权为目的的债权的范围）；第26条第4项、第47条第8项（管理人或管理组合法人为区分所有权人成为诉讼当事人）等。

③ 稲本洋之助＝鎌野邦樹『コンメンタール マンション区分所有法』（日本評論社，2004年）173~174頁。

④ 参见范健、王建文：《公司法》（第五版），法律出版社2018年版，第182~184页；李建伟：《公司法学》（第四版），中国人民大学出版社2018年版，第111~113页；金锦萍：《非营利法人治理结构研究》，法律出版社2005年版，第72~87页。

相对必要记载事项、任意记载事项。① 依照上述顺序重要性逐渐降低，但业主自治性逐渐增强。但无论何种记载事项，一旦载入管理规约，即对业主组织内部关系的当事人产生拘束力，甚至产生对抗第三人的对世效力。相较于日本学者的分类方法，本书增加了必要记载事项的类型。该五项分类实则交叉融合了法律规范与管理规约自治规范，以管理规约为中心的语义表达，下文逐项分析。

法律的强制性规定。所谓法律的强制性规定是指业主组织治理的某些事项只能由法律规定，属于法律的保留事项，不得授权管理规约予以规定。即使管理规约有不同于法律规定的记载，也不得适用。从《德国住宅所有权法》《日本建筑物区分所有权法》以及我国《物业管理条例》的整体来看，这些法律均是对建筑区划的人或物的管理规范，其与管理规约的内涵实质上是一致的。上述法律强制性规定的价值往往体现为对公共利益与少数人利益的维护，以及管理规范基础性架构的构建，为自治性的管理规约作基础性规定，以便业主行使共同管理权。此正所谓在"强制性规范的栅栏之间流动"。如前所述，业主组织存在委托代理关系，所有权高度分散，信义性和结构性规则多由法律做强制性规定。事实上，在法律的强制性规定与管理规约之间画一条明确的界限是困难的，法律强制性规定的

---

① 需要说明的是，本书主要借鉴了王轶教授关于民事法律规范类型区分的观点，不同的类型化目的，导致不同的类型结果。依据民事法律行为的效力作出妥当判断为目的，存在着二元的法律规范体系：其一，围绕着回答当事人借助民事法律行为，意图排除《民法典》某一规定的适用时，该民事法律行为的效力如何，存在着任意性规范、强制性规范、混合性规范之分；其二，围绕着回答当事人实施的民事法律行为，违反《民法典》某一规定时，该民事法律行为的效力如何，存在着倡导性规范、授权第三人规范、强制性规范之别。参见王轶：《民法典物权编规范配置的新思考》，载《法学杂志》2019年第7期；王轶：《法律规范类型区分理论的比较与评析》，载《比较法研究》2017年第5期；王轶：《民法典的规范类型及其配置关系》，载《清华法学》2014年第6期；王轶：《民法典的规范配置——以对我国〈合同法〉规范配置的反思为中心》，载《烟台大学学报（哲学社会科学版）》2005年第3期。

范围应当随着实践的发展经验的总结不断调整，但一般来说，建筑物区分所有权的基本规定，业主组织的基本结构与功能，管理规约的法律地位、制定与修改、形式与效力等方面的内容应当仅限于法律的规定。需要注意的是，法律强制性规定只在法律条文中有所体现，在管理规约中没有记载。

绝对必要记载事项，又被称为强制记载事项，是指法律规定的管理规约必须记载事项，缺少其中任何一项或任何一项记载不合法，将导致整个管理规约无效。由于管理规约是业主组织设立的必要条件，管理规约无效将导致设立中的组织不能成立或已成立的组织被宣告无效。该类事项类似于合同中的必备条款，任何一项缺少或不合法将导致合同无效。鉴于该类事项后果的严厉性，该类事项的数量应当尽可能地减少。笔者建议借鉴合同必备条款的发展历程，基于尽可能让合同有效的原则，确认仅限于当事人、标的、数量三个要素为合同的必备条款，① 换言之，若依据管理规约的规定，可以基本确定何为业主组织，便不得宣告管理规约整体无效。需要注意的是，区分整体无效和个别条款无效，管理规约是业主大会决议的结果，若管理规约的内容损害了业主个人的利益，业主个人可以主张撤销该内容，但不导致整个管理规约无效。鉴于绝对必要记载事项的苛刻性、严厉性，应当尽量减少绝对必要记载事项的内容。

必要记载事项是笔者增加的一项。该项借鉴了《民法典》第153条关于民事法律行为违反法律强制性规定效力的分类理念，该条第1款将法律的强制性规定分为效力性强制规定和非效力性强制规定（管理性规定），非效力性强制规定相当于"命令性规定"，即所谓的"不导致该民事法律行为无效"的除外。② 笔者将管理规约的强制性记载事项分为效力性强制

---

① 最高人民法院民法典贯彻实施工作领导小组主编：《中华人民共和国民法典合同编理解与适用（一）》，人民法院出版社2020年版，第56~58页。

② 参见梁慧星：《民法总论》（第五版），法律出版社2017年版，第202~206页。

记载事项和非效力性强制记载事项，前者即所谓的绝对必要记载事项，任何一项缺少或不合法都将导致管理规约整体无效；后者即所谓的必要记载事项，属于"管理性"或者说是"命令性"记载事项，具有政府管理或命令的属性，其任何一项缺少或不合法不导致管理规约整体无效。增添该事项的原因在于，绝对必要记载事项过于严苛，若该事项内容较多，则容易导致管理规约整体无效，不利于业主组织自治。相对必要记载事项又过于随意，缺乏一定的强制力，若该类事项内容较多，则容易导致管理规约本身内容不完善，缺少重要内容，最终也不利于业主组织的自治。鉴于此，需要增加一项具有一定强制力的记载事项内容，但其任何一项缺少或者不合法不导致管理规约整体无效，还可以待下次召开业主大会之时予以补救。需要说明的是，必要记载事项与绝对必要记载事项均使用法律用语"应当"，反映管理规约基本属性的记载事项应当属于绝对必要记载事项。依据管理规约"授权与限权"的属性，《物业管理条例》第17条和《业主大会和业主委员会指导规则》第18条规定的"应当"记载事项，除"业主应当履行的义务"属于绝对必要记载事项外，其他应当属于必要记载事项。[1] 毋庸讳言，与效力性法律强制规定和非效力性（管理性）法律强制规定一样难以区分绝对必要记载事项和必要记载事项，需要借助规范的目的、权衡法益、遵循比例原则，根据实践经验总结区分标准。[2]

相对必要记载事项，又称为推荐记载事项、授权性记载事项或非强迫记载事项，这些事项一般都关乎业主的切身利益，有必要予以适当的提醒、指引。若记载，则发生效力；若未记载，则不影响整个管理规约的效力，依据法律的规定处理；若记载事项不合法，则仅该部分无效或被撤销，不导致整个管理规约无效。业主可以根据本小区的需要在法律规定的

---

[1] 参见王轶：《论物权法文本中"应当"的多重语境》，载《政治与法律》2018年第10期。

[2] 参见梁慧星：《民法总论》（第五版），法律出版社2017年版，第206页。

范围内选择适当的记载事项，该类事项一旦记载于管理规约，则与其他管理规约的规定具有同等效力。依据业主组织的自治性，法律关于管理规约的规定应当更多地体现为相对必要记载事项。需要注意的是，相对必要记载事项在法律条文中的用语是一般是"可以"或"管理规约另有规定的除外"。我国现行法律、行政法规中关于相对必要记载事项的内容较少，《民法典》第283条关于共用部分的费用分摊与收益分配属于相对必要记载事项，我国有必要大量增加相对必要记载事项，增强业主组织的自治属性。

任意记载事项，又称为选择记载事项，该类事项是依据"法无禁止即自由"的私法原则和业主组织的自治性提出的记载事项类别，在法律条文中并未有体现。任意记载事项是纯粹调整业主组织内部关系的条款，与公共利益无实质性的关系，可以放任业主自行设定。由于各个住宅小区的规模、建筑物结构样式、公用设施、业主群体性偏好等等千差万别，法律不可能穷尽各类记载事项。该类事项一旦记载于管理规约，仍然与其他事项的效力相同。如前所述，管理规约是业主大会决议的结果，业主大会决议属于民事法律行为的一种，其应当遵守《民法典》关于民事法律行为效力的规定，不得违反法律和公序良俗。由于管理规约内容的订立是民事法律行为的决议行为，其应当遵守民事法律行为的效力底线。根据"法无禁止即自由"的原则，依据《民法典》第10条、第143条、第153条的规定可知，民事法律行为不违反法律效力性强制规定，不违背公序良俗应当认定为有效。若违反了管理性强制规定，一般也认定为有效。需要注意的是，任意记载事项在法律条文中未有体现。

二、管理规约的效力

(一) 管理规约的效力位阶

管理规约与法律之间的效力位阶。法律规范包括强制性规范和授权性规范,① 管理规约不得与法律的强制性规范相冲突,其效力位阶低于法律的强制性规范。需要注意的是,法律的强制性规范分为效力性强制规范和管理性强制规范,违反效力性强制规范一定无效,违反管理性强制规范不一定无效。授权性法律规范的表述,一般为"管理规约另有规定的,从其规定"或"前项规定,无妨以管理规约另行规定"等,由此可知,管理规约的效力位阶高于授权性法律规范。除此之外,管理规约可以在不违反公序良俗的前提下,自由约定。需要注意的是,依据《民法典》第153条的规定可知,管理规约违反公序良俗与违反效力性法律强制规范结果相同,均属无效。由此,管理规约与法律之间的效力位阶从高到低依次为效力性法律强制规范和公序良俗、管理性法律强制规范、管理规约、授权性法律规范。

管理规约与业主大会决议、业主委员会会议、业主监事会决议之间的效力位阶。管理规约是业主组织最高自治规则,业主大会决议、业主委员会决议、业主监事会决议均不得与其相违背,否则无效。② 管理规约是业主大会决议的结果,其效力位阶高于业主委员会决议和业主监事会决议容

---

① 需要说明的是,依据王轶老师的观点,法律规范分为强制性规范、倡导性规范和授权性规范,该分类具有一定的道理,但从效力强制性的视角观察,倡导性规范和授权性规范均不具有强制力,由此,此处笔者仍然使用传统的强制性规范和授权性规范的分类。参见王轶:《民法典物权编规范配置的新思考》,载《法学杂志》2019年第7期;王轶:《法律规范类型区分理论的比较与评析》,载《比较法研究》2017年第5期。

② 参见梁慧星、陈华彬:《物权法》(第七版),法律出版社2020年版,第206页。

易理解。但管理规约的效力位阶高于业主大会决议则有必要予以说明,业主大会决议与管理规约的关键区别在于,管理规约经过了公示程序,其不仅可以约束业主组织成员,还可以约束与物业管理有关的人员,而业主大会的决议则是纯粹的业主组织内部决议,不具有对抗第三人的效力。若业主大会的决议与管理规约不一致时,业主大会只有先修改管理规约的规定,让其不存在冲突,才能让其决议生效。否则,业主大会的决议将不产生效力。

(二) 管理规约的效力范围

管理规约的效力范围,涉及时间、空间、人物三个方面。

管理规约的时间效力。我国法律未对管理规约的时间效力作出规定,可以依据《民法典》第136条第1款关于民事法律行为生效的规定,"民事法律行为自成立时生效",具体到管理规约来说,管理规约由业主大会决议通过时即生效,当然,管理规约中也可以明确规定生效的时间。管理规约的失效时间存在两种情形:一是业主大会依法定程序废止;二是业主组织解散或住宅小区消失等管理规约赖以生存的条件不存在时,管理规约自动失效。需要注意的是,由于临时管理规约由开发商制定,其生效时间一般是在政府相关管理部门备案的时间;其失效时间是正式管理规约生效的时间。

管理规约的空间效力。管理规约类似于法律上的"地域管辖"。需要注意的是,管理规约的空间效力影响其对人物和事件的效力,凡是在物业管理区域内的有关人或事,管理规约均对其有约束力。换言之,非小区业主在本小区内违反了管理规约或法律的规定,负责人可以依据管理规约或法律的规定对其作出相应的处罚。例如,非小区业主在小区内有乱扔垃圾、随地吐痰等不文明行为,负责人可以依据管理规约或法律的规定将其驱离本小区,禁止入内。在物业管理区域内,管理规约管理的事物一般是共有部分，部分涉及专有部分，由此应当明确共有部分的类型范围。在我国，建设单位有义务向政府相关部门和业主组织提供建筑规划平面图、建筑物面积清单等资料，该资料是确认建筑物专有部分与共有部分的直接证据。

管理规约对人的效力。从"地域管辖"的视角看，管理规约对物业管理区域内的所有人均有约束力。但物业管理区域内人的具体类型不同，适用管理规约规范的内容也不同，部分还可能存在争议，有必要予以明晰。管理规约是业主大会决议的结果，业主是其主要的约束对象。业主大会决议代表的是组织体的意思，由此，无论业主是否参与决议，抑或是否同意决议的内容，均对其具有约束力，进而对房屋的特定继受人也具有约束力。继受人包括移转继受人和设定继受人，移转继受人为所有权的受让人，设定继受人为承租人、借用人等物业使用人。①《物业管理条例》第47条②和《建筑物区分所有权纠纷解释》第16条③明确规定物业使用人受管理规约的约束。但是物业使用人与业主在管理规约中的地位不同，权利义务的内容也不同，物业使用人仅享有与物业使用密切相关的权利，承担相应的义务。例如，遵守小区停车场使用规则、宠物饲养规则等。物业服务企业是与业主组织联系最密切的外部组织，通过业主大会决议决定聘请物业服务企业，业主大会决议的效力低于管理规约，而且管理规约是法定的公开性文件，物业服务企业可以提前获知，物业服务企业决定受聘的同时，应当视为同意遵守管理规约的内容。甚至有观点认为，管理规约是物

---

① 参见梁慧星、陈华彬：《物权法》（第七版），法律出版社2020年版，第206页。
② 《物业管理条例》第47条规定："物业使用人在物业管理活动中的权利义务由业主和物业使用人约定，但不得违反法律、法规和管理规约的有关规定。物业使用人违反本条例和管理规约的规定，有关业主应当承担连带责任。"
③ 《建筑物区分所有权纠纷解释》（法释〔2020〕17号）第16条规定："建筑物区分所有权纠纷涉及专有部分的承租人、借用人等物业使用人的，参照本解释处理。专有部分的承租人、借用人等物业使用人，根据法律、法规、管理规约、业主大会或者业主委员会依法作出的决定，以及其与业主的约定，享有相应权利，承担相应义务。"

业服务企业与业主之间合同关系的指南。① 由此，物业服务企业虽然是外部组织，但也应当遵循管理规约的规定。为避免不必要的纠纷，业主委员会代表业主组织在与物业服务企业签订物业服务合同时应当对此予以确认，也可在未来的立法中明确。

（三）管理规约的违法救济

管理规约的内容违反了法律的强制性规定或违反了公序良俗，已经或可能造成有关当事人利益受损害的，受害人应当获得救济。依据《民法典》第280条第2款的规定可知，业主对侵害自己合法权益的业主大会决议享有撤销权。进言之，业主可以向人民法院请求确认管理规约部分条款内容无效。需要注意的是，民法理论撤销权属于形成权，受一年除斥期间的限制。对受害人权利的救济存在瑕疵，有必要探讨其他救济路径。

管理规约是业主大会决议的结果，业主大会有权对管理规约的相关条款进行修改，由此，相关业主可以联合其他业主提议要求修改管理规约。依据《物业管理条例》第13条②的规定可知，业主大会应当定期召开会议，或经20%的业主提议应当召开临时会议。依据《民法典》第278条规定修改管理规约应当参与并达到的比例，可以纠正管理规约的违法状况。应当承认民事诉讼和召开业主大会均是较为烦琐且成本较高的救济方式。

---

① 参见孙宪忠、朱广新主编：《民法典评注物权编（2）》，中国法制出版社2020年版，第136页。

② 《物业管理条例》第13条规定："业主大会会议分为定期会议和临时会议。业主大会定期会议应当按照业主大会议事规则的规定召开。经20%以上的业主提议，业主委员会应当组织召开业主大会临时会议。"

依据《业主大会和业主委员会指导规则》第33条①规定，管理规约应当在区、县物业行政主管部门、街道办事处或乡镇人民政府办理备案手续。由此，笔者认为应当授予行政主管部门对管理规约审查的权力，受害人可以向行政主管部门申请确认管理规约违法并责令纠正。需要说明的是，区、县物业行政主管部门属于专门机构，具有识别管理规约是否违法的专业人才，而街道办事处或乡镇人民政府则不具备该方面的优势，故而，仅授权予区县物业行政主管机构较为适宜。另外，对于公司章程，依据《公司登记管理条例》第23条②的规定，公司登记机构有权要求公司修改违反法律的内容。因此，受害人权利救济的路径应当有三种，即民事诉讼、提议业主大会修改、申请行政主管部门审查。

本章小结

管理规约和法律均是业主组织治理结构的规范依据，其中主要是管理规约，管理规约是沟通公权与私权的桥梁。国家意志通过管理规约成为业主组织意志的一部分，在管理规约的制定和修改过程中，政府有关部门的审查保证了该意志的转换。法律并非侵占业主组织自治的全部领域，法律仅守护公共利益的底线，为保障业主组织治理顺畅划定框架并作指引性规定。法律与管理规约是交叉关系，不是并列关系。业主自治仍然是管理规

---

① 《业主大会和业主委员会指导规则》（建房〔2009〕274号）第33条规定："业主委员会应当自选举产生之日起30日内，持下列文件向物业所在地的区、县房地产行政主管部门和街道办事处、乡镇人民政府办理备案手续：（一）业主大会成立和业主委员会选举的情况；（二）管理规约；（三）业主大会议事规则；（四）业主大会决定的其他重大事项。"

② 《公司登记管理条例》第23条规定："公司章程有违反法律、行政法规的内容的，公司登记机关有权要求公司作相应修改。"

约规定的主角,从性质上看,管理规约还是属于自治规范。管理规约相较于其他业主组织自治规范文件,具有法定性、自治性、公开性、真实性的特性。管理规约类似于公司之"章程",其是业主组织行为的基本规范。"授权与限权"是其基本理念,核心内容是关于业主的权利义务与业主组织治理结构的权限。

  首次业主大会是管理规约的制定机构。首次业主大会区别于定期业主大会和临时业主大会,其不仅制定管理规约,还要制定业主大会议事规则、选举业主委员会、业主监事会等,召开难度大。实践经验表明,政府有关部门或居民委员会应当给予协助、指导,否则难以制定管理规约,设立业主组织。临时管理规约的制定机构是建设单位(开发商),其与全体业主的利益不一致,甚至是冲突的对方,应当对临时管理规约的内容及时效作必要的限定。基于管理规约的价值与特性,应当制定较为完善的保存与阅览规则。借鉴日本关于管理规约记载事项的规定,根据我国《民法典》关于民事法律行为效力的规定,依据法律介入管理规约的程度为标准,将我国管理规约记载事项分为法律强制性规定、绝对必要记载事项、必要记载事项、相对必要记载事项、任意记载事项五个类型。其中,法律强制性规定在管理规约中没有规定;绝对必要记载事项和必要记载事项均属于"应当"记载事项,具有一定的强制力;任意记载事项在法律条文中没有体现。管理规约是业主大会决议的结果,属于民事法律行为的决议行为,其应当遵循《民法典》关于民事法律行为效力的规定,即不得违反法律、法规的强制性规定,不得违背公序良俗。基于管理规约的特性与功能可知,管理规约的效力大于一般的业主大会决议的效力。全体业主可以通过业主大会更改管理规约的内容,避免冲突,但仍需备案审查。管理规约不仅约束全体业主,还约束其他相关当事人。从地域管辖的角度观察,进入物业管理区域范围内的所有人,管理规约均具有管辖权,包括临时访客。

第四章 业主组织治理结构的意思机构——业主大会

第一节 《民法典》有关业主大会规定的评析

一、《民法典》关于业主大会的规定

我国现行关于业主大会的规定有《民法典》《物业管理条例》《业主大会和业主委员会指导规则》以及各地方性物业管理条例。依据《民法典》第143条和第277条的规定，民事法律行为的效力仅涉及法律或行政法规的规定，业主大会、业主委员会成立的具体条件和程序可以由法律、法规规定，由此可知，住房和城乡建设部出台的《业主大会和业主委员会指导规则》关于业主大会的规定不具有强制力。各地方物业管理条例仅对辖区的业主大会具有约束力。《物业管理条例》的上位法《物权法》已经被《民法典》修改并吸收，关于业主大会的变动较大，可以预期《民法典》实施后《物业管理条例》将作必要的调整。《民法典》属于全国人大通过的基础性法律，其是下位的法律、法规制定的依据，下位法律、法规的内容不应与其产生冲突。故而，有必要首先探讨《民法典》关于业主大会的规定，不仅有利于《民法典》的适用，而且为未来的其他下位法律、法规的制定与修改提供支持。

（一）关于业主大会的设立

《民法典》第277条是关于业主大会、业主委员会设立的规定。该条规定了"业主可以设立业主大会，选举业主委员会"，业主大会由物业管理区域内全体业主组成。业主是建筑区划内的主人，所有业主均有权参加业主大会。一般情况下，一个物业管理区域只能成立一个业主大会，但物业管理区域范围的划分，则根据住宅小区的具体情况来定。需要注意的是，依据语义逻辑分析，物业管理区划内可以设立业主大会，也可以不设立业主大会，也可以只设业主大会不选举业主委员会，是否设立以及如何设立，应当由业主共同决定。"业主大会、业主委员会成立的具体条件和程序，依照法律、法规的规定。"该条款相较于《物权法》属于新增条款。在《民法典》的编纂过程中，有意见提出，实践中业主大会、业主委员会存在成立比例不高，成立难的问题，建议对业主大会成立的条件和程序作出规定。经研究，立法者认为不宜由法律统一规定，各地可以根据本地实际情况作出规定，国务院也可以制定行政法规。该条款实则是授权国务院及各地方人大对业主大会、业主委员会成立的条件和程序进行立法。全国人民代表大会常务委员会当然也可以对该项内容进行立法。该条第2款规定："地方人民政府有关部门、居民委员会应当对设立业主大会和选举业主委员会给予指导和协助。"该条款在《物权法》的基础上新增了"居民委员会"。在一个建筑区划内，业主来自全国四面八方，互不认识，入住时间有先有后，甚至相差数年，若坚持纯粹的业主自治，由业主自我组建业主大会、选举业主委员会，难度较大，鲜有成功先例。业主大会、业主委员会的设立对业主合法权益的维护，住宅小区内的稳定和团结以及对物业服务企业管理权力的制衡具有至关重要的作用。因此，法律特别规定地方政府有关部门、居民委员会应当指导、协助业主设立业主大会，选举业主委员会。为回应群众普遍反映的业主大会、业主委员会设立难的问题，依据实践经验,《民法典》第277条增加了"居民委员会"作为指导、协助的主体。①

（二）关于业主大会的职权和表决程序

《民法典》第278条是业主共同对建筑区划内重大事项及表决权作出的规定。该条是在《物权法》第76条的基础上进行的完善,主要体现在三个方面：一是增加了第1款第8项内容作为重大事项；二是将《物权法》第76条第5项拆分为该条第5项和第6项,并降低了通过该项的表决要求；三是降低了业主作出决议的门槛。②需要注意的是,该条实则是对业主大会职权及业主表决权作出的规定,其使用"业主共同"一词来表示全体业主而未使用"业主大会"来表示的原因是有的住宅小区未成立业主大会,使用"业主共同"一词意味着未成立业主大会的住宅小区仍然可以根据法律的规定对本小区的重大事项进行表决。该条采用的是列举加概括的方式对业主大会职权的具体内容作出的规定。何为概括式规定的"其他重大事项"？由全体业主决定,具体来说通过业主大会或管理规约来确认何为"其他重大事项"。例如,如何对物业服务企业进行监督,如何维护住宅小区内的治安等。③在《民法典》编纂过程中普遍反映,《物权法》第76条第2款规定的业主共同决定的表决程序要求较高,实践中难以达到

---

① 参见黄薇主编：《中华人民共和国民法典物权编释义》,法律出版社2020年版,第150~154页；梁慧星、陈华彬：《物权法》（第七版）,法律出版社2020年版,第207~208页；崔建远：《中国民法典释评物权编（上卷）》,中国人民大学出版社2020年版,第383~387页。

② 参见黄薇主编：《中华人民共和国民法典物权编释义》,法律出版社2020年版,第156页；崔建远：《中国民法典释评物权编（上卷）》,中国人民大学出版社2020年版,第389页。

③ 参见黄薇主编：《中华人民共和国民法典物权编释义》,法律出版社2020年版,第161页；王利明：《物权法研究（上卷）》（第三版）,中国人民大学出版社2013年版,第628页。

法律规定的比例，进而导致业主共同决议难，应当适当降低决议门槛。经研究，增加规定了参与表决的标准和修改了参与表决计算的比例，另外，使用"参与表决"一词而非"参加表决"来突出表决形式的多样性。例如，可以出席会议表决或问卷表决。①

（三）关于业主大会决定的效力

《民法典》第 280 条是关于业主大会、业主委员会决定效力的规定。业主大会是由全体业主组成的管理机构，其依法定程序作出的决定反映了住宅小区绝大多数业主的意志和心声。业主委员会是通过业主大会依法选举出的委员组成的，一般来说，业主委员会是由具有一定组织能力，而且热心公益事业、责任心强的业主组成。业主委员会是执行机构，负责组织日常工作，行使法律和业主大会的授予的权力，执行的是业主大会的决定。由此，业主大会、业主委员会的决定对业主具有法律约束力。该决定应当是依据法定程序作出的，而且其内容应当符合法律和法规的规定，不得违背公序良俗、不得损害国家或第三人的利益。质言之，业主大会、业主委员会的决定应当主体合法、程序合法、内容合法。否则，依据《物业管理条例》第 19 条第 2 款的规定，区、县政府主管部门、街道办事处或乡镇人民政府应当责令限期改正或撤销其决定。实践中，业主大会、业主委员会可能存在违反法律、法规、管理规约或者不依据法定程序作出决定的情形，侵害业主的合法权益，此时可以向行政机关或司法机关请求救济，主张撤销业主大会或业主委员会的决定。②需要注意的是，业主撤销权的行使不适用诉讼时效的限制，但应当适用《民法典》第 152 条第 1 款关于

---

① 参见黄薇主编：《中华人民共和国民法典物权编释义》，法律出版社 2020 年版，第 162~163 页。
② 参见黄薇主编：《中华人民共和国民法典物权编释义》，法律出版社 2020 年版，第 172~175 页。

除斥期间1年的规定。①

（四）业主大会的法定授权

《民法典》第281条第2款，第286条第2款、第3款是关于业主大会、业主委员会的法定授权。需要说明的是，该两处规定实质上是为业主委员会的特别授权，只是部分住宅小区只有业主大会，没有业主委员会，为表述周延才加上业主大会。第281条第2款是对公用维修资金使用难问题的回应，在借鉴江苏、安徽、河南等地方性管理条例的基础上，规定在紧急情况下业主大会或业主委员会可以依法申请使用。何为"紧急情况"可以由行政法规、规章和地方性法规具体规定，此处的"依法"也是广义上的法律。②

《民法典》第286条第2款、第3款是关于业主大会、业主委员会制止损害他人合法权益行为并追究其法律责任以及向有关行政主管部门报告或投诉的规定。该条款实则是对业主大会、业主委员会的法定授权，对于"任意弃置垃圾、排放污染物或者噪声、违反规定饲养动物、违章搭建、侵占通道、拒付物业费等损害他人合法权益的行为"，业主大会或者业主委员会有权制止并要求行为人承担相应的责任。另外，受害人也可以直接通过诉讼获得司法救济，共同受害人也可以推选代表进行诉讼。③需要注意的是，该条规定的"损害他人合法权益的行为"也是采用列举加概括的方式，换言之，除上述明确罗列的内容外，还应当有其他损害他人合法权

---

① 参见崔建远：《中国民法典释评物权编（上卷）》，中国人民大学出版社2020年版，第400页。

② 参见黄薇主编：《中华人民共和国民法典物权编释义》，法律出版社2020年版，第178~181页。

③ 参见黄薇主编：《中华人民共和国民法典物权编释义》，法律出版社2020年版，第203~204页。

益的行为。《建筑物区分所有权纠纷解释》第 15 条①对损害他人合法权益的行为又进行了部分释明。业主大会、业主委员会请求行为人停止侵害、排除妨害、消除危险，依据的法律规范是《民法典》第 236 条规定的物权保护方式或者第 179 条第 1 款第 1 至 3 项规定的民事责任承担方式。请求行为人恢复原状，依据的法律规范是《民法典》第 237 条规定物权保护方式或者《民法典》第 179 条第 1 款第 5 项规定的民事责任承担方式。请求行为人赔偿损失，若违反的是管理规约的规定，则依据《民法典》第 577 条规定的违约责任；若违反的是法律、法规规定的义务，则依据《民法典》第 1165 条规定的过错侵权责任以及第 179 条第 1 款第 8 项和第 238 条规定的民事责任承担方式。②《民法典》第 286 条第 3 款是新增内容，对行为人不履行义务的行为，授权相关行政主管部门依法处理的权力，该授权属于命令式授权，换言之，相关行政主管部门不得拒绝受理。需要注意的是，针对不同的违法行为当事人应当向不同的行政主管部门报告或者投诉，此处所谓的当事人应当包括业主、物业服务企业、业主组织。

二、对《民法典》有关业主大会规定的探讨

《民法典》对业主大会设立、职权、表决程序、决议效力以及法定授权作出了规定，相较于《物权法》业主大会的设立、职权、表决程序以及

---

① 《建筑物区分所有权纠纷解释》（法释〔2020〕17 号）第 15 条规定："业主或者其他行为人违反法律、法规、国家相关强制性标准、管理规约，或者违反业主大会、业主委员会依法作出的决定，实施下列行为的，可以认定为民法典第二百八十六条第二款所称的其他'损害他人合法权益的行为'：（一）损害房屋承重结构，损害或者违章使用电力、燃气、消防设施，在建筑物内放置危险、放射性物品等危及建筑物安全或者妨碍建筑物正常使用；（二）违反规定破坏、改变建筑物外墙面的形状、颜色等损害建筑物外观；（三）违反规定进行房屋装饰装修；（四）违章加建、改建，侵占、挖掘公共通道、道路、场地或者其他共有部分。"

② 参见崔建远：《中国民法典释评物权编（上卷）》，中国人民大学出版社 2020 年版，第 411~413 页。

法定授权作了部分修改，对于群众普遍反映的业主大会设立难、决议难以及法定授权行使难问题予以回应。这些修改包括以下几个方面：一是明确授权法律、法规对业主大会的设立条件和程序作出规定；二是增加居民委员会作为业主大会设立的指导和协助机构；三是增加了业主大会决议事项的内容，降低了业主大会决议表决的门槛；四是增加了有关行政主管部门作为处理行为人拒不履行相关义务的机构。笔者相信上述改动有助于缓解业主大会设立难、决议难以及法定授权行使难的问题，也有助于完善住宅小区的治理。但上述修改并未完全解决业主大会在理论与实践中的问题，甚至有些基本问题也未予以回应。

现有《民法典》中的业主大会存在如下几个方面的问题：一是业主大会的性质与法律地位不明确，业主大会是独立的组织体，还是组织体的意思机构，还是既是组织体又是意思机构，法律未予以回应。依据《民法典》现有规定，无法准确得出结论，详见前文论述。二是多部门对设立业主大会均有权指导与协助，容易造成有利益时一哄而上，无利益有麻烦时相互推诿。政府有关部门之间，政府与居民委员会之间，如何指导、协助设立业主大会缺乏责任明晰。三是对于业主大会会议的召集、会议的形式等内容未涉及，《物业管理条例》《业主大会和业主委员会指导规则》与各地方法规并不完全一致。对于业主大会"召开难"的问题未有回应。四是对业主大会的法定授权缺乏司法救济路径，《民法典》第286条第2款仅规定业主大会、业主委员会有权制止业主损害他人合法权益的行为，但未明确业主大会、业主委员会权力的司法救济路径。即使将业主大会、业主委员会解释为《民法典》第286条第3款中的"当事人"，行政主管部门依法处理的救济路径也是不完善的。依据行政法原理，行政机关的处理不具有终局性，当事人不服行政机关的处理可以寻求司法机关的救济，司法机关的裁决具有终局性。有鉴于此，有必要对业主大会从理论上进行全面的分析厘定，完善其相关制度内容，进而指导实践活动。

第二节　业主与业主大会之间的关联考量

一、业主的资格与权利和义务

（一）业主资格的取得和丧失

业主是业主大会的构成分子。业主通过购买、赠与、继承、建造等法律事实成为建筑物区分所有权专有部分所有人，所谓的拥有"房籍"，即取得了业主资格成为业主组织成员。需要说明的是，若住宅小区未登记设立业主组织，住宅小区内的全体业主能否被认定为一个独立于业主个人的集合体，值得探讨。《民法典》规定的民事主体类型为自然人、法人、非法人组织，依据《民法典》第58条和第103条的规定可知，法人和非法人组织均应当登记设立，未经登记的集合体一定不是《民法典》规定的主体类型，进而，未经登记的住宅小区全体业主集合体不是民事主体的法人或非法人组织。但是依据《民法典》第278条的规定可知，该条第1款第1句使用的"业主共同"的词语来表达全体业主，第2款又规定了相应的参与表决的比例，换言之，所谓的业主共同决议事项不需要全体业主都同意，进言之，未经登记的住宅小区全体业主仍然被认定为一个独立于业主个人的集合体。由此可知，住宅小区的全体业主无论是否设立业主组织，住宅小区的全体业主都是一个独立于业主个人的集合体，具有独立的意思表示。未经登记的住宅小区全体业主集合体，不同于《民法总则》中规定的法人与非法人组织，也不同于合伙，其属于《民法典》规定的特别集合体，具有组织性（团体性）。

故而，业主资格的取得与丧失与业主组织本身没有关系，与是否为建筑物区分所有权专有部分所有权人的法律事实有关系。业主资格的取得与丧失并非基于业主个人的主观意愿，而是基于房屋所有权的客观事实。此正所谓业主组织具有"籍合性"。需要说明的是，有的国家规定了"强制搬迁"制度。《德国住宅所有权法》第18条规定了住宅所有权人因违反法律规定的义务或禁止性规定造成他住宅所有权人重大损失的，且无法期待二者继续维持共同关系的，他住宅所有权人可以请求该住宅所有人让与住宅所有权。[1]《奥地利区分所有权法》第10条规定了诉讼驱逐住宅所有权人的三种情形。[2] 我国还未有"强制搬迁"的法律规定，由此也不存在"强制搬迁"而引起业主资格丧失的情形。

（二）业主的权利和义务

业主取得业主资格，就与全体业主集合体之间成立一种法律关系，发生一定的权利义务。业主的权利义务一般被称为业主的地位，或者成员权。业主的权利义务，若设立了业主组织，则依据法律和管理规约的规定；若未设立业主组织，则依据法律的规定。需要说明的是，此处的成员权与传统民法理论中的社员权的地位一致，"通说认为社员权者系指社员对于社团所有权利义务的总称，因其系以社员的资格为基础，故具有身份权的性质，但社员得基于自益权，受领或享受财产利益，故亦具有财产权的性质，故可解为兼具身份权和财产权性质之特殊权利"[3]。在业主组织中，业主不仅可以获得建筑物区分所有权公共部分的收益，合理使用建筑物区分所有权公共部分，而且可以参与业主组织各项活动，表达自己的意志，由此，业主组织之成员权亦具有身份权和财产权双重属性。业主对于业主组织的权利义务原则上应当一视同仁，但管理规约另有规定的除外。

---

[1] 参见《德国住宅所有权法》第18条。
[2] 参见《奥地利区分所有权法》第10条。
[3] 参见王泽鉴：《民法总则》，北京大学出版社2009年版，第153页。

例如，管理规约中规定优待部分家庭困难年纪较大的业主，应予以准许。

业主的权利。业主的权利包括公益权和自益权两种。公益权是指以完成组织所担当的社会作用为目的，而参与其事业的权利，例如表决权、请求或自行召集业主大会的权利、请求法院撤销业主大会决议的权利等。自益权是指专为业主个人利益所有的权利，例如，公共部分收益分配请求权、公共设施利用权等。① 根据《物业管理条例》第 6 条和《北京市物业管理条例》第 27 条的规定可知，现有的物业管理条例关于业主权利的规定主要涉及的是公益权，自益权内容较少，在以后的物业管理条例修订中可以适当增加。需要注意的是，业主组织具有自治性，除法律、法规外，也可以通过管理规约赋予业主相应的权利。

业主的义务。业主的义务一般来自法律、法规及管理规约的规定，另外，业主组织是具有人合性的互益组织，业主应当负有一般的忠实义务，不得从事侵害业主组织目的或妨害业主组织活动的行为，应当促进实现业主组织目的及参与业主组织活动。根据《物业管理条例》第 7 条的规定，再查阅各地方性物业管理条例可知，关于业主义务的规定基本相同，但也有部分差异。例如，《北京市物业管理条例》关于业主义务的内容就增加了"按照规定分类投放生活垃圾"的内容。

二、业主大会的法律地位

(一) 业主大会的形式

根据业主大会召开的时间和决议事项的不同，业主大会可以分为首次业主大会、定期业主大会、临时业主大会三种，其中定期业主大会和临时业主大会在《物业管理条例》中规定，首次业主大会在《业主大会和业主

---

① 参见王泽鉴：《民法总则》，北京大学出版社 2009 年版，第 152~153 页。

委员会指导规则》中规定。

首次业主大会，亦称"创设大会"，即召开设立业主组织的业主大会。首次业主大会与其后的定期业主大会和临时业主大会有很多不同，其主要表现在：一是，负责召集人员不同。首次业主大会是由业主大会筹备组负责召集，"业主大会筹备组人员由业主代表、建设单位代表、街道办事处、乡镇人民政府代表和居民委员会代表组成"①。二是，召开条件不同，首次业主大会召开的条件是"物业管理区域内，已交付的专有部分面积超过建筑物总面积的50%"②。三是，召开时间不同，首次业主大会是各种手续准备完毕即可召开。四是，议事规则不同，首次业主大会召开时没有正式业主大会议事规则和正式的组织管理规约，但需遵守法律、法规、规章、地方政府机关的有关规定和首次业主大会议事规则。五是，决议事项不同，首次业主大会决议的事项主要是制定业主组织内部管理规则、选举业主委员会、选举业主监事会等保障业主大会正常运行的内容。③ 但需要注意的是，依据《业主大会和业主委员会指导规则》的第9条④规定，业主需要申请才能组成首次业主大会会议筹备组。表面上，充分尊重了业主自治；实际上，缺乏业主申请的程序性规定，导致业主大会筹备主体缺失，进而造成首次业主大会召开难的问题。⑤

定期业主大会，即业主组织根据法律、法规或管理规约的规定，规律性的在一定时期按照业主大会议事规则召开的业主大会，一般情况下，每

---

① 参见《业主大会和业主委员会指导规则》（建房〔2009〕274号）第10条。
② 参见《业主大会和业主委员会指导规则》（建房〔2009〕274号）第8条。
③ 参见《业主大会和业主委员会指导规则》（建房〔2009〕274号）第12条。
④ 参见《业主大会和业主委员会指导规则》（建房〔2009〕274号）第9条规定："符合成立业主大会条件的，区、县房地产行政主管部门或者街道办事处、乡镇人民政府应当在收到业主提出筹备业主大会书面申请后60日内，负责组织、指导成立首次业主大会会议筹备组。"
⑤ 参见孙宪忠、朱广新主编：《民法典评注物权编（2）》，中国法制出版社2020年版，第122~123页。

年至少召开一次定期业主大会。会议的内容是业主大会正常履行职责的内容，一般包括："修改业主大会议事规则；修改管理规约；选举业主委员会或更换业主委员会成员；选聘、解聘物业服务企业或其他管理人；制定物业服务内容、标准以及物业服务收费方案；筹集和使用公共维修资金；改建、重建建筑物及其附属设施；改变共有部分的用途或者利用共有部分从事经营活动及所得利益的分配与使用；"① 选举业主监事会或更换业主监事会成员等其他重大事项。

临时业主大会。关于临时业主大会《物业管理条例》和《业主大会和业主委员会指导规则》规定不一致，《物业管理条例》规定20%以上的业主提议即可召开②，而《业主大会和业主委员会指导规则》规定了三种情形："经专有部分占建筑物总面积20%以上且占总人数20%以上业主提议的；发生重大事故或者紧急事件需要及时处理的；业主大会议事规则或者管理规约规定的其他情况。"③ 结合我国的国情，笔者认为应当增加业主委员会、业主监事会提议召开临时业主大会的情形，换言之，业主委员会和业主监事会均有认定紧急情况或重大事件的权利，均有权提议召开临时业主大会。召开临时业主大会的条件不宜定得过高，防止不能应对紧急且重大的情况，临时业主大会的最终目的是维护业主的合法权益和公共秩序。

(二) 业主大会的性质

如前所述，业主大会由物业管理区域内的全体成员组成，是业主组织的议事机构，而非组织体，会议是业主大会的表现形式。业主大会与业主组织的关系类似于股东大会与现代公司之间的关系。业主大会的性质可以

---

① 参见《业主大会和业主委员会指导规则》（建房〔2009〕274号）第17条。
② 《物业管理条例》第13条规定："业主大会会议分为定期会议和临时会议。业主大会定期会议应当按照业主大会议事规则的规定召开。经20%以上的业主提议，业主委员会应当组织召开业主大会临时会议。"
③ 参见《业主大会和业主委员会指导规则》（建房〔2009〕274号）第21条。

从以下几个方面分析。

首先,业主大会是业主组织的意思机构。如前所述,委托代理理论源自贝利与米恩斯《现代公司与私有产权》中提出的所有权与经营权(控制权)分离,业主组织同现代公司一样具有高度分散的所有权结构和所有权与经营权分离的特征,委托代理理论适用于业主组织。在委托代理关系中,委托人是所有权人和授权人,是代理人行为的最终承担者。由委托人组成的所有权人大会通过特定程序形成的决议,应当作为业主组织的意思,代表全体业主的意志。业主是委托人、所有权人、授权人,依据经济理性人的假设,由全体业主组成的业主大会也最能维护全体业主的合法权益。业主大会作为业主组织的意思机构,应当从两方面理解:一是,从业主组织作为一个独立的民事主体角度看,其进行民事活动,则必须为一定的独立的意思表示,但业主组织非自然人无意思表示之当然主体,则需要法律拟定相应的制度,让业主组织能作出具有法律效力的意思表示。业主大会就是业主组织作出意思表示的法定机构,业主大会决议就是业主组织的意思表示形式。二是,从业主的角度看,业主大会的决议是由参会的单个业主的意思表示的结果,被依法认定为全体业主的"公意"。业主出席业主大会会议对业主组织的重要事项表达意见最终形成决议,其目的是维护自己作为业主的合法权益,授权与约束组织的经营者和监督者。业主组织的意思可以区分为内部意思和外部意思,业主大会的决议只能约束组织的内部成员,不能约束组织以外的人。业主组织与他人进行民事活动时所为的意思表示应当由组织的对外机构作出,即业主委员会履行对外职责,当然,业主委员会应当按照业主大会的决议履行职责。

其次,业主大会是业主组织的最高决策机构。如前所述,利益相关者理论的出现是为了修正委托代理理论,利益相关者理论弥补了委托代理理论"股东利益至上"理念的缺陷。利益相关者理论提倡除了股东利益外,还应当兼顾职工、债权人、社区等利益,相较于英美的单层治理结构,德日的双层治理结构更契合利益相关者理论。利益相关者理论适用于业主组织，进而业主组织也应当设立双层治理结构，即业主大会、业主委员会、业主监事会，其中，业主委员会、业主监事会均由业主大会产生，业主大会赋权。业主委员会履行执行权，业主监事会履行监督权，二者均可以在自己的权限范围内进行决策，但不得违反业主大会的决策内容。另外，业主委员会委员、业主监事会监事在履行职务的过程中也不得作出与业主大会决策内容不相符的行为。由此，相较于业主委员会、业主监事会来说，业主大会是业主组织的最高决策机构。

再次，业主大会是业主组织的最高权力机关。如前文所述，业主组织不仅仅是私人组织，其还是一个社会组织，是一个组织体。业主组织的决定虽然是私人的，但影响结果却是社会的，当其自身不能承担其决定的后果时，法律和政府就具有及时介入的正当性。由此，业主组织与现代公司一样具有公私二重属性的特征，因此，业主大会是业主组织的最高权力机关。其具体有以下两个方面的表现：一是业主委员会和业主监事会的活动受到业主大会的监督，业主大会的决议对其具有约束力；二是业主大会对业主组织的重大事项具有决定权。业主大会的最高权力机构的地位是相对于业主委员会和业主监事而言的，不对组织以外的人。业主大会决议能否约束物业服务企业的关键在于是否在物业服务合同中有约定，抑或法律有规定。业主大会虽然是业主组织的最高权力机构，但并非可以对组织的所有事项都能作出决策，法律对业主大会的职权范围作出了相应的限制，限制的目的在于保护业主个人和其他利益相关者的合法权益。

最后，业主大会是业主组织的必设机关、非常设机关。有的住宅小区人数较少，相互之间沟通联系并不复杂。依据《民法典》第277条第1款的规定，可以不设立业主组织；也可以只设业主大会，不设业主委员会；也可以既设业主大会，又设业主委员会。由此可知，若设立业主组织则业主大会是其必设机构，而业主委员会、业主监事会则属于非必设机构。业主组织之所以能成立独立的民事主体必备条件之一，就是该组织能够独立的作出意思表示，而业主大会就是作出业主组织意思表示的那个机构，若缺少该机构，业主组织的意思表示至少会变得名存实亡，或者说，业主组织无法作出意思表示。纵观世界各国关于业主大会的名称的规定虽然有所不同，但无一例外，都有该机构的存在。再观其他类型的营利法人、非营利法人、特别法人以及非法人组织，都必然有组织成员大会，该机构的地位反衬了组织成员在组织中的地位。依据委托代理理论，业主大会是委托人大会、所有权人大会，其具有保护自己合法权益的动因，是产生代表全体业主意思的机构，由此，业主大会应当必然存在，而业主委员会、业主监事会则属于应运而生。但需要说明的是，仅设立业主大会的业主组织不属于常态，范围较小。另外，无论是现代公司的股东大会，抑或是国家的立法机构，均是非常设机构。

（三）业主大会的职权

业主大会由全体业主组成，是业主组织的最高权力机构。理论上，业主大会可以对业主组织的一切事项作出决定，但对于人数较多既设业主大会又设业主委员会的业主组织来说，所有的事项均由业主大会决定客观上没有可操作性，不符合业主大会作为非常设机构的特性，亦无必要。① 事实上，无论是公司的股东大会，抑或国家的立法机构均是只对有关公司或国家的重大事项作出决定，其他事项则授权董事会或行政机构决定。由此，业主大会也应当仅对有关业主组织的重大事项作出决定，而一般事项则由业主大会授权业主委员会决定。何谓"重大事项"？法律未规定相应的标准。业主大会由全体业主组成，应当享有有关业主组织的全部权力，基于效率与客观现实的原因，业主大会授权业主委员会、业主监事会行使

---

① 人数较少只设业主大会的业主组织或不设业主组织的住宅小区，所有的事项均由业主大会或业主共同决定，该类业主组织或住宅小区不是本书讨论的重点。

部分权力，业主大会未授权的有关业主组织的权力，则仍然属于业主大会。换言之，重大事项的决定权应当在业主大会。依据业主组织公私二重属性的特征，法律具有介入业主组织治理的正当性，法律为维护公共利益或提高效率，也可以直接规定业主大会的具体职权。由此，业主大会的具体职权则可分为"意定"和"法定"，所谓"意定"是指业主自治，业主大会自我赋权；所谓"法定"是指法律直接对于业主大会赋权。

但无论"意定"或是"法定"业主大会职权，仅仅表述的是业主大会职权的来源，仍然未有确定业主大会职权的依据，域外国家或地区对业主大会职权的规定亦可为我国提供借鉴意义。《瑞士民法典》第712条规定了区分所有人大会有下列特别权利："（1）有对不属于管理人管辖事务的决定权；（2）有委任管理人并对其工作行使监督的权利；（3）有选举管理委员会或管理人，委托其负责管理事务，特别是诸如辅助管理人、审查业务活动的事务以及向大会报告工作、提出建议等权利；（4）有批准年度预算、结算及在区分所有人中分配费用的方案的权利；（5）有决定建立楼房更新基金，以进行维修及更新工作的权利；（6）有为楼房火灾及其他灾害保险以及缔结其他义务保险契约的权利。"[①]《意大利民法典》第1135条规定了共有人大会享有的权利："（1）确认管理人的权限和应当支付报酬情况下的报酬数额；（2）通过年度必要费用预算以及应当由各共有人分摊的数额；（3）通过管理人的年度财务报告，决定节余的管理费的用途；（4）决定特殊管理费用，必要时，可以为特殊管理行为设立专项基金。"另外，第1128条也规定了共有人大会可以在建筑物共有部分小部分灭失的情况下通过决议重建共有部分。[②] 除此之外，还有德国、法国均对业主大会的职权作了相应的规定，其中德国采取一致决的做法与我国差异较大，其他国家

---

① 参见《瑞士民法典》第712条。
② 参见《意大利民法典》第1135条、第1128条。

或地区规定内容也较少,虽有一定的借鉴意义,但典型性不强,不予以列举。① 另外,由于业主组织与公司类似,亦可借鉴《公司法》第37条关于股东会职权的规定。

基于上述分析,结合我国《民法典》关于业主大会职权的规定和现实实践,笔者认为,业主大会职权的具体内容应当包括以下几个方面:一是人事权,即业主委员会、业主监事会成员的任免权;二是财产权,即管理建筑物及其附属设施的专项维修资金,其又可分为使用与筹集两部分;三是内部管理规则的制定与修改权,即管理规约、业主大会议事规则、业主委员会议事规则、业主监事会议事规则等的制定与修改权;② 四是物业服务企业或管理人的选聘和解聘权;五是建筑物及其附属设施的重大修缮、改建、重建以及公共部分改变使用目的的事项。另外,依据业主组织的公私二重属性,业主大会可以自我赋权,具体来说,业主大会可以通过管理规约来规定业主大会的权力,故而,可以借鉴《公司法》第37条关于股东大会职权的规定,采用列举加概括的立法技术,明确列举的最后授权管理规约可以对于业主大会的职权作出规定。需要注意的是,业主大会的自我赋权仍然不得违反法律的强制性规定和公序良俗,也不得侵害少数业主的利益。

三、业主与业主大会之间的关系

(一)业主权利通过业主大会实现

业主所享有的共同管理权,单个业主无法行使,必须通过业主大会形成业主共同的意志。若没有业主大会,业主的各项共同管理权将束之高

---

① 参见《法国建筑物区分所有权法》第38条。
② 需要说明的是,业主组织机构的议事规则,既可以在管理规约中规定,亦可单独列出予以规定,我国实践中两种情况均存在。

阁。业主大会是业主行使共有权的重要保障。依据《民法典》第274条规定，业主对于道路、绿地、公用设施、物业服务用房等财产享有共有权，但这些财产均未登记在单个业主名下，全体业主只有通过业主大会形成业主共同意志才能行使共有权。业主大会是实现业主自治的重要路径。业主自治是构建和谐社区、解决纠纷、化解矛盾的重要方式，住宅小区人与人之间难免发生摩擦，需要订立业主共同的行为准则以及处理纠纷的各项措施。例如，如何开展娱乐活动，如何饲养宠物，物业费的分摊等问题，需要业主自治来解决。通过业主大会制定管理规约来规范业主的行为，可以有效地防范和处理业主之间的纠纷。[①]

(二) 业主与业主大会之间的相互制约

业主大会由全体业主构成，业主是业主组织之意思机构业主大会的组成分子。业主基于业主资格享有权利承担义务。业主通过业主大会表达意愿，最终形成业主组织的意思表示，但是业主组织的意思表示并不等于全体业主意思相加的总和，为了能够实现集体组织的目的和宗旨，业主组织的意思表示只能代表大部分业主的意思。而且通过业主大会决议形成业主组织的意思表示后，不得随意更改。由此，业主大会与业主之间则存在一定程度的制约关系。该制约关系主要体现在为了维持业主组织的秩序，实现业主组织的目的，业主大会可以形成对业主的制裁决议。惩罚违反法律、法规、管理规约规定的行为人。但业主可以对业主大会决议侵害自己合法权益的行为行使撤销权，申请法院予以撤销。故而，依据《民法典》第280条的规定，业主大会可以形成对业主具有拘束力的决议，而业主也可以通过司法途径寻求救济，申请撤销业主大会、业主委员会的决定，二者具有相互制约关系。需要说明的是，业主委员会是业主组织的执行机

[①] 参见王利明：《物权法研究（上卷）》（第三版），中国人民大学出版社2013年版，第624~625页。

构，执行业主大会的决议，业主申请法院撤销业主委员会的决定，本质上仍然是业主大会的决议，因此无论撤销权之诉针对的是业主大会还是业主委员会的决议，均应当由业主组织作为被告。

第三节 业主大会召集、业主表决权的行使与业主大会决议的分析

业主大会是以会议形式存在的业主组织权力机构，必须通过召开会议来行使职权。全国各地方业主大会议事规则关于业主大会的基本程序规定不完全一致，但基本涵盖会议筹备、通知公告、开会征询意见、回收统计意见、通报大会议事决定等环节。[①] 本书的目的是探讨业主大会程序背后的功能与价值，为各地方制定具体的议事规则提供指引。从法理与学理的角度分析，借鉴关于股份公司股东大会召开的规定，将上述环节概括为业主大会召集、业主表决权的行使和业主大会决议三个方面的事项。另外，《罗伯特议事规则》是一套逻辑严密、自洽的议事规则，具有可操作性和工具性的特点。[②] 其没有从特定的意识形态或道德规范视角来衡量是非，推导出正确决策的过程，相反，其认为议事程序本身即具有本源性价值。《罗伯特议事规则》给我们最大的启示就是坚持"程序正当性原则"的理念。[③] 其对业主大会议事规则的制定具有较强的借鉴意义。需要说明的是，

---

① 参见《广东省业主大会议事规则（示范文本）》（粤建房函〔2010〕606号）、《北京市住宅区业主大会议事规则（示范文本）》（京建发〔2010〕762号）、《深圳市业主大会和业主委员会议事规则（示范文本）》（深建物管〔2020〕21号）、《湖南省业主大会议事规则（示范文本）》（湘建房函〔2020〕55号）。

② 参见王燕燕：《检视我国民主议事规则》，载《人大研究》2011年第11期。

③ 参见季卫东：《决策的程序和语法》，载［美］亨利·马丁·罗伯特：《罗伯特议事规则》（第十版），袁天鹏、孙涤译，格致出版社、上海人民出版社2008年版，第3页。

"程序正当性原则"已经不仅仅是一个口号,司法实践中仅因业主大会召开程序违法而主张业主大会决议无效的案件并不鲜见。①

一、业主大会的召集

业主大会不论是定期会议或是临时会议,均须有召集权的人经过一定的召集程序,业主大会作出的决议才发生法律上的效力。若为无召集权的人召集,即便达到与会法定人数,其形成的决议亦不发生法律上的效力。

(一) 召集人

依据《物业管理条例》第 15 条第 1 项的规定可知,业主委员会具有召集业主大会的职责。表面上看,召集权是一种义务,是业主委员会的法定职责,实质上,召集权还是一种权力。业主大会是意思机构,形成业主组织的意思后并不负责执行该意思,而是由业主委员会负责执行。业主委员会与业主组织的利益并非完全一致,业主委员会可能存在不执行或乱执行的情形。业主大会是最高决策机构,对业主委员会具有监督功能,当业主大会召开会议的目的在于监督业主委员会,甚至是罢免业主委员会时,仍然由业主委员会负责召集业主大会,显然不符合逻辑。需要说明的是,《物业管理条例》第 13 条第 2 款虽然规定了 20% 以上的业主可以提议召开临时业主大会,但仍需业主委员会负责组织召开。换言之,当业主委员会不作为或滥用权力,需要召集业主大会罢免时,业主委员会只需不召集即可阻止。

公司法领域产生过类似的困境。1993 年《公司法》规定股东大会的召

---

① 例如,张某英与成都市温江区森宇音乐花园·美茵河谷小区第二届业主委员会、成都市温江区森宇音乐花园·美茵河谷小区业主大会业主撤销权纠纷案,参见四川省高级人民法院 (2019) 川民再 535 号民事判决书;四川省成都市中级人民法院 (2019) 川 01 民终 1981 号民事判决书;四川省成都市温江区人民法院 (2018) 川 0115 民初 3982 号民事判决书。

集权为董事会独享，产生了诸多问题，例如董事长恶意不召集董事会，董事会恶意长期不召集股东会，且无救济途径。现行《公司法》第101条①完善了股东大会召集制度，股东大会由董事会召集；当董事会不能履行或者不履行召集职责时，监事会应当及时召集和主持；监事会不召集和主持的，由持有公司一定股份份额的股东可以自行召集和主持。由此可知，该条规定了股东大会召集的顺位制度，董事会是第一顺位、监事会是第二顺位、部分股东是第三顺位。另外，为了防止董事会、监事会消极履行职责，也为了防止部分股东的召集权流于形式，有必要在顺位之间确定一个合理的期限。实践中，由于没有规定期限，导致监事会以正在履行职责为由否认部分股东召集股东会的合法性。②

公司与业主组织遇到的问题本质上是一致的，业主委员会在业主组织的地位与董事会在公司中的地位相同，二者均是组织的经营者，均是需要被监督制约的对象，而业主大会、股东大会是重要的监督路径。若召集权仅授予业主委员会或董事会，相当于是让其自己监督自己，由此，分权制约是必然的选择。进而有必要授予监事会召集权，但我国公司的实践表明，监事会成员与董事会成员可能同属于有关密切联系人，换言之，二者可能联合拒绝召开股东大会，故而，有必要授权公司重要的股东召开股东大会，其是公司的所有人，公司的生死存亡与其具有密切关系。业主组织同样有必要授予业主监事会，但业主组织不同于公司具有股份较多的股东，另外具备召集业主大会能力的业主也较少，由此，实践中20%以上的

---

① 《公司法》第101条规定："股东大会会议由董事会召集，董事长主持；董事长不能履行职务或者不履行职务的，由副董事长主持；副董事长不能履行职务或者不履行职务的，由半数以上董事共同推举一名董事主持。董事会不能履行或者不履行召集股东大会会议职责的，监事会应当及时召集和主持；监事会不召集和主持的，连续九十日以上单独或者合计持有公司百分之十以上股份的股东可以自行召集和主持。"

② 参见李建伟：《公司法学》（第四版），中国人民大学出版社2018年版，第285页；范健、王建文：《公司法》（第五版），法律出版社2018年版，第332页。

业主提议由居民委员会、街道办事处或政府主管部门负责召集业主大会的做法较为可行。故而，借鉴公司股东大会召集的做法，再结合业主组织的实际情况，笔者认为，业主大会也应当设立召集权的顺位制度，业主委员会为第一顺位、业主监事会为第二顺位、20%以上的业主提议由政府有关部门或居民委员会负责召集为第三顺位。为顺位的转移设置一定的时间，15天左右较为适宜。

（二）召集程序

依据《物业管理条例》第14条规定，业主大会召开前15日应当通知全体业主，且同时应当告知居民委员会。此处所谓的"通知""告知"的性质应当属于"准法律行为"，即不直接产生法律效果的行为，但最终涉及当事人的权利、义务。依据《民法典》第135条关于民事法律行为的规定可知，民事法律行为有书面、口头或者其他形式三种，但该条款未规定通知的具体形式。需要注意的是，我国《民法典》第135条规定的"书面形式"种类较多，包括合同书、信件、数据电文、微信、QQ等均可以成为书面形式。书面形式相比较口头形式来说，明确肯定、有据可查，对防止争议和解决纠纷具有积极意义。[①] 事实上，现代所谓的"书面形式"更多的是指"文字形式"，而非狭义上的"纸质形式"，利用互联网技术较为容易实现，又有利于避免纠纷，由此，书面形式应当为业主大会的通知、告知的形式。事实上，采用通知与公告相结合的方式更符合现代社会实际状况，利用短信、微信、QQ、邮箱等现代技术能够较为容易地通知到每位业主，照顾到可能仍然存在不会使用这些技术的老年人，可以在小区显著位置张贴公告的方式通知全体业主。通知、公告义务人与召集权人应当一致，通知的对象应当包括业主和居民委员会两类。依据业主组织的公私二

---

① 参见李适时主编：《中华人民共和国民法总则释义》，法律出版社2017年版，第422~423页。

重属性和《民法典》第 277 条的规定，居民委员会作为业主大会的指导和协助部门应当作为被通知的对象。

通知的内容应当包括召集时间、召集地点、审议事项三项内容。其中召集地点原则上应当在本小区内，无正当理由不得选择其他地点。另外，随着技术的进步，应当承认通过互联网技术参与业主大会表达业主个人意愿的方式，召集人应当为不方便直接参与现场投票的业主提供其他表达意愿方式的便利。审议事项应当与会议通知同步送达，若会议进行中临时提出动议，也不应交付表决，仍然需要走通知送达的路径。原因在于，有的业主事先根据审议事项的内容决定不参加业主大会，若临时改变审议内容，而未通知这部分人，属于程序瑕疵，其可主张撤销决议或决议不成立。

（三）业主大会的提案

会议是业主大会的表现形式，会议提案权是一项重要的权利，对议案内容的控制是控制整个会议的关键一环，只有将提案列入会议议案，才能由业主大会进行表决。提案要限于法律与管理规约规定的业主大会职权范围，并有明确的议题和具体的决议事项。借鉴《公司法》的做法，提案权人有三类，即业主委员会、业主监事会、部分业主。业主委员会作为业主组织的执行机构，通常也是召集人，业主委员会当然应当是提案权人。业主监事会是业主组织的监督机构，提案本身也是发挥其自身职能的一种形式。另外，若业主监事会为召集人，则由其自己决定将提案列入会议议案；若业主委员会为召集人，则由业主委员会将监事会提案列入会议议案。理论上，业主作为业主组织的成员，应当具有提案权，但应当防止单个业主或极少数业主滥用提案权，甚至预测业主大会决议结果对其不利，而故意捣乱，故应当规定达到一定数量比例的业主才能提案。《业主大会和业主委员会指导规则》第 21 条规定了占有部分面积和人数占比 20% 以上的业主可以提议。① 需要注意的是,后一顺位召集人召集业主大会时,前一顺位召集人应当丧失提案权,防止其利用提案权,阻挠业主大会正常决议。

(四) 业主大会的主持

业主大会召开有主持和出席两个环节。为保证业主大会会议有序举行,发挥业主大会应有的功用,业主大会应当由主持人来主持,其主要职责是维持会议秩序、指挥会议进程、宣布会议结果、签署会议记录。一般情况下,会议召集人与会议主持人应当是重合的,换言之,会议的主持人依照召集人的顺位,分别是业主委员会、业主监事会、居民委员会,进而业主委员会主任、业主监事会主任、居民委员会代表应当作为主持人。需要注意的是,若业主委员会主任、业主监事会主任不便主持时,可以由副主任代为主持,若均不方便主持时,居民委员会代表可以代为主持。居民委员会不仅有参与的权利,还有指导与协助的义务,但居民委员会不具有表决权,表决权应当仅限于业主享有。

二、业主表决权的行使

(一) 业主的出席

业主大会因业主的出席而得以进行,这是业主进行表决、形成业主大会决议的前提条件,业主大会的出席人是全体业主。业主出席表达主观意愿,不属于具有人身专属性,应当允许其委托代理人出席业主大会,代理人更不必是其他业主。法人或非法人组织业主可以指派代表参加。需要注意的是,对于无行为能力人、限制行为能力人应当由其法定代理人出席;

---

① 参见《业主大会和业主委员会指导规则》(建房〔2009〕274号)第21条。

对于房屋共有人，应当由共有人推举一人出席。依据《物业管理条例》第14条的规定，业主大会的召开应当告知相关的居民委员会。部分地方的业主大会议事规则示范文本甚至直接规定居民委员会作为业主大会会议召开的监督和指导单位，① 由此，居民委员会代表应当作为列席人员参与业主大会。

（二）业主表决权行使的方式

从技术角度分析，业主表决权可以分为记名投票制和不记名投票制，现场投票制和非现场投票制。其中记名投票制是指投票时标明业主身份的投票方式。需要注意的是，为了保护业主的隐私，《广西物业管理条例》第24条采用"房号"身份投票方式，仍然属于记名投票方式。② 反之，为无记名投票制。记名投票制中每位业主事后均可查阅自己的投票信息，是否与自己的真实意愿一致，进而可以有效地防止被代表、被代理等舞弊现象，应当作为业主行使表决权的方式。现场投票是指业主或其代理人到业主大会会议现场进行投票。非现场投票是指利用现代通信技术手段远程投票，例如传真、短信、微信、QQ 等现代通信工具，另外，政府亦可主导建立统一的业主决策信息系统③。非现场投票方式一般是全天 24 小时均可投票，大大降低了业主的投票成本，并且提高了业主参与投票的积极性，应当予以保障和推广。

---

① 参见《广东省业主大会议事规则（示范文本）》（粤建房函〔2010〕606 号）第 4 条；《湖南省业主大会议事规则（示范文本）》（湘建房函〔2020〕55 号）第 5 条。
② 参见粟勤生：《〈广西壮族自治区物业管理条例〉（修订）亮点解读》，载《中国物业管理》2020 年第 8 期。
③ 《北京市物业管理条例》第 6 条第 1 款第 6 项规定："建立全市统一的物业管理信用信息、业主电子共同决策等信息系统。"

（三）业主表决权的计算方式

出席业主大会的业主所代表的表决权应当满足法定的最低标准，业主大会才能合法召开，业主大会的决议才是有效决议。法定标准的价值在于保障业主大会形成的业主组织的意思表示能够反映多数业主的意思，保证业主大会决议的正当性基础，防止个别组织或个人操纵业主组织的意思表示，甚至损害其他业主的合法权益。从比较法来看，业主大会表决权的计算方式主要有两种：一是德国、瑞士模式，以人头数为标准，一人一票，即依照业主的数量，即使一个人在一个小区中拥有两处建筑物区分所有权，也只能算作一个人；① 二是日本模式，以专有部分面积为标准，专有部分的面积在总面积中的比率即是其投票权的权重。以人头数为标准的缺点在于忽视了建筑物区分所有权的本质仍然是物权，属于财产权；以专有部分面积为标准的缺点在于忽视了建筑为区分所有权具有人格权的属性，它不是一般的物权，它涉及一个人的人格尊严，是人的生命、安全等内容的基本保障，且还容易造成在一个小区内部分拥有较多建筑区分所有权面积的业主，利用表决权优势控制业主大会，不利于其他面积较少的业主。实践中有的建设单位会留相当一部分房屋自己使用，再加上物业服务企业也是建设单位的公司，上述担忧具有现实意义。我国在《物权法》第76条和《物业管理条例》第12条规定了"人数和面积"两个标准，《民法典》第278条继续沿用。②

依据《民法典》第278条第2款第1句的规定，业主共同决定事项，应当由专有部分面积三分之二占比以上的业主且人数占比三分之二以上的业主参与表决。由此可知，我国关于业主出席采用"面积"和"人数"双

---

① 参见《德国住宅所有权法》第25条第2项；《瑞士民法典》第712条之十五。
② 参见陈华彬：《建筑物区分所有权法》，中国政法大学出版社2018年版，第289~291页。

重标准，采用双重标准的意义，在于防止单个大量购买某一小区房屋的组织或个人控制业主大会。该标准属于强制性标准，任何组织或个人不得变更，若违反该规定，属于程序严重瑕疵，业主大会决议不成立或无效。笔者认为，该业主表决权计算方式符合我国国情，应当予以坚持。

三、业主大会的决议

（一）业主大会决议的方法

业主大会决议是业主大会就提请会议审议的提案依法定程序进行表决形成的决议，是业主大会形成组织体意思的唯一法定形式。从比较法来看，业主大会决议有"一致决"和"多数决"两种方法，"多数决"又分为"特别决议"和"普通决议"，依据不同的事项采用不同的决议方法。德国、法国、瑞士、日本等国家均规定有一致决的情形。例如，《德国住宅所有权法》规定，住宅所有权再区分、合并、新增建筑物结构等处分行为的应当实行一致决。《法国住宅分层所有权法》规定，欲变更管理规约所规定的管理费用的分摊规定时，应当适用一致决。[①]《日本建筑物区分所有权法》规定，建筑物的修缮与重建采用多数决的方式。[②] 需要注意的是，依据我国《民法典》第278条的规定，我国业主大会未规定适用一致决的情形。[③]

依据《民法典》第278条第2款规定，业主表决权按照专有部分的面积与建筑物专有部分总面积的比例，一人一票来确定。具体来说，首先，

---

① 参见陈华彬：《建筑物区分所有权法》，中国政法大学出版社2018年版，第291~292页。

② 参见《日本建筑物区分所有权法》第61条、第62条。

③ 另需注意的是，依据《民法典》第279条的规定可知，将住宅更改为经营性用房，需经利害关系人一致同意。进而，可以推论涉及部分业主利害关系的决议，需先经部分业主一致同意。

要求"专有部分面积占比三分之二以上的业主和人数占比三分之二以上的业主参与表决";其次,特别事项,即本条第 6 项至第 8 项规定的事项,应当经过参与人数的专有部分和人数双四分之三以上的业主同意,换言之,应当经过表决同意的比例为总面积和总人数的双二分之一以上的业主同意;最后,一般事项,即本条规定的其他事项,应当经过参与人数的专有部分和人数双三分之二以上的业主同意,换言之,应当经过表决同意的比例为总面积和总人数的双三分之一以上的业主同意。上述规定相较《物权法》第 76 条第 2 款的规定,降低了决议的门槛,目的是缓解实践中"决议难"的问题。① 人数标准避免了某一小区内拥有众多房产的"大户"操纵业主大会的情形,同时面积标准又照顾了"大户"的利益。② 需要注意的是,我国《民法典》第 278 条虽然未规定业主大会"一致决"的事项,但规定了业主大会决议事项的范围仅限"共有和共同管理权利的重大事项",换言之,业主大会决议不得针对业主个人或其专有部分事项进行表决,进而避免了以集体名义侵害专属业主个人的权利。同时,依据《民法典》第 280 条的规定,若业主大会决议侵害了业主个人的合法权益,业主可以向人民法院申请撤销该决议。若集体的决议涉及业主个人或部分业主的利益时,应当经过有关当事人的同意,例如业主大会决定在某栋楼设立广告牌,应当经过该栋楼业主的同意。

(二) 业主大会决议的效力

业主大会决议效力的位阶。业主大会是业主组织的最高决策机构,业主大会决议的效力高于业主委员会、业主监事会的决议,对业主委员会、

---

① 参见黄薇主编:《中华人民共和国民法典物权编释义》,法律出版社 2020 年版,第 162~163 页。
② 参见陈华彬:《建筑物区分所有权法》,中国政法大学出版社 2018 年版,第 290~291 页。

业主监事会具有约束力,当然对全体业主也具有约束力。管理规约虽然是业主大会决议的结果,但因其一经政府审查公示即具有对抗第三人的效果,故而,不得以新的业主大会决议为由而否认管理规约的效力,但可以通过业主大会决议更改管理规约的相关内容,再作出新的业主大会决议。当然,业主大会决议也要遵守《民法典》第143条关于民事法律行为效力的规定,不得违反法律、行政法规的强制性规定,不得违背公序良俗。故而,国家法律、行政法规、公序良俗的效力位阶高,管理规约次之,业主大会决议再次之,最后是业主委员会、业主监事会决议。①

业主大会决议效力的范围。依据《民法典》第280条规定,业主大会决议对全体业主具有约束力。值得探讨的问题是,对业主的继受人是否具有约束力。业主的继受人分为概括继受人和特定继受人两类,所谓概括继受人是指权利义务概括承受人,例如,继承人、营业合并人等,其当然应当受业主大会决议约束。所谓特定继受人是指建筑物区分所有权买受人、受赠人等转移继受人,以及承租人、借用人等设定继受人。特定继受人是否受业主大会决议的约束有否定说和肯定说两种,否定说认为业主大会决议为业主间的合意,无法对抗特定继受人;肯定说认为业主大会为业主组织意思机构,业主大会决议依据组织法的规则作出,对特定继受人应当具有约束力。从比较法来看,《日本建筑物区分所有权法》第46条规定,管理规约和集合决议对特定继受人具有约束力。我国理论与实务界均采肯定说,即业主大会决议不仅约束业主,而且约束买受人、受赠人、继承人、承租人、借用人等。② 该种立场符合理论与实践,且与各个国家或地区相一致,应当予以肯定。

---

① 参见陈华彬:《建筑物区分所有权法》,中国政法大学出版社2018年版,第293页。
② 参见陈华彬:《建筑物区分所有权法》,中国政法大学出版社2018年版,第292~295页。

上述业主大会决议效力范围是从"人"的视角进行的论述，笔者认为还应当从"空间"即"地域管辖"的视角进行探讨。具体而言，业主大会决议是业主组织的意思表示，业主组织管理的范围是整个物业管理区域，即物业管理区域内的人和共有物均属于业主大会决议管理的对象。其与管理规约的效力类似，对进入物业管理区域的非业主，同样具有约束力，除了特定继受人房屋租赁人、借用人，还包括临时访客。对违反业主大会决议的临时访客可以采用类似于国家之间的"驱逐出境"的处罚措施，在一定时间内限制其进入本小区。

(三) 会议记录

会议记录是证明业主大会程序合法最有利的证据，有必要予以妥善记录并保存。会议记录的记录人应当与召集人一致，坚持"谁召集、谁负责"的原则。主持人、业主委员会委员、业主监事会监事、居民委员会代表应当在会议记录上签名。会议记录应当与出席业主名册、代理出席委托授权书一并保存，并且业主有权查阅业主大会会议记录。

第四节　业主大会的决议瑕疵及其救济

一、业主大会决议的性质

如前所述，业主大会决议是全体业主依据法定程序作为的决定。学界关于决议行为的性质存在不同的观点，主要有共同行为说、特殊法律行为说、契约说、多方法律行为说等，由于契约说与多方法律行为说要求各方意思表示均一致，与决议行为的内涵差异较大，不单独论述，主要对"共同行为说"和"特殊法律行为说"两种观点予以介绍。所谓共同行为说是指"由数个方向相同的意思表示达成一致而形成的共同法律行为"。① 该学说认为是否采用多数绝不是决议与共同法律行为的本质区别，只是二者组织意思形成的方式略有不同，决议的合意方向相同应当将其归入共同行为。大多数学者认为决议行为属于共同行为。② 所谓特殊法律行为说的特殊性是指"决议行为具有团体性（组织性）、程序性和内外部法律关系区分性"，也有观点认为特殊性在于其是"多数决议的意思表示吸收规则"。③ 该学说认为决议应当与单方法律行为、合同行为、多方法律行为并列，属于单独的一类法律行为。我国《民法典》没有共同行为的法律分类，立法者认为决议行为属于"特殊的民事法律行为"。④ 无论何种观点均承认决议行为属于民事法律行为，共同行为说与特殊法律行为说的解释路径不存在好坏之分，但结合我国立法现状，笔者认为，采纳"特殊民事法律行为"学说，更符合我国国情，且理论解释上也较为顺畅。业主大会决议的性质与管理规约的性质具有一致性，依据《民法典》第278条第1款第2项的规定，管理规约也是业主大会决议的结果。

---

① ［日］山本敬三：《民法讲义 I·总则》，解亘译，北京大学出版社2012年版，第71页。

② 参见［日］近江幸治：《民法讲义 I·民法总则》，渠涛等译，北京大学出版社2015年版，第151页；参见韩长印：《共同法律行为理论的初步构建——以公司的设立为分析对象》，载《中国法学》2009年第3期；许中缘：《论意思表示瑕疵的共同法律行为——以社团决议撤销为研究视角》，载《中国法学》2013年第6期；王泽鉴：《民法总则》，北京大学出版社2009年版，第209页。需要说明的是，王泽鉴先生著述中，对"共同行为"的描述使用的是"合同行为"或"协同行为"，其著述中的"契约行为"与我们使用的"合同行为"内涵一致。

③ 参见王雷：《〈民法总则〉中决议行为法律制度的力量与弱点》，载《当代法学》2018年第5期；瞿灵敏：《民法典编纂中的决议：法律属性、类型归属与立法评析》，载《法学论坛》2017年第4期。

④ 参见李适时主编：《中华人民共和国民法总则释义》，法律出版社2017年版，第420页。

二、业主大会决议瑕疵的认定

业主大会决议瑕疵的类型。业主大会决议属于民事法律行为,自然受到民事法律行为瑕疵类型的约束。依据《民法典》第134条第2款规定,决议行为仅限于法人或非法人组织的内部事项,决议应当依照法律或章程规定的议事方式或表决程序作出。由此,依据民事法律行为的成立、生效规定,可以将业主大会决议分为成立瑕疵和效力瑕疵,进言之,理论上可以分为不成立、无效、可撤销、效力待定四种业主大会决议瑕疵情形。有鉴于业主大会决议是依据法律或章程规定的议事方式或表决程序作出的,换言之,业主大会决议应当依据特定的程序才能作出,若违反特定程序的,可概括为"程序瑕疵",需要说明的是,管理规约是业主组织的章程;业主大会决议作为业主组织的民事法律行为,当然不得违反业主组织自治的章程(管理规约),也不得违反法律、法规的强制性规定,若业主大会决议的内容违反,可概括为"内容瑕疵"。故而,业主大会决议瑕疵的类型为成立与效力瑕疵和内容与程序瑕疵。

业主大会决议为组织法上的行为,涉及组织体的稳定性和公信力,相较于合同等民事法律行为来说,应当尽量维护其效力。学界关于决议行为效力瑕疵的认定有"二分法"和"三分法"两种观点,所谓"二分法"是指将决议行为效力瑕疵分为无效和可撤销两种;所谓"三分法"是指将决议行为效力瑕疵分为不成立、无效和可撤销三种。事实上,《最高人民法院关于适用〈中华人民共和国公司法〉若干问题的规定(四)》第5条已经认可了"三分法",《民法典》第134条第2款关于决议成立的规定对其进一步确认。"三分法"遵循了"先事实判断,后价值判断"的逻辑顺序，符合客观现实。① 需要注意的是，如前所述，理论上，依据《民法典》关于法律行为效力的规定可知，民事法律行为的效力瑕疵分为无效、可撤销、效力待定三种情形，其中的效力待定仅涉及限制民事行为能力人和无权代理行为的效力，与组织体内部多人多个意思表示构成的决议含义相差巨大。另需说明的是，此所谓的"三分法"对组织是内部效力，而非外部效力。其外部效力应当借鉴《最高人民法院关于适用〈中华人民共和国公司法〉若干问题的规定（四）》第6条和《民法典》第85条的规定，对善意相对人来说，无效、可撤销的决议不影响已形成的民事法律关系。② 故而，业主大会决议瑕疵可分为不成立、无效和可撤销三种情形，下面分别论述。

业主大会决议不成立。所谓业主大会决议不成立是指该决议欠缺成立的构成要件。借鉴公司股东大会决议成立的要件，有以下三个要件：一是须有召开会议的事实。依据《罗伯特议事规则》的基本原理，"程序优先于实体"。③ 业主大会决议成立必须以召开业主大会会议为前提条件。二是具备会议召集程序。具有召集权的人召集，向全体业主及居民委员会发出通知和公告，通知和公告的内容包括时间、地点、事项三项基本内容。三是具备决议程序。即会议通知事项经过表决，符合出席会议业主法定面积

---

① 参见冯兆蕙、李霞：《〈民法总则〉第134条第2款"决议行为"之探析》，载《河北法学》2019年第1期；徐银波：《〈民法总则〉决议行为规则之解释适用》，载《私法研究》2017年第2期。

② 需要说明的是，《最高人民法院关于适用〈中华人民共和国公司法〉若干问题的规定（四）》（法释〔2017〕16号）第6条和《民法典》第85条均未涉及不成立的决议的外部效力如何，仍需进一步解释。有观点认为，依据善意、恶意来认定外部效力损害了公司、股东、债权人的利益，不具有妥当性。有鉴于该部分不是本书的重点内容，不做过多论述。详见李建伟：《公司决议的外部效力研究——〈民法典〉第85条法教义学分析》，载《法学评论》2020年第4期。

③ 参见季卫东：《决策的程序和语法》，载［美］亨利·马丁·罗伯特：《罗伯特议事规则》（第十版），袁天鹏、孙涤译，格致出版社、上海人民出版社2008年版，第2~3页。

数和人数比例,表决事项通过其法定的比率要求,形成会议记录予以保存。满足上述三个要件,业主大会的决议成立,构成业主组织的民事法律行为。业主大会决议不成立的情形包括未召开会议伪造决议,无召集权人召集会议作出的决议,未达到出席人数或面积比例,未达到通过事项所要求的比率等。①

业主大会决议无效。基于民法的私法自治原理,无效民事法律行为所欠缺的是有关社会公益的要件。②依据《民法典》第143条和第153条的规定,业主大会决议无效涉及的是内容违法,具体来说,业主大会决议违反了法律、行政法规的强制性规定,或违背了公序良俗,进而导致无效。但是违反法律、行政法规的强制性规定不直接导致无效的除外,换言之,违反效力性强制规定的无效,违反非效力性(管理性)强制规定的一般认为有效。③毋庸讳言,效力性强制规定与管理性强制规定的区别难度较大,随着案例的增加应当及时总结,予以类型化列举。

业主大会决议可撤销。基于民法私法自治原理,可撤销民事法律行为仅关系当事人之间的利益。④依据《民法典》第280条第2款的规定,对业主大会的决定侵害业主合法权益的,其可以向人民法院主张撤销。决议撤销之诉不仅是民事诉讼法上的形成之诉,而且还是组织法上的形成之诉。有效的业主大会决议需要遵守法定的决议程序,程序的正当性涉及每位业主的切身利益。《罗伯特议事规则》始终贯穿着多数人、少数人以及

---

① 参见李建伟:《公司法学》(第四版),中国人民大学出版社2018年版,第307~308页。
② 参见梁慧星:《民法总论》(第五版),法律出版社2017年版,第201页。
③ 参见朱庆育:《民法总论》(第二版),北京大学出版社2016年版,第294~300页;陈甦:《民法总则评注(下册)》,法律出版社2017年版,第1092~1097页;李适时主编:《中华人民共和国民法总则释义》,法律出版社2017年版,第479~482页。
④ 参见梁慧星:《民法总论》(第五版),法律出版社2017年版,第201页。

缺席者的三者的权利。① 业主大会决议同样需要维护上述三者的权利，尊重程序正义和程序的独立价值，是平衡三者权益的有效手段。2007年的《建筑物区分所有权纠纷解释》第12条明确规定，违反法定程序作出的业主大会决定，被认为是侵害了业主个人的合法权益。② 具体而言，程序瑕疵是指业主大会召集程序和决议方式违反法律、行政法规、管理规约关于程序的规定。内容违法主要是指业主大会决议侵害了业主的实体性权益，例如，业主大会决议将特定业主的绿地作为全体业主共有的停车位。对于业主大会决议是否违法有争议时，可提起确认之诉。

管理规约是业主大会决议的结果，若业主大会决议的内容违反了管理规约的规定，如何认定业主大会决议的效力，值得探究。如前所述，管理规约的记载事项分为绝对必要记载事项、必要记载事项、相对必要记载事项和任意记载事项。若违反绝对必要记载事项的应当认定为无效；若违反必要记载事项的一般不直接认定为无效，根据具体情形判断；若违反相对必要记载事项和任意记载事项的，涉及的是私人之间的关系，属于撤销的事由，不应当认定为无效。同时，撤销权属于形成权，受一年除斥期间的限制。需要注意的是，《物业管理条例》第19条第2款规定了"行政撤销权"，即区、县政府主管部门、街道办事处及乡、镇人民政府对违反法律、法规的，业主大会决定应当责令限期改正或撤销其决定。上述行政机关有监督、指导、协助业主组织的职能，其行使撤销权具有正当性基础，但该

---

① 参见季卫东：《决策的程序和语法》，载［美］亨利·马丁·罗伯特：《罗伯特议事规则》（第十版），袁天鹏、孙涤译，格致出版社、上海人民出版社2008年版，第2页。

② 参见杜万华、辛正郁、杨永清：《最高人民法院〈关于审理建筑物区分所有权纠纷案件具体应用法律若干问题的解释〉〈关于审理物业服务纠纷案件具体应用法律若干问题的解释〉的理解与适用》，载《法律适用》2009年第7期。

行政机关行政行为不属于法定终局行政行为，具有可诉性。[①] 当事人若不服行政机关的撤销行为，可以通过行政诉讼救济。

三、业主大会决议瑕疵的救济

业主大会决议属于组织法上民事法律行为，需要通过法定程序形成决议，履行法定程序成本较大，若无论何种瑕疵均属不成立、无效或可撤销，会对相关法律关系的安定性和组织的公信力等造成难以弥合的损伤，也不利于维护业主的合法权益，由此，应当尽力促使业主大会决议产生效力。业主大会决议不成立属于程序严重瑕疵，无法通过治愈程序转换；业主大会决议无效属于侵害社会公共利益或违背公序良俗的行为，从决议内容本身否认了其转换的可能性。如前所述，业主大会决议可撤销不仅包括侵害个人利益的行为，还包括程序性瑕疵的内容。由此，业主大会决议瑕疵可以救济的是仅限于业主大会决议可撤销的内容。

业主大会决议瑕疵可以经治愈的情形，从程序瑕疵和内容瑕疵两个方面分析。程序瑕疵，借鉴《最高人民法院关于适用〈中华人民共和国公司法〉若干问题的规定（四）》第4条的规定，对于"会议召集程序或者表决方式仅有轻微瑕疵，且对决议未产生实质影响的，"不予以撤销。对该规定的理解可以分为两个层次，一是仅限于"轻微瑕疵"的范围，二是所谓的"轻微瑕疵"，关键的判断标准是"对决议的结果，不产生实质性影响"。例如，程序瑕疵中，未提前15天通知，但业主都准时参与了业主大会会议。内容瑕疵中，业主大会决议内容侵害了业主个人的合法权益，若个人在一年的除斥期间内未向人民法院主张行使撤销权，则该瑕疵自动治愈。我国台湾地区学者黄健彰基于成本效益与相关当事人的利益衡量分析

---

① 参见《最高人民法院关于适用〈中华人民共和国行政诉讼法〉的解释》（法释〔2018〕1号）第1条。

认为，非属重大瑕疵且对决议无实质影响业主大会决议不得撤销。①

业主大会未通知居民委员会参加，业主大会决议的效力如何，值得探究。《物业管理条例》第14条第2款明确规定，"住宅小区的业主大会会议，应当同时告知相关的居民委员会"，依据业主组织公私二重属性的特征和《民法典》第277条第2款的规定，居民委员会具有指导、协助业主大会的职责，由此，居民委员会参与业主大会会议具有正当性基础。但是，笔者认为，业主大会会议未告知居民委员会但通过了正当程序得出的决议结果，不应当被撤销，也不应当被认定为无效。首先，业主组织具有"自治性"的特性，甚至有观点认为"自治性"是其核心特性，理论上来看，其有权自我管理；其次，居民委员会参与业主大会的根本目的在于"协助"，而非管控，若业主大会在没有居民委员会的情形下，仍然可以正常开展活动，实际上，居民委员会已经丧失了参与的正当性；再次，若业主大会决议符合多数人的意思，又兼顾了少数人和未出席人的利益，居民委员会或政府有关机关仍然主张业主大会决议无效或撤销，涉嫌过度参与业主组织的治理；复次，依据《民法典》第153条关于民事法律行为效力的规定，业主大会未通知居民委员会而形成的决议不属于违反法律效力性强制规定，属于违反非效力性（管理性）强制规定，一般应当认定为有效；最后，居民委员会或政府有关机关参与业主组织的目的均是维护业主的合法权益，构建安定和谐的住宅小区，若业主大会决议不违反，甚至有助于实现这一目的，应当尽力使其有效。

---

① 参见黄健彰：《区分所有权人会议决议程序瑕疵之效力》，载我国台湾地区《政大法律评论》2017年第150期。

本章小结

《民法典》编纂过程中回应了业主大会"成立难""决议难"等部分难题,但对于业主大会的法律地位、基本程序以及决议瑕疵的救济等方面的问题未有足够的回应,有必要在基础理论的指引下借鉴域外法和公司法的经验,再结合我国客观现实对业主大会制度作较为全面的厘清、明定,探讨应然的业主大会制度。业主与业主组织在人格上相互独立。业主作为业主组织的一员,应当享有作为业主的权利,承担作为业主的义务。业主资格与业主作为自然人的人格是分离的。作为自然人,业主具有独立的人格,能够在私法自治的范围内从事民事法律行为,并由其自身承担相应的后果。作为组织的成员,单独的业主不得以业主组织的名义对外发生法律关系,只能通过业主大会来表达个人的意思。业主资格本身就是权利和义务的综合体,业主须让渡部分权利形成业主组织的权力,使得业主组织能够履行对外的职责。业主大会应当仅作为组织体的决策机构,而不应当作为组织体本身。业主大会是业主组织的意思机构、最高决策机构、必设机构、非常设机构。业主大会是业主实现业主权利的平台。业主受业主大会决议的约束,但对侵害自己合法权益的业主大会决议,业主又可以向人民法院申请撤销,业主与业主大会之间相互制约。

业主组织人格的独立性体现在意思机构(业主大会)上,业主组织应当有自己的意思形成程序。如何将不同的业主个人意志汇集成组织的意志,是业主大会必须解决的问题。业主大会是以会议形式存在的业主组织权力机构,须通过召开会议来行使职权。业主大会基本程序主要体现在业主大会召集、业主表决权的行使和业主大会决议三个方面。《罗伯特议事规则》具有较高的认知度,制定业主大会议事规则过程中可以借鉴,不仅包含多数人的权利，还应当保护少数人及未出席人员的权利，坚持"程序正当性原则"。现代公司的股东大会与业主大会均具有公私二重属性，股东大会的基本程序对业主大会同样具有借鉴意义。业主大会决议性质上属于民事法律行为，其应当受民事法律行为效力类型的约束。有鉴于不成立、无效属于严重违反程序或违反法律、行政法规强制性规定，抑或违反公序良俗的行为，不存在瑕疵救济的空间。可撤销行为属于侵害个人合法权益的行为，个人若在法定期限内未主张则瑕疵自动治愈。未对业主个人权益造成实质性损害的"轻微瑕疵"，应当承认其具有可治愈性。另外，不应因为居民委员会未参加业主大会，而主张业主大会决议不成立、无效或可撤销。业主大会是业主个体意思汇聚成业主组织意思的平台，业主大会决议是汇集成业主组织意思的业主个体意思的结果，其召开、决议不易，应尽量使决议有效，更符合多数人的利益。

第五章 业主组织治理结构的执行机构
——业主委员会

第一节 《民法典》有关业主委员会规定的评析

一、《民法典》对业主委员会的规定

我国《民法典》关于业主委员会的规定与业主大会相同主要在物权编的第六章业主的建筑物区分所有权部分，下面分别论述。

（一）业主委员会的设立

《民法典》第 277 条对业主委员会的设立作了规定。依据该条第 1 款第 1 句可知，业主设立了业主大会，可以选举业主委员会，也可以不选举业主委员会。换言之，业主大会是业主组织的必备机构，而业主委员会是选设机构，是否设立由业主依据本小区的具体情况来决定。若建筑区划内业主人数较少，可以选择只设业主大会，不设业主委员会；若建筑区划内业主人数较多，可以选择既设业主大会，又设业主委员会，一般来说，后者属于常见情形。依据该条第 1 款第 2 句可知，业主委员会设立的具体条件和程序，可以依据其他法律、法规的规定。实践中，全国各地住宅小区的业主大会、业主委员会设立比例不高，存在业主委员会设立难的问题，

有观点认为《民法典》应当对业主大会、业主委员会设立的具体条件和程序作出规定，但考虑到我国地域较大，各地风土人情以及各种类型的住宅小区差异也较大，不宜作出统一规定，各地方可以根据各地实际情况作出规定。此处的法规既包括行政法规也包括各地方法规。[①] 事实上，行政法规以及一些地方性法规已经对业主委员会的设立作出了规定。例如《物业管理条例》第 9 条第 1 款规定："一个物业管理区域成立一个业主大会。"《北京市物业管理条例》第 30 条规定："一个物业管理区域内，已交付业主的专有部分达到建筑物总面积百分之五十以上的，百分之五以上的业主、专有部分占建筑物总面积百分之五以上的……可以……提出成立业主大会的申请。"与设立业主大会相同，地方人民政府有关部门、居民委员会应当对设立业主委员会给予指导和协助。需要注意的是，关于业主大会和业主委员会选举中的纠纷不属于人民法院民事案件受理的范围，业主不享有诉权，可依据《物业管理条例》第 19 条第 2 款[②]的规定，向行政主管部门申请解决。例如，主张撤销成立业主委员会决议的案件。[③]

（二）业主委员会成员的选举与更换

《民法典》第 278 条第 1 款第 3 项的规定是关于业主共同决定业主委员会成员选举与更换的规定。业主委员会是执行机构、代表机构，执行业主大会的决定，并依据法律和管理规约的规定，以及业主大会的决议对建筑区划内的一般性日常事务作出决定，对外代表全体业主。业主通过业主

[①] 参见黄薇主编：《中华人民共和国民法典物权编释义》，法律出版社 2020 年版，第 150~155 页；最高人民法院民法典贯彻实施工作领导小组主编：《中华人民共和国民法典物权编理解与适用（上）》，人民法院出版社 2020 年版，第 371~374 页。

[②] 《物业管理条例》第 19 条第 2 款的规定："业主大会、业主委员会作出的决定违反法律、法规的，物业所在地的区、县人民政府房地产行政主管部门或者街道办事处、乡镇人民政府，应当责令限期改正或者撤销其决定，并通告全体业主。"

[③] 参见最高人民法院民法典贯彻实施工作领导小组主编：《中华人民共和国民法典物权编理解与适用（上）》，人民法院出版社 2020 年版，第 375 页。

大会选举能够代表和维护自己合法权益的业主委员会委员，组成业主委员会。业主委员会及其成员履行职责的行为直接关系全体业主的切身利益，业主委员会及其成员应当受到业主大会的监督。业主可以通过业主大会对责任心不强，违反管理规约，违法犯罪的委员予以更换。选举后更换业主委员会委员属于有关共有和共同管理权利的重大事项，应当由业主大会决定。①

(三) 业主委员会决定的效力

《民法典》第280条规定，业主委员会的决定对业主具有法律约束力，对侵害业主合法权益的决定，受侵害的业主可以向人民法院请求予以撤销。业主委员会的决定应当依据法定程序作出，应当符合法律、法规的强制性规定，不得违反公序良俗，也不得侵害业主的合法权益。若违反法律、法规的规定，区、县人民政府主管部门或街道办事处、乡、镇人民政府应当责令其限期改正或撤销其决定，并通告全体业主。若侵害了业主个人合法权益，受害人可以行使撤销权。需要注意的是，依据《建筑物区分所有权纠纷解释》第12条的规定，若业主委员会违反法定程序作出决定，业主也可主张撤销。撤销权属于形成权，受一年除斥期间的约束。② 若业主大会或业主委员会的决议被撤销，则与其他民事主体实施的民事法律行为也归于无效，这涉及第三人权益保护的问题。对第三人应当区分善意或恶意，若是善意应当赔偿其信赖利益的损失，若是恶意则无须赔偿。③

---

① 参见崔建远：《中国民法典释评物权编（上卷）》，中国人民大学出版社2020年版，第392页；黄薇主编：《中华人民共和国民法典物权编释义》，法律出版社2020年版，第158页。

② 参见崔建远：《中国民法典释评物权编（上卷）》，中国人民大学出版社2020年版，第398~400页；黄薇主编：《中华人民共和国民法典物权编释义》，法律出版社2020年版，第172~175页。

③ 参见最高人民法院民法典贯彻实施工作领导小组主编：《中华人民共和国民法典物权编理解与适用（上）》，人民法院出版社2020年版，第391页。

（四）业主委员会的法定授权

《民法典》第281条第2款和第286条第2款、第3款的规定是对业主委员会的特别授权，只是有的住宅小区只有业主大会，没有业主委员会，加上业主大会更为周延。《民法典》第281条第2款相较于《物权法》第79条属于新增内容，实践中建筑物及其附属设施的维修资金使用问题非常突出，具体表现为老旧小区"收取难"；签字表决形成多数人意见难；维修资金使用范围难以界定；提取使用程序烦琐，管理机构抽查核对周期长；物业或业主委员会浪费、挪用甚至侵吞等监管难；保值增值难。为缓解上述难题，一些地方性法规对紧急情况下维修资金的使用作了特别规定，例如《江苏省物业管理条例》第76条列举了危及房屋安全的几种紧急情况，不形成多数人意见也可使用维修资金。《安徽省物业管理条例》第89条、《河南省物业管理条例》第70条、《海南经济特区物业管理条例》第55条等都作了类似的规定。经研究决定，增加该条第2款规定，在紧急情况下，业主大会或业主委员会可以依法申请使用维修资金。业主大会或业主委员会在何种紧急情况下，依据何种法定程序申请，由法律、行政法规、部门规章或地方性法规等规定。①

《民法典》第286条第2款、第3款规定了业主委员会有权制止损害他人合法权益的行为，并追究行为人的法律责任，对拒不履行相关义务的行为人，业主委员会还可以向行政主管部门报告或投诉。对损害他人合法权益行为的外延，本条款采用了列举加概括的立法技术，事实上，处于下位阶的行政法规、部门规章以及地方性法规也有相应的规定。对侵害他人合法权益的行为，业主委员会可以依据法律、法规以及管理规约要求行为人承担相应的民事责任，此处的民事责任类型与《民法典》第179条的规

---

① 参见黄薇主编：《中华人民共和国民法典物权编释义》，法律出版社2020年版，第178~181页。

定相一致。第 286 条第 3 款中规定的当事人的范围包括业主委员会,有鉴于业主委员会不具有强制执行的权力,行为人可能对业主委员会要求其承担民事责任的主张不予理睬,此时,业主委员会可以向行政主管部门报告或投诉,由行政主管部门依法处理。①

二、对《民法典》有关业主委员会规定的探讨

《民法典》相较于《物权法》关于业主委员会规定的变动主要体现在以下三个方面:一是为了缓解业主委员会成立难的问题,《民法典》第 277 条增加居民委员会作为选举业主委员会的指导和协助单位;二是为了缓解公共维修资金使用难的问题,《民法典》第 281 条第 2 款增加了紧急情况下业主委员会可以依法申请使用公共维修资金的规定;三是为了快速制止住宅小区内的违法行为,也为了缓解理论界争议的能够授予业主委员会诉讼权利的问题,《民法典》第 286 条第 3 款增加对行为人拒不履行义务的有关当事人可以向有关行政主管部门报告或投诉的规定。上述规定虽然对业主委员会的成立与发挥职能有帮助,但仍然对诸多问题未回应。

首先,业主委员会的法律地位理论与实践的缺乏协调性。理论上业主委员会属于组织体的执行机构,不可能成为民事主体,当然也不具备诉讼主体资格。但是现实生活中业主委员会有自己的公章,可以对外以自己的名义行使组织体的各项职能;在司法实践中,人民法院普遍承认业主委员会具有诉讼主体资格,尤其是在作为被告时,无须业主大会的授权。其次,《民法典》关于业主委员会的职权与议事程序既无具体规定,也无指引性规定。业主委员会是业主组织的常设机构,其职权的内容与界限与业主合法权益的保障息息相关,应当予以必要的回应。业主委员会决议的形

---

① 参见黄薇主编:《中华人民共和国民法典物权编释义》,法律出版社 2020 年版,第 200~205 页;崔建远:《中国民法典释评物权编(上卷)》,中国人民大学出版社 2020 年版,第 411~413 页。

成不是个人的决定,而是业主委员会成员行使表决权的结果,业主委员会决议也必须依据一定的程序才能作出,法律、法规应当对其作出必要的规定。再次,《民法典》第280条同样只规定了业主委员会决议可撤销的情形,对不成立、无效的情形缺乏必要的关注,与现行民事法律行为效力类型的规定不相符。另外,对是否存在可救济的业主委员会决议瑕疵也缺乏规定。最后,业主委员会由其成员及负责人组成,业主委员会成员与负责人应当具备何种资格,其权利和义务如何均无相应的规定。值得欣慰的是,《民法典》第277条第1款第2句规定了业主委员会成立的具体条件和程序,依据法律、法规的规定,该条款属于指引性法律规范,① 换言之,行政法规及地方性法规可以对业主委员会作出详细的规定。事实上,行政法规与各地方性法规对业主委员会已有规定,但其内容不完全一致,因此,有必要基于《民法典》关于业主委员会的现行规定,从法教义学视角,在借鉴域外法的基础上,结合我国的立法、司法以及实践的经验,进一步探讨应然的业主委员会制度。

第二节 业主委员会与业主大会之间的关联考量

一、业主委员会的性质

业主委员会是物业服务区域内的全体业主通过业主大会依据法定程序选举产生的执行机构。我国业主委员会的成员一般由5至11名单数委员组

---

① 参见黄茂荣:《法学方法与现代民法》(第五版),法律出版社2007年版,第172~192页;黄薇主编:《中华人民共和国民法典物权编释义》,法律出版社2020年版,第152~153页。

成,每人任期5年,可以连选连任,其中包括主任、副主任各一名。① 目前,理论界与实务界关于业主委员会性质的观点分歧较大,主要有以下三种:一是业主委员会为民事主体之非法人组织;② 二是回避实体法上民事主体的问题,仅认可业主委员会可以作为程序法上的诉讼主体资格;③ 三是业主委员会为业主组织(业主团体)的执行机构,既不能作为实体法的民事主体,也不具备程序法上的诉讼主体资格。④ 笔者赞同第三种观点,即仅认可业主委员会为业主组织(业主团体)的执行机构。

(一)业主委员会不具备民事主体的资格

民事主体,又称民事法律关系主体、民事权利义务主体、民事权利主体,是指"参加民事法律关系而享有民事权利承担民事义务的法律资格。"⑤ 依据《民法典》关于民事主体类型的规定可知,民法上的民事主体类型为自然人、法人和非法人组织。依据《民法典》第58条和第103条的规定可知,法人和非法人组织的设立均须依照法律规定,换言之,是

---

① 参见《业主大会和业主委员会指导规则》(建房〔2009〕274号)第31条、第32条。

② 参见张鸣起主编:《民法总则专题讲义》,法律出版社2018年版,第302页,该部分由郭明瑞教授执笔;刘兴桂、刘文清:《物业服务合同主体研究》,载《法商研究》2004年第4期。

③ 需要说明的是,司法实践中,人民法院普遍承认业主委员会的诉讼主体资格。参见梁慧星、陈华彬:《物权法》(第七版),法律出版社2020年版,第209页。

④ 参见刘保玉、孙超:《论业主委员会的法律地位——从实体法与程序法的双重视角》,载《政治与法律》2009年第2期;刘宇:《业主委员会法律地位之思考》,载《法学杂志》2009年第9期;郭升选:《论业主团体民事主体地位的重塑》,载《西北大学学报(哲学社会科学版)》2009年第3期。

⑤ 梁慧星:《民法总论》(第五版),法律出版社2017年版,第59页。

否构成民法上的民事主体由法律规定，不存在当事人自我设定的情形。①依据《民法典》第 57 条、第 58 条与第 60 条的规定可知，法人应当能够以自己的名义从事民事活动，具有独立的财产，能够独立承担民事责任。另外，法人还应当具有独立的意志，法人的意志与其成员的意志相区分。换言之，法人应当具有以自己名义从事民事活动，具有独立意志，具有独立财产以及能够独立承担民事责任的特征。②首先，业主委员会作为业主组织的执行机构，属于组织体的内设机构，不应当以自己的名义对外从事民事活动。业主委员会虽然有自己的公章，但应当仅能对内发生效力。其次，业主委员会意思不完全独立，业主委员会属于执行机构，其应当执行业主大会的决定或法律的特别授权性规定，换言之，业主委员会行为的正当性基础源自业主大会的决定或法律的规定，而非其自身形成的意思。再次，业主委员会财产不独立，虽然住宅小区中公共部分可以产生一些收益，也可以向业主收取组织服务费用，但这些财产不归属于业主委员会，而归属于全体业主或业主组织。由此，事实上业主委员会没有独立的财产来源。最后，业主委员会责任不独立，无论理论上还是司法实践中均认为业主委员会是执行机构，由此，业主委员会败诉后存在执行业主大会名下

---

① 需要说明的是，对此处的民事主体资格的构成要件与前文中民事主体资格构成要件考虑的视角不同，核心区别在于前文不以现行《民法典》的规定为依据，纯粹从理论与价值上探讨民事主体应然的构成要件。而此处的民事主体构成要件以现行的《民法典》规定为前提，探讨具体的某一组织是否符合《民法典》上的民事主体构成要件。进言之，前文对民事主体的探讨涉及价值判断和事实判断，而此处的仅涉及事实判断，不涉及价值判断。

② 需要说明的是，由于受德国、日本民法理论的影响，学界将民事主体与法人经常混合使用，另外，对非法人团体、非法人组织的内涵与外延的理解不完全一致。参见王利明：《民法总则研究》（第二版），中国人民大学出版社 2012 年版，第 191~215 页。

财产的情形。① 故而，不能以自己名义对外从事民事活动，意思不独立，财产不独立，责任不独立的业主委员会不具备成为民事主体之法人的资格。

业主委员会不符合民事主体之非法人组织的构成要件。依据《民法典》第 102 条的规定，非法人组织能够依据自己的名义从事民事活动，非法人组织包括个人独资企业、合伙企业以及专业服务机构。无论是法人还是非法人组织均要求其能够以自己的名义从事民事活动，其原因在于法人或非法人组织是一个独立的利益体，其从事民事活动是为了其自己的利益，而非为了另一个主体的利益。个人独资企业、合伙企业等其他非法人组织的成员均参与组织的经营活动，其既是所有者又是经营者，自然为自己的利益从事民事活动。而业主委员会从事民事活动则与非法人组织有根本区别，业主委员会从事民事活动是为了全体业主，而非为了业主委员会自身，业主委员会是全体业主的代理人（受托人）。

（二）业主委员会不应当作为民事诉讼主体

司法实践中，人民法院普遍承认业主委员会可以作为民事诉讼主体以自己的名义参与诉讼活动。如前所述，最高人民法院关于对业主委员会能否作为民事主体的复函以及司法典型案例均认可业主委员会具有民事诉讼主体资格。② 民事诉讼理论上与实务上也均认为民事诉讼主体并不必然与

---

① 参见上海联琼物业管理有限责任公司与上海市杨浦区大桥 86 街坊崇业业主委员会、业主大会执行纠纷一案，上海市第二中级人民法院（2017）沪 02 执异 123 号执行裁定书。

② 参见《最高人民法院关于金湖新村业主委员会是否具备民事诉讼主体资格请示一案的复函》（〔2002〕民立他字第 46 号）；《最高人民法院关于春雨花园业主委员会是否具有民事诉讼主体资格的复函》（〔2005〕民立他字第 8 号）；徐州西苑艺君花园（一期）业主委员会诉徐州中川房地产开发有限公司物业管理用房所有权确认纠纷一案，载《最高人民法院公报》2014 年第 6 期。

实体法上的民事权利主体相一致，民事诉讼主体有其独立的特性。但问题在于，业主委员会不具有独立的财产，败诉后难以执行，若执行业主大会的财产则存在诉讼主体与被执行主体不一致的情形，难免产生纠纷。北京市通州区在水一方小区的业主委员会与业主大会执行纠纷系列案件最为典型。① 另外，民事诉讼过程中民事诉讼主体与实体法上的民事权利主体不一致的情形，仅限于非法人组织作为民事诉讼主体时，如前所述，业主委员会作为业主组织的内设机构，与非法人组织的内涵与外延不相符，其不属于非法人组织。故而，业主委员会通过回避实体法的定性仅认可民事诉讼主体的路径不适当。

依据《民法典》第 277 条的规定，业主委员会是经业主大会选举而设立的执行机构。理论界、立法者、司法机关普遍认为业主委员会为业主大会的执行机构。② 如前文所述，本书建议将业主大会的双重属性分离，提出业主组织的概念作为组织体，业主大会回归意思机构的本位，故而，业主委员会应当仅为业主组织的执行机构，又称意思表达机构。

二、业主委员会与业主大会之间的关系

（一）关于业主委员会与业主大会之间关系的观点

《民法典》第 277 条规定：" 业主可以设立业主大会，选举业主委员

---

① 参见北京市通州区人民法院（2015）年通执异字第 06178 号，（2015）年通执异字第 06179 号，（2015）通执异字第 7145 号，（2017）京 0112 执异 68 号，（2018）京 0112 执异 316 号执行裁定书；北京市第三中级人民法院（2017）京 03 执复 104 号，（2018）京 03 执复 311 号执行裁定书；北京市高级人民法院（2019）京执监 45 号执行裁定书。

② 参见梁慧星、陈华彬：《物权法》（第七版），法律出版社 2020 年版，第 208 页；王利明：《物权法研究（上卷）》（第三版），中国人民大学出版社 2013 年版，第 633 页；崔建远：《中国民法典释评物权编（上卷）》，中国人民大学出版社 2020 年版，第 386 页；尹田：《物权法》（第二版），北京大学出版社 2017 年版，第 359 页；黄薇主编：《中华人民共和国民法典物权编释义》，法律出版社 2020 年版，第 151 页。

会。"并未明确表示业主大会与业主委员会之间的关系,但立法者解释业主委员会为业主大会的执行机构。①《物业管理条例》第 15 条规定:"业主委员会执行业主大会的决定事项。"该条可以解释为业主委员会为业主大会的执行机构。《业主大会和业主委员会指导规则》第 3 条规定:"业主委员会由业主大会依法选举产生,履行业主大会赋予的职责,执行业主大会决定的事项,接受业主的监督。"该条也可以印证业主委员会是业主大会的执行机构。如前所述,学界通说以及司法实践中也普遍认可该解释路径。

还存在另外一种解释路径,即业主委员会是业主组织的意思表达机构,业主大会是业主组织的意思机构,业主委员会、业主大会均是业主组织(业主团体)的内部机构,笔者赞同该种解释路径。业主委员会与业主大会之间的关系类似于现代公司的董事会与股东大会之间的关系。依据《公司法》第 98 条规定:"股份有限公司股东大会由全体股东组成,股东大会是公司的权力机构,依照本法行使职权。"《公司法》第 37 条第 1 款第 2 项、第 3 项规定:"股东会行使下列职权……(二)选举和更换非由职工代表担任的董事监事,决定有关董事、监事的报酬事项。(三)审议批准董事会的报告……"第 46 条规定:"董事会对股东会负责。"另外,首次股东大会会议、股东大会定期会议与临时会议、股东大会的职权、董事会的职权等等内容与《物业管理条例》和《业主大会和业主委员会指导规则》规定的业主大会和业主委员会的内容高度相似。而且业主组织与公司均具有公私二重属性的特征,业主委员会与董事会,业主大会与股东大会,管理规约与公司章程的目的与功能也高度相似。因此,借鉴《公司法》关于股东大会与董事会的规定来解释业主委员会与业主大会之间的关系,更为妥当。

---

① 参见黄薇主编:《中华人民共和国民法典物权编释义》,法律出版社 2020 年版,第 151 页。

（二）业主委员会与业主大会之间的授权关系

依据《物业管理条例》《业主大会和业主委员会指导规则》以及各地方性物业管理条例和业主大会议事规则的规定可知，业主委员会是经业主大会依据法定程序选举产生，具有对外代表机构、常设机构、执行机构的特性。业主委员会的行为可以产生对外效力，业主委员会主任或副主任可以担任代表。除人数非常少的住宅小区外，住宅小区设立业主大会的同时也选举业主委员会，业主委员会在业主组织设立的过程中产生，伴随业主组织存续始终，业主委员会委员可以更换，但业主委员会一直存在。业主委员会的常设性主要体现在委员任期固定，处理的事项多为日常性一般事项，会议召开的频率远远高于业主大会。业主委员会执行业主大会的决议，负责日常组织活动。依据《物业管理条例》第10条的规定，业主委员会的职责由业主大会决定。为了提供组织运作效率，应对住宅小区中日常复杂的事务，业主大会对业主委员会赋权具有必然性。需要说明的是，业主大会对业主委员会授权除了对特定事项进行决议，还包括通过制定和修改管理规约的方式。另外，有鉴于业主组织具有公私二重属性，除了业主大会对业主委员会赋权，法律、法规、规章也对业主委员会进行特别授权。因此，业主委员会从事民事活动的依据包括法律、法规、规章，业主大会决议和管理规约三类。

（三）业主委员会与业主大会之间的制衡关系

关于业主委员会与业主大会之间的制衡关系有两种解释路向：一是认为业主大会属于"最高决策机构"，业主大会是业主委员会、业主监事会的上级机构，所谓的分权制衡是指业主委员会与业主监事会；二是认为业主大会、业主委员会、业主监事会分别属于权力机构、执行机构和监督机构，各自担负着法律与管理规约赋予的不同职权，即使存在业主委员会、业主监事会向业主大会汇报工作，申请批准的情形，也是在分权制衡机制下的制度安排，不是官僚层级结构中的上下级关系。① 两种解释均有一定的道理，但笔者更倾向认可第一种解释。首先，业主大会由全体业主组成，其天然地享有业主组织所有的权力，其授权业主委员会部分权力的原因在于提高效率，而非让其反向制约自身的权力。其次，仅设业主大会，不设业主委员会的业主组织，无法通过第二种解释路径。即使在公司法领域也有一人公司或股东人数较少的公司，不设董事会的情形，也无从谈及分权制约的问题。再次，无论公司还是业主组织至少从立法层面应当坚持"业主大会中心主义"或"股东大会中心主义"，保护组织所有权人，保护少数业主、少数股东的利益是组织法应当坚守的底线。最后，西方国家内部权力机构地位平等、相互制衡的关系与现代公司和业主组织的内部权力结构理念并不完全一致。另外，各公司法学教材也普遍认为股东大会是公司的最高决策机构。② 由此，笔者赞同业主大会为最高决策机构的观点，进而认为业主大会对业主委员会有制衡关系，但二者不是相互制衡的关系。

业主大会对业主委员会制衡体现在以下三个方面：一是业主委员会职权的内容除法律特别规定外，由业主大会赋予。二是业主委员会议事规则由业主大会制定或修改。需要说明的是，依据《民法典》第278条第1款第1项、《物业管理条例》第11条第1项和《业主大会和业主委员会指导规则》第19条以及各地方的业主大会议事规则示范文本可知，业主委员

---

① 参见李建伟：《公司法学》（第四版），中国人民大学出版社2018年版，第282页。
② 参见范健、王建文：《公司法》（第五版），法律出版社2018年版，第330页；施天涛：《公司法论》（第三版），法律出版社2014年版，第297页；郑云瑞：《公司法学》（第二版），北京大学出版社2019年版，第432页；朱慈蕴：《公司法原理》，清华大学出版社2011年版，第262页；王欣：《公司法》（第二版），中国人民大学出版社2012年版，第104页；石少侠：《公司法学》（第三版），中国政法大学出版社2012年版，第158页；李东方：《公司法学》，中国政法大学出版社2012年版，第322页。

会议事规则规定在业主大会议事规则中,业主大会议事规则由业主大会制定和修改。另外,如前所述,业主大会议事规则和业主委员会议事规则性质上与管理规约相同,是否统一规定,只是传统习惯不同而已。三是业主委员会委员通过业主大会选举或更换,业主委员会负责向业主大会报告工作。

综上所述,业主大会是业主组织的意思机构,业主委员会是业主组织的意思表达机构、执行机构,通过业主大会选举业主委员会,业主委员会对业主大会负责,二者类似于现代公司股东大会与董事会之间的关系。

第三节 业主委员会的职权和议事程序

一、业主委员会的职权

(一)域外国家或地区关于业主委员会(管理人)职权的规定

《日本建筑物区分所有权法》第一章第四节是关于管理人的规定,其中第 26 条、第 27 条和第 28 条是对管理人权限的规定。其可以概括为如下八个方面:一是对共用部分的管理,其中又包括共用部分的维持与改良两个方面;二是执行建筑物区分所有权人集会的决议以及管理规约规定的行为;三是利害关系人请求阅览管理规约时的提供行为;四是区分所有权人集会的会议召集;五是承担事务的报告义务;六是有关委托规定的适用;

七是有关管理所有和优先受偿权的特殊规定；八是对外代表权。①《德国住宅所有权法》第三章是关于管理的规定，其中第26条至第29条是对管理人义务的规定。管理人的权限由该法及住宅所有权人大会的决议确定，主要可以概括为如下八个方面：一是作为住宅所有权人的受托人，执行住宅所有权人会议的决议，代表全体住宅所有权人，监督住宅规则的执行；二是对建筑物共用部分设施进行通常的保存和修缮；三是紧急情况下，对建筑物共有部分设施采取必要的措施；四是保存和管理经费；五是代表全体住宅所有权人履行必要的权利和义务行为；六是管理人应当将住宅所有权人的款项与自己的款项分别保存；七是管理人请求住宅所有权人出具授权书；八是作成与实行预算与年度决算。②

综上所述，管理人权限主要包括对内和对外两个方面，对内为管理人与建筑物区分所有权人（业主）之间的关系；对外管理人与第三人之间的关系。管理人对内的权限主要有以下八个方面：一是遵守管理规约的规定并执行建筑物区分所有权人会议（业主大会）的决议；二是对建筑物共用部分进行一般的保存和修缮；三是紧急情况下，对建筑物共用部分采取必要的维持和保存；四是以全体建筑物区分所有权人的名义行使权利承担义务；五是召集建筑物区分所有权人会议（业主大会）；六是管理规约、会计凭证、建筑物建设资料等保管并向利害关系人提供阅览；七是经费的保管与使用；八是其他应当由管理人管理的事项。管理人对外的权限主要是代表全体建筑物区分所有权人行使诉讼的权利。③另外，据观察，各国均

---

① 胡海信成「役員の選任等」丸山英気=折田泰宏『これからのマンションと法』（日本評論社，2008年）346~361頁；稲本洋之助=鎌野邦樹『コンメンタールマンション区分所有法〕』（日本評論社，2004年）143~161頁；水本浩=遠藤浩=丸山英気『基本法コンメンタール マンション法』（日本評論社，2006年）52~58頁。
② 参见《德国住宅所有权法》第26条至第29条之规定。
③ 参见陈华彬：《建筑物区分所有权法》，中国政法大学出版社2018年版，第313~314页。

倾向于采用列举加概括的立法模式，先明确列举管理人具体的权限，最后用其他事项概括规定。

（二）关于我国现行业主委员会职权规定的完善

如前所述，《民法典》第281条第2款和第286条第2款、第3款是关于业主委员会的特别授权，涉及如下三个方面：紧急情况下，建筑物及其附属设施维修资金的使用；制止损害他人合法权益的行为，并请求行为人承担民事责任；向有关行政主管部门报告或者投诉。依据《物业管理条例》第15条和《业主大会和业主委员会指导规则》第35条的规定可知，业主委员会的职权主要有以下九个方面：执行业主大会的决定和决议；召集业主大会会议，报告物业管理实施情况；与业主大会选聘的物业服务企业签订物业服务合同；及时了解业主、物业使用人的意见和建议，监督和协助物业服务企业履行物业服务合同；监督管理规约的实施；督促业主交纳物业服务费及其他相关费用；组织和监督专项维修资金的筹集和使用；调解业主之间因物业使用、维护和管理产生的纠纷；业主大会赋予的其他职责。

依据业主组织基础理论及业主委员会的法律地位，借鉴域外立法经验的基础上对我国现行业主委员会职权的规定分析，笔者的建议如下：首先，对我国采用列举加概括的立法模式应当予以肯定，但最后一条概括还应当加上法律、法规赋予的其他职责，来明确业主委员会职权来自法律、法规和业主大会的决定两个方面，另外，业主大会授权业主委员会权力除特别决议授权外，更为常见的做法是通过管理规约授权，将业主大会授予业主委员会的具体职权通过管理规约的形式公布出来，既有利于业主委员会行使权力，也有利于为第三人获知，由此，最后一条应当改为"法律、法规、管理规约赋予的其他职责"。其次，应当增加管理规约、会计账簿、会议记录、建筑物及其附属设施资料等文件的保管及向利害关系人提供查阅的内容。最后，管理规约类似于公司的章程，依据章程的基本原理可知，管理规约除了向业主委员会授权外，更为重要的是限制业主委员会的权力，防止业主委员会滥用权力或不作为，由此，由被监督者来监督文件的实施，不符合逻辑。如前所述，业主委员会不应当负责解释和监督管理规约的实施。因此，应当予以删除该项内容。

二、业主委员会的议事程序

业主委员会是业主组织的常设机构、执行机构、代表机构，其自身的治理采用的是"委员会制"而非"首长负责制"，业主委员会的决定与业主大会相同，均是通过会议的形式作出，不是某一个人的决定，由此，业主委员会应当建构合理的议事程序，既是为业主委员会决议合法性提供程序的支持，也是防止少部分人滥用权力，破坏业主委员会正常会议的方式。《民法典》与《物业管理条例》均无关于业主委员会议事程序的规定，《业主大会和业主委员会指导规则》以及各地方的物业管理条例与业主大会议事规则示范文本中有关于业主委员会议事程序的规定，但这些规定差异较大，因此，有必要在借鉴《罗伯特议事规则》与现代公司的董事会会议规则的基础上从理论上探讨应然的业主委员会议事程序。

（一）业主委员会会议的类型

依据业主委员会的法律地位和职权内容可知，业主委员会负责住宅小区的日常管理工作，在紧急情况下有权依法作出必要的行为。例如，依据《民法典》第281条第2款[①]的规定可知，住宅小区中的电梯停止运行，业主委员会可以依法申请使用公用维修资金。由此，业主委员会会议应当分为定期会议和临时会议。另外，借鉴现代公司关于董事会会议类型的规

[①] 《民法典》第281条第2款规定："紧急情况下需要维修建筑物及其附属设施的，业主大会或者业主委员会可以依法申请使用建筑物及其附属设施的维修资金。"

定,依据《公司法》第110条①的规定可知,董事会会议类型也分为定期会议和临时会议两种。

定期会议召开的频率应当根据住宅小区的具体情况来确定,法律、法规不应当作出统一规定,可以作出授权性规定,一般情况下每个月或每个季度应当召开一次会议。住宅小区的管理规约可以根据本小区的具体情况来确定,一般来说小区人数越多,业主委员会需要处理的事项就越多,业主委员会召开的频率应当越高。临时会议不定期召开,召开的依据主要有以下几种情形:一是法定或管理规约中规定的紧急情况出现需要业主委员会尽快作出决定;二是部分业主提议,根据住宅小区的大小不同可以在10人至30人之间规定提议人数;三是三分之一以上的业主委员会委员提议;四是监事会的提议。需要说明的是,召开业主委员会会议的主要目的是形成业主委员会决议,决议事项就是提请业主委员会审议的事项。依据法律、法规、管理规约以及业主委员会议事程序规定形成的决议,是业主委员会集体意思的唯一法定形式。② 事实上,股份公司之董事会亦是如此。③

（二）业主委员会会议的召集

借鉴公司法关于现代公司董事会会议召集的规定,业主委员会主任为业主委员会会议召集人。业主委员会主任不能履行职务或不履行职务时,

---

① 《公司法》第110条规定:"董事会每年度至少召开两次会议,每次会议应当于会议召开十日前通知全体董事和监事。代表十分之一以上表决权的股东、三分之一以上董事或者监事会,可以提议召开董事会临时会议。董事长应当自接到提议后十日内,召集和主持董事会会议。董事会召开临时会议,可以另定召集董事会的通知方式和通知时限。"

② 参见《业主大会和业主委员会指导规则》（建房〔2009〕274号）、《北京市住宅区业主大会议事规则（示范文本）》（京建发〔2010〕762号）、《湖南省业主大会议事规则（示范文本）》（湘建房函〔2020〕55号）、《广东省业主大会议事规则（示范文本）》（粤建房函〔2010〕606号）。

③ 李建伟:《公司法学》（第四版）,中国人民大学出版社2018年版,第302页。

由副主任召集；若副主任也不能履行职务或不履行职务时，可以由半数以上的业主委员会委员共同推举一名委员召集。①临时业主委员会会议，业主委员会根据事项的紧急程度可以立即召开，也可以接到提议后数日内召开，一般不应超过10日。

业主委员会会议应当提前通知委员，提前的时间由管理规约或业主大会议事规则规定，一般不应少于3日。通知的内容应当包括：会议日期和地点、事由和议题、通知日期。业主委员会委员是全体业主通过业主大会选举的，其有维护全体业主合法权益的义务，由此，参与业主委员会会议既是法律赋予其的权利也是义务。故而，无正当理由，不应当拒绝参会。若多次无正当理由不参会，构成不作为，应当启动免职程序。业主委员会召开会议，若讨论有关物业管理事项，应当事前公开听取业主的建议。需要注意的是，各地方业主大会议事规则中关于居民委员会是否参与业主委员会会议的规定，差异较大，②如前所述，居民委员会参与业主组织治理具有正当性，但参与的程度与深度难以确定，笔者认可《北京市住宅区业主大会议事规则（示范文本）》中关于居民委员会是否以及如何参与业主委员会会议的规定，即业主委员会可以邀请居民委员会派代表参加。该规定既体现了居民委员会具有指导、监督、协助业主组织治理的功能，又对参与业主组织治理有一定的克制，避免过度参与，甚至主导业主组织治理。业主委员会可以根据自己的需求，向居民委员会寻求帮助，而不是强

---

① 《公司法》第47条规定："董事会会议由董事长召集和主持；董事长不能履行职务或者不履行职务的，由副董事长召集和主持；副董事长不能履行职务或者不履行职务的，由半数以上董事共同推举一名董事召集和主持。"第109条规定："董事会设董事长一人，可以设副董事长。董事长和副董事长由董事会以全体董事的过半数选举产生。董事长召集和主持董事会会议，检查董事会决议的实施情况。副董事长协助董事长工作，董事长不能履行职务或者不履行职务的，由副董事长履行职务；副董事长不能履行职务或者不履行职务的，由半数以上董事共同推举一名董事履行职务。"

② 例如《北京市住宅区业主大会议事规则（示范文本）》（京建发〔2010〕762号）、《湖南省业主大会议事规则（示范文本）》（湘建房函〔2020〕55号）。

制居民委员会参与。

(三) 业主委员会会议的召开与决议

业主委员会会议的主持人与召集人相同。业主委员会委员能否委托其他委员出席是个值得探讨的问题，《公司法》第 112 条规定，董事会董事因故不能出席，可以委托其他董事代为出席。《业主大会和业主委员会指导规则》第 38 条第 3 款规定："业主委员会委员不能委托代理人参加会议。"笔者认可后者的规定，原因在于董事会董事的权利来自自己对公司的投资，其权利具有财产属性，董事委托其他董事本质上是对自己权利的委托，另外，限定在董事范围内委托，也未损害董事既有的规则；业主委员会委员的权利来自业主的选举，业主是基于对某位业主的信任而作出的投票决定，具有人身专属性，无法进行转让或委托。业主监事会作为业主委员会的监督者应当列席，若邀请了居民委员会，则居民委员会的代表可以列席。另外，若会议内容涉及物业服务企业，也可邀请物业服务企业列席。

《业主大会和业主委员会指导规则》第 38 条第 2 款规定："业主委员会会议应有过半数的委员出席，作出的决定必须经全体委员半数以上同意。"笔者认为该规定的门槛过低，业主委员会不同于业主大会，业主委员会人数较少，而且业主委员会委员有参与会议的义务，业主委员会委员一般是住宅小区中热心的积极分子，门槛过低容易造成部分人控制业主委员会的情形，由此，应当提高决议通过的门槛，建议采用"双三分之二"，即应当有三分之二以上的委员出席，作出的决定应当经过全体委员三分之二以上同意。另外，业主委员会委员表决权的行使规则与业主大会业主表决权的行使规则不同，委员表决采用"人头主义"，即"一人一票"，原因仍然是委员的权利来源于业主的信任，具有人身属性，不是基于财产的多寡。业主委员会委员的表决方法可以由管理规约或业主大会议事规则规定,实践中应当包括现场表决、通信表决和书面表决等,关键在于准确、真实表达委员的真实意愿。笔者认为,依据现有的科技水平,政府主管部门统一建构一套业主委员会网络讨论表决程序,更为妥当。

业主委员会应当对其所议事项的决定作成会议记录,出席会议的委员应当在会议记录上签名,列席会议的居民委员会代表、物业服务企业代表等也应当签名。委员在签字时有权要求在记录上作出必要的说明性记载。业主委员会会议记录可以作为业主委员会决议合法性的证据,证明履行了法定和管理规约确定的程序。有助于业主通过查阅会议记录了解委员履行职务的情况,决定下次是否继续选举其为委员。另外,若业主委员会决议违反法律、行政法规或管理规约作出决议,给住宅小区造成重大损害,部分委员可证明曾经表示异议,该委员可以免责。总之,会议记录是议事程序中的重要一环,不仅具有证明作用,而且具有约束价值。另外,为规范业主委员会的运行,业主委员会可以聘请专职工作人员负责日常事务。

(四) 业主委员会决议的效力

业主委员会可以在其权限范围内,依据法律、法规或管理规约规定的程序作出决议。业主委员会决议与业主大会决议性质并无差异,均属于业主组织的意思。依据《民法典》第134条第2款的规定,业主委员会的决议应当属于法律行为。立法者认为决议属于"特殊民事法律行为",[1] 所谓的"特殊民事法律行为"是指决议行为具有组织性、程序性和内外部法律关系的区分性,其为多数意思表示吸收规则。[2]

业主委员会决议效力的范围与业主大会决议相同。我国理论界与实务

---

[1] 参见李适时主编:《中华人民共和国民法总则释义》,法律出版社2017年版,第420页。

[2] 参见王雷:《〈民法总则〉中决议行为法律制度的力量与弱点》,载《当代法学》2018年第5期;瞿灵敏:《民法典编纂中的决议:法律属性、类型归属与立法评析》,载《法学论坛》2017年第4期。

界均认为业主委员会决议不仅约束业主,而且约束建筑物区分所有权买受人、受赠人、继承人、受遗赠人、承租人、借用人等。① 从空间的角度看,整个物业管理区域范围内的人的行为均应受到业主委员会决议的约束,即使是临时到本小区的访客也应受到约束。如前所述,类似于国家法律的"地域管辖"。需要注意的是,业主委员会决议效力的位阶低于业主大会决议的效力,换言之,业主委员会决议不得与业主大会的决议相冲突。业主委员会决议效力的瑕疵类型也有不成立、无效、可撤销三种。需要注意的是,业主委员会会议采用通知的方式送达到每一位委员,而业主大会会议则采用公告的方式告知业主,若部分业主未得知召开业主大会会议的内容,则一般情况下不影响业主大会决议的效力。若业主委员会会议召集人故意不通知某位业主委员会委员,即使该委员是否参与表决对业主委员会决议结果不产生实质影响,仍然认为不属于轻微瑕疵的范围,该委员可以主张撤销业主委员会决议。原因在于,程序具有独立的价值,程序是对召集人、主持人行为的约束,该类行为侵害了程序正义。公司之董事会会议亦强调程序正义。② 根据笔者的调查,实践中已经存在业主委员会主任主持召开业主委员会会议时,故意不通知与其意见不一致的委员的情况。

第四节 业主委员会委员与业主委员会负责人

一、业主委员会委员资格与权利

《物业管理条例》第 16 条第 2 款规定:"业主委员会委员应当由热心

---

① 参见陈华彬:《建筑物区分所有权法》,中国政法大学出版社 2018 年版,第 292~295 页。

② 参见李建伟:《公司法学》(第四版),中国人民大学出版社 2018 年版,第 312~313 页。

公益事业、责任心强、具有一定组织能力的业主担任。"《业主大会和业主委员会指导规则》第31条规定："……业主委员会委员应当是物业管理区域内的业主,并符合下列条件:(一)具有完全民事行为能力;(二)遵守国家有关法律、法规;(三)遵守业主大会议事规则、管理规约,模范履行业主义务;(四)热心公益事业,责任心强,公正廉洁;(五)具有一定的组织能力;(六)具备必要的工作时间。"各地方性管理条例对业主委员会委员的任职条件又作了进一步的细化。如何设置业主委员会委员的任职条件对选举出适当的委员具有重要的作用。依据能否正常履行委员职责为标准,可以将资格分为基础性条件、禁止性条件和倡导性条件三种情形。①

(一)基础性条件

所谓基础性条件是指完成业主委员会委员所具备的基本条件,缺少该条件之一便无法正常履行职责。根据《业主大会和业主委员会指导规则》以及各地方性管理条例,关于委员的任职条件的总结有如下四种情形:一是应当为本住宅小区的业主;二是在本物业管理区域内实际居住;三是具备完全行为能力;四是愿意书面承诺积极、及时、全面履行工作职责等。②随着生活实践经验的不断总结可以继续添加或修改基础性资格条件。基础性条件类似于管理规约的绝对必要记载事项,缺一不可,同时该类条件不应当设置过多,否则有侵害业主的"被选举权"的嫌疑,既于法于理无

---

① 需要说明的是,该类型的设想是借鉴了法律条文的类型,结合了非营利组织的特性和业主委员会的法律地位。参见黄茂荣:《法学方法与现代民法》(第五版),法律出版社2007年版,第131~206页;王轶:《民法典物权编规范配置的新思考》,载《法学杂志》2019年第7期;王轶:《法律规范类型区分理论的比较与评析》,载《比较法研究》2017年第5期。

② 参见《北京市物业管理条例》第39条;《深圳经济特区物业管理条例》第35条;《海南经济特区物业管理条例(草案)》(征求意见稿)第29条;《河南省物业管理条例》第27条;《广西壮族自治区物业管理条例》第31条;《重庆市物业管理条例》第26条。

据，亦无必要。

（二）禁止性条件

住宅小区中每位业主均有权参与业主组织的治理，被选举为业主委员会委员，故而，坚持法律、法规的保留原则。所谓禁止性条件是指因为法律、法规的禁止性规定而无法被选举为业主委员会委员。该条件应当采用列举加概括的立法技术，将条件的设定限制在法律、法规的规定内，业主大会不得设立禁止性条件。根据《业主大会和业主委员会指导规则》以及各地方性管理条例关于委员的任职条件的总结，有如下八种情形之一的，不得担任业主委员会委员：（1）因故意犯罪被判处刑罚；（2）因物业管理相关违法行为受到行政处罚；（3）被国家机构、企业事业单位开除公职或者辞退；（4）未被列为失信被执行人；（5）严重违反社会公德造成恶劣影响；（6）本人、配偶及其直系亲属与物业服务人有直接的利益关系；（7）无正当理由欠缴物业管理费或者物业专项维修资金累积达1年以上的；（8）法律、法规规定的其他不宜担任业主委员会委员的情形。①

（三）倡导性条件

从业主组织的性质和业主委员会的法律地位来看，业主组织性质上属于非营利组织。《物业管理条例》第19条规定了业主委员会不得从事与物业管理无关的活动，由此，业主委员会能够从事的经营性活动的范围非常有限，一般仅涉及住宅小区内建筑物及其附属设施、设备以及场地的租赁业务。业主委员会是业主组织的执行机构、常设机构，设立的目的在于维

---

① 参见《北京市物业管理条例》第39条；《深圳经济特区物业管理条例》第35条；《海南经济特区物业管理条例（草案）》（征求意见稿）第29条；《河南省物业管理条例》第27条；《广西壮族自治区物业管理条例》第31条；《重庆市物业管理条例》第26条。

护全体业主的合法权益。故而，业主任职业主委员会委员一定不能是为了自己的私利，应当鼓励、倡导热心公益事业的业主参与竞选业主委员会委员。熟悉法律、国家机构工作运行规则、具有物业管理专业知识的业主参与业主组织治理，更有利于维护全体业主的合法权益。根据《业主大会和业主委员会指导规则》以及各地方性管理条例关于委员的任职条件的总结，有如下几种情形之一的鼓励担任业主委员会委员：一是热心公益事业，公正廉洁，具备一定组织能力；二是能够保证必要的工作时间；三是具有物业管理、法律等专业知识；四是党员、国家公职人员等；五是法律、法规、管理规约规定的其他条件。根据2020年12月25日住房和城乡建设部等十部委联合发布的《关于加强和改进住宅物业管理工作的通知》第5条的规定，"鼓励'两代表一委员'参选业主委员，提高党员在业主委员会中的比例"，与上述总结相契合。① 需要说明的是，该类型的条件可以由业主根据本住宅小区的实际情况增加。我国仍然存在大量的单位商品房小区，该类型小区的特点是业主之间较为熟悉，人员结构不复杂，其可以根据本小区的特点设定倡导性条件。

（四）业主委员会委员的权利

业主委员会作为业主组织的执行机构，具有法律、法规、管理规约以及业主大会决议赋予的职权，业主委员会行使该权力必须依集体的方式行使，委员个人不得行使业主委员会的权力。但是委员在业主委员会内部仍然享有区别于普通业主的权利，包括但不限于知情权、表决权、必要费用请求权等。所谓委员的知情权是指委员有权利知道业主委员会会议即将讨论的议题，何时、何地及有关其他内容。所谓委员的表决权是指委员有权利根据自己的判断对业主委员会会议讨论事项表达意见。所谓必要费用请

---

① 参见《住房和城乡建设部等部门关于加强和改进住宅物业管理工作的通知》（建房规〔2020〕10号）第5条。

求权是指委员参与业主委员会会议，受业主委员会委托具体执行业主委员会决议等，有权利要求业主委员会对其给予必要的费用补偿。业主组织是非营利组织，委员参与业主委员会活动没有报酬，但应当给予其必要的费用补偿，否则无法开展正常的活动。需要注意的是，费用补偿的数额一般应当由业主大会来确定，不得由业主委员会确定，防止权力异化。

二、业主委员会委员的义务

（一）委员义务的基础——受信义务

业主组织属于非营利法人，可以借鉴非营利组织关于理事会理事义务的论述，非营利组织治理结构的建构及理事会理事义务均重点借鉴了营利性法人之现代公司的相关论述，[1] 因此，关于业主委员会委员的义务也予以借鉴。受信义务，又称信义义务、诚信义务、受托义务，"是一种管理义务，主要适用基于委托代理关系所发生的代理人对委托人的管理责任。"[2] 大陆法系多数国家或地区在公司立法中使用委托关系来表达董事与公司之间的关系，日本较为典型。该委托关系区别于委托代理合同，它依股东大会决议选任和董事任职为条件成立，董事受托取得公司的经营决策权和业务执行权。英美法学认为董事与公司之间的关系是信托关系或代理

---

[1] 参见金锦萍：《非营利法人治理结构研究》，北京大学出版社2005年版，第144~154页；刘春湘：《非营利组织治理机构研究》，中南大学出版社2007年版，第121~127页。

[2] 对于fiduciary duties这一术语的中文翻译有受信义务、受托义务、诚信义务、信义义务，不同学理解视角不同使用不同的翻译用语，但本质上并未差别。笔者赞成使用受信义务一词，原因在于委员与业主之间虽然运用委托代理理论解释，但与民法上的委托代理合同不完全一致，为防止将二者混淆不建议使用受托义务一词。诚信义务与民法上的诚信原则的内涵确有交叉，但不完全一致，由此不建议使用诚信义务。信义义务不太符合法律用语习惯，不建议使用。受信义务较为准确地表达了"基于信任而受人之托"的含义。参见施天涛：《公司法论》（第三版），法律出版社2014年版，第393页。

关系。事实上,两大法系关于董事的义务规定大致相同,也有部分差异。相同点在于董事应当承担勤勉义务和忠实义务;不同点在于英美法系相较于大陆法系形成了关于董事义务的完整理论体系。

我国公司法借鉴了英美法系的经验,《公司法》第 147 条第 1 款①规定,董事、监事、高级管理人员应当对公司负有忠实义务和勤勉义务。本条款回答了两个基本问题,一是谁是义务人,董事、监事、高级管理人;二是向谁负有义务,公司,特殊情况下也向特定的股东承担受信义务。②事实上,依据受信义务的内涵来判断,除了勤勉义务、忠实义务还应当包括其他义务,采用列举加概括的方式表达受信义务的外延更为妥当。③因而,借鉴以上论述及规定,受信义务是业主委员会委员义务的基础,受信义务包括勤勉义务、忠实义务等其他义务。有鉴于其他义务的探讨还未成熟,本书仅涉及勤勉义务与忠实义务的论述。业主委员会委员与业主监事会监事是义务人,一般情况下是指向业主组织承担义务。另需说明的是,有鉴于业主委员会委员与业主监事会监事类似,本书仅论述业主委员会委员。

(二) 忠实义务与勤勉义务

所谓忠实义务是指在业主组织利益与委员自身利益发生冲突时,忠实义务要求委员应当以组织利益为重,不得把个人利益置于组织利益至上,

---

① 《公司法》第 147 条第 1 款规定:"董事、监事、高级管理人员应当遵守法律、行政法规和公司章程,对公司负有忠实义务和勤勉义务。"

② 参见李建伟:《公司法学》(第四版),中国人民大学出版社 2018 年版,第 359~360 页;施天涛:《公司法论》(第三版),法律出版社 2014 年版,第 393~401 页;朱慈蕴:《公司法原论》,清华大学出版社 2011 年版,第 325~328 页;李东方:《公司法学》,中国政法大学出版社 2012 年版,第 359~362 页。

③ 金锦萍:《非营利法人治理结构研究》,北京大学出版社 2005 年版,第 144~154 页;刘春湘:《非营利组织治理机构研究》,中南大学出版社 2007 年版,第 121~127 页。

换言之，委员个人不得利用职权以损害组织利益为代价谋取自己的不正当利益。事实上，忠实义务是将"道德准则"入法，也是民法中的"帝王原则"之诚信原则在非营利法人制度中落实。在英美法系中，忠实义务源自英国古老的信托法原则，即"不冲突原则"，受托人不得从委托人处牟取私利，只得为委托人利益行事。违反忠实义务主要有以下两个方面：一是委员将自己利益置于业主组织之上；二是利用职权为自己牟取私利。例如，自我交易，住宅小区需要统一更换单元门，委员自己或近亲属就是门窗销售商，委员利用职权便利使得业主组织与其自身交易，存在侵害业主组织的风险。[①] 需要注意的是，并非所有的自我交易属于侵害业主组织利益的情形，自我交易也有提高交易效率、节约交易成本的作用。若有回避制度且程序合法，未尝不可。

所谓勤勉义务，又称注意义务（英美法系）或善管义务（大陆法系），"遵守诚信原则，以一个合理的谨慎的人在相似情形下应表现得谨慎、勤勉和技能，为实现组织利益最大化而努力工作。"[②] 毋庸讳言，勤勉义务过于抽象，判断标准模糊。如何界定勤勉义务，设定判断标准是个世界难题，若标准过宽，则容易导致义务虚化，不利于提高委员的积极性；若标准过严，则容易导致无人担任业主委员会委员，更何况没有报酬。《美国非营利法人示范法》第 8.30 条规定了注意义务的三个标准：一是善意。董事行为必须是善意的，善意是一种主观状态，民事法律中判断是否构成善意的关键在于是否知情，若知情仍然进行不适当行为，不适当的行为则认定为恶意；若不知情，而实施相关行为则认为为善意。二是注意。注意的标准采用"一般理性人"的标准，即是否尽到了一般理性人在类似情况

[①] 李建伟：《公司法学》（第四版），中国人民大学出版社 2018 年版，第 360~364 页。

[②] 使用勤勉义务一词更妥当，勤勉二字较为形象，且是我国《公司法》第 147 条中的原文。李建伟：《公司法学》（第四版），中国人民大学出版社 2018 年版，第 365 页。

下应当注意的义务。三是行为目的。董事依据其自己的判断合理地认为以符合组织最佳利益的方式行事,且不能依据事后掌握的信息来判断。① 业主委员会委员从事业主组织的治理活动,基于热心公益,应当在上述标准的基础上,适当降低标准来要求委员。

(三) 业主委员会委员的责任

依据《民法典》关于民事责任的规定,民事责任一般分为违约责任、侵权责任、不当得利责任和无因管理责任,业主委员会委员对业主组织承担责任的性质,可归结为违约责任或侵权责任,不存在不当得利责任和无因管理责任的情形。若委员违反勤勉义务,未尽到一般人的注意义务,相当于违反了组织与其之间的委托合同,构成违约责任;若委员违反了忠实义务,则一方面违反了其与组织之间的委托合同,构成违约责任,另一方面可能侵害了组织或第三人的利益,构成侵权责任。当违约责任与侵权责任竞合时,依据《民法典》第186条的规定,受损害方有权选择。依据《民法典》第179条的规定,承担相应的民事责任方式。业主委员会委员的责任应当依据其行为的具体情形来判断,具体来说有以下三种情形:一是,若业主委员会委员未经授权擅自以业主委员会或业主组织的名义从事民事法律行为的,给业主或他人造成损失的,应当由该委员本人承担相应的责任;二是,若业主委员会违反法律、法规或超越职权作出决议,给业主或他人造成损失的,应当由签字同意的委员承担相应的责任;三是,若委员经业主大会或业主委员会通过正当程序授权以业主组织的名义从事的民事法律行为,给业主或他人造成损失的,由业主组织承担相应的责任。

---

① 参见金锦萍:《非营利法人治理结构研究》,北京大学出版社2005年版,第145页。

三、业主委员会负责人

根据社会学学界的研究发现,在社区治理中若找到"能人",就可以透过"能人"凝聚形成团体,树立良好的社会规范,最终形成信任机制、互惠机制、监督机制,使得该团体能够自我治理,可持续发展。① 根据美国著名管理学家彼得·德鲁克的研究,非营利组织的领导者应当具有"使命感",领导者的工作充满艰辛,应当具有奉献精神,将工作作为自己的使命。甚至德鲁克认为营利性的制造业或服务业,若缺乏奉献精神同样难以成功。成功的使命需要具备机会、竞争力和奉献精神三要素。② 社会学中团体的"能人"和管理学中的非营利组织的"领导者"与此处的负责人内涵相一致,应当承认负责人对业主组织能否良好地运转至关重要。③ 但是本书无意探讨负责人应当具有何种特质,也无意讨论如何探寻优秀的负责人,本书重点关注的是法学视角下的负责人产生的程序以及负责人的代表行为。

(一) 业主委员会负责人的产生

业主委员会是业主组织的执行机构、常设机构、代表机构,事实上,

---

① 参见罗家德:《信息时代复杂社会的社会治理探索》,载曾凡木、赖敬予主编:《睦邻·自治·社区治理——上海嘉定区案例集》,社会科学文献出版社2017年版,第3~4页。

② 参见[美]彼得·德鲁克:《非营利组织的管理》,吴振阳等译,机械工业出版社2019年版,第1~45页。

③ 需要说明的是,本书使用"负责人"而未使用"法定代表人"称谓的原因在于,法定代表人的用法容易使人产生误解,以为是法律规定的代表人,事实上并非如此,谁来做组织体的代表人是由组织内部意定,而非法定,另外,代表人也并非只限定为某一职位的人,可以有多种选择。业主组织的"代表人"也是如此,一般情况下是业主委员会主任,特别情形下也可以是副主任,但他们均须业主委员会决议来确定。参见殷秋实:《法定代表人的内涵界定与制度定位》,载《法学》2017年第2期;蔡立东:《论法定代表人的法律地位》,载《法学论坛》2017年第4期。

会议也是业主委员会存在的形式,其需要一个自然人负责召集、主持业主委员会会议。依据《物业管理条例》第16条第2款和《业主大会和业主委员会指导规则》第32条第2款的规定可知,业主委员会主任和副主任由业主委员会会议推选产生。再根据《民法典》第278条的规定可知,业主委员会负责人的产生程序经历两步走:第一步是通过业主大会选举出业主委员会委员,组成委员会;第二步是通过业主委员会会议,推选业主委员会主任和副主任。依据《业主大会和业主委员会指导规则》第39条的规定可知,业主委员会主任是业主委员会的负责人,亦是业主组织的代表人,负责召集和主持业主委员会会议,当主任因故不能履行职责时,可以委托副主任,由副主任履行负责人的职责。上述规定存在如下四个方面的问题:一是,业主委员会主任和副主任的候选名单如何产生缺乏明确规定;二是,候选名单确定后通过何种比率确定具体人选;三是,当主任不能履行职责时,可以委托副主任的规定不妥当;四是,缺乏完善的负责人顺位制度;五是,负责人职权内容不明确。

依据业主组织的性质和业主委员会的法律地位,借鉴《公司法》关于董事长的规定,结合我国住宅小区治理实践经验,笔者作如下分析:一是,业主委员会主任、副主任候选人来源应当多元化,坚持委员自荐、基层党组织推荐、居民委员会推荐等多种方式,以差额选举为原则、等额选举为例外。二是,主任职位较为重要,一般应当坚持过半数原则。三是,业主委员会负责人坚持顺位制度,借鉴公司法的规定,主任为第一顺位负责人;主任因故无法履行职务时,副主任代替主任履行负责人职务;当副主任也无法履行职务时,由居民委员会临时指定一位委员,履行负责人职务。四是,业主委员会顺位坚持法定原则,主任无法履行职务时,依据法律、法规的规定,副主任履行负责人职务,主任无权委托。若副主任的负责人的职权来自主任的委托,将会发生诸多问题,例如,主任不委托时,如何处理;主任能否委托其他委员代为履行职责等。五是,负责人应当享有区别于其他委员的职权,其职权内容源自职位的特性和业主大会、业主委员会的授权,业主委员会授权时应当注意不得超越自己的权限,包括对内和对外两个方面。

根据负责人职位的特性和实践经验来看,负责人职权内容对内有如下四点:一是,主持业主委员会的日常工作,审核业主委员会工作文件、财务收支等;二是,提议召开业主委员会会议;三是,负责召集并主持业主大会会议和业主委员会会议;四是,监督其他委员履行职务的情况;五是,履行业主委员会决议的内容。负责人对外的职权与所谓的"法定代表人"的职权一致,常见的有如下四点:一是,代表业主组织对外签订各类合同;二是,代表业主组织与物业服务企业、居民委员会、街道办事处、乡镇人民政府、区县人民政府有关主管部门沟通协调有关住宅小区的事务;三是,代表业主组织参与民事诉讼;四是,因管理不善造成侵权时,代表业主组织与被侵权人沟通等。

(二)负责人的代表行为

业主委员会负责人,既是业主委员会的负责人,也是业主组织的代表人。代表人是一个职位,最终需要由某一个自然人担任。该自然人现实生活中具有多重身份,其行为属于个人行为的应当由个人承担;属于代表行为的应当由业主组织承担。事实上,主任、副主任、其他委员均存在类似的情形。由此,甄别何为个人行为,何为代表行为尤为重要。

依据《民法典》第170条关于职务代理的规定,可将代表行为的构成要件概括为三个方面。① 一是具有代表人身份,即应当为业主委员会主任、副主任或经过程序推选的委员。无论该代表人是否为经过备案登记,其均

---

① 需要说明的是,代表行为与代理行为本质上并无区别,代表只是一种特殊的、适用于法人领域的代理。参见殷秋实:《法定代表人的内涵界定与制度定位》,载《法学》2017年第2期。

是代表人。备案登记是对抗善意第三人的要件，而非生效要件。二是以业主组织名义，负责人签字和使用组织印章是证明以业主组织名义的关键证据。需要说明的是，笔者不赞同负责人管理业主组织印章，甚至也不应当管理业主委员会的印章，将印章由业主委员会的其他委员专人保管，该保管人负责审查使用印章，即若没有业主大会决议或业主委员会决议，不得使用印章。将负责人与印章使用分离更符合分权制衡理论。三是在代表权限范围内，超越代表权限范围的民事法律行为无效，除非构成表见代表。依据《民法典》第61条①关于法定代表人的规定和第504条②关于表见代表的规定，可知管理规约和业主大会决议、业主委员会决议对负责人的限制，由于是组织体内部的限制，不得对抗外部的善意第三人，构成表见代表。需要注意的是，实践中常发生的是管理规约对业主委员会负责人的约束，是否具有对抗第三人效力。从上述法条的原文分析，是否对抗第三人的关键在于，第三人属于善意还是恶意，善意与恶意的区别在于是否知情，如前所述，管理规约属于公开、公示、备案的法定文件，较为容易获知其内容，由此，不应当一概认定第三人属于善意第三人，应当根据社会生活经验来判断，一般情况下，若第三人为法人推定其应当知道管理规约的内容，管理规约对其具有约束力。但是法律、行政法规对负责人权限的限制，一概推定任何相对人均为知道或应当知道的第三人，不构成善意第

---

① 《民法典》第61条规定："依照法律或者法人章程的规定，代表法人从事民事活动的负责人，为法人的法定代表人。法定代表人以法人名义从事的民事活动，其法律后果由法人承受。法人章程或者法人权力机构对法定代表人代表权的限制，不得对抗善意相对人。"

② 《民法典》第504条规定："法人的法定代表人或者非法人组织的负责人超越权限订立的合同，除相对人知道或者应当知道其超越权限外，该代表行为有效，订立的合同对法人或者非法人组织发生效力。"

三人，即负责人的越权行为无效。① 例如《物业管理条例》第 19 条规定："业主大会、业主委员会应当依法履行职责，不得作出与物业管理无关的决定，不得从事与物业管理无关的活动。"若负责人以组织的名义与第三人签订与物业管理无关的经营性合同，则因无行政法规的强制性规定而无效。

本章小结

《民法典》关于业主委员会的规定相较于《物权法》来说，有了较大的改进。为缓解业主委员会设立难的问题，增加居民委员会作为指导和协助机构；为缓解公共维修资金使用难的问题，增加业主委员会可以在紧急情况下直接依法申请使用的规定；为及时制止损害他人的违法行为，增加当事人可以向行政机构报告或投诉的规定。但是，关于业主委员会法律地位的问题，业主委员会职权与议事程序的问题，业主委员会委员资格与义务以及业主委员会负责人等问题，《民法典》未回应。

业主委员会是业主组织的执行机构、常设机构、代表机构，作为组织的内设机构，从法理上来看，无法成为民事活动中的主体。生活实践与司法实践中，由于将业主委员会作为民事主体，已经产生了诸多问题。业主委员会既不符合民事主体的构成要件，也不符合民事诉讼主体的资格。业主委员会与业主大会之间的关系类似于现代公司的股东大会与董事会之间的关系，与我国的全国人民代表大会与全国人民代表大会常务委员会之间

---

① 参见吴越：《法定代表人越权担保行为效力再审——以民法总则第 61 条第三款为分析基点》，载《政法论坛》2017 年第 5 期；高圣平、范佳慧：《公司法定代表人越权担保效力判断的解释基础——基于最高人民法院裁判分歧的分析和展开》，载《比较法研究》2019 年第 1 期。

的关系差距较大。业主委员会的职权内容源自法律、法规、管理规约的规定以及业主大会的决议,具体内容的确定应当采用列举加概括的立法技术。管理规约具有约束业主委员会的作用,业主委员会不应当具有监督其实施的职权。业主委员会是"委员会负责制",其应当通过必要的议事程序形成决议。业主委员会议事程序的宗旨与业主大会相同,通过程序正义实现实体正义,保障所有参与人的权利。通过正当程序形成的业主委员会决议,与业主大会决议的性质相同,对物业管理区域范围内的所有人具有约束力。依据能否正当履行委员职责为标准,可以将业主委员会委员资格分为基础性资格、禁止性资格和倡导性资格三种类型,基础性资格缺一不可,禁止性资格有一不行,倡导性资格之一属于"加分"项。受信义务业主委员会委员义务的基础,具体包括勤勉义务和忠实义务。业主委员会负责人对主持业主委员会,领导整个业主组织具有至关重要的作用,负责人的推选渠道应当坚持多元制,负责人的顺位应当为主任、副主任、居民委员会指定的委员。区分负责人个人的行为与代表组织的行为,坚持代表人身份、以组织的名义和在代表权限范围内三个条件。

第六章 业主组织治理结构的监督机构
——业主监事会

第一节 业主组织治理结构监督机构的必要性

业主不直接管理和控制住宅小区,而是将权利委托给业主委员会和物业服务企业。业主委员会和物业服务企业拥有合法的管理权力,二者与业主之间的信息不对称,存在滥用权力危害业主或业主组织合法权益的可能性。① 如前文所述,为维护业主和业主组织的合法权益,依据委托代理理论和利益相关者理论,应当对业主委员会和物业服务企业的管理权力进行必要的监督和制约。有鉴于实践中业主组织较少设立专门的监督机构,有必要再从立法与实践的视角论述设立的必要性。

---

① 需要说明的是,物业服务企业虽然是外部组织,但其地位类似于公司的职业经理层,负责住宅小区的日常各项事务,其工作内容有部分与业主委员会交叉,物业服务企业工作的质量与业主的生活质量直接相关。社会实践表明,业主委员会作为物业服务企业的监督者,时常由于各种原因,难以发挥应有的监督责任,而且物业服务企业与业主委员会联合侵害业主合法权益的案件并不鲜见。另外,部分住宅小区的业主监事会与业主委员会联合监督物业服务企业已经发挥了积极的作用。借鉴《公司法》第53条和第54条的规定,监事会对董事和高级管理人员均有监督权力,故而,物业服务企业也应当是专门监督机构业主监事会的监督对象。

一、业主大会监督的局限

依据《民法典》第 277 条和第 278 条的规定，可知业主通过业主大会选举或更换业主委员会委员，选聘或解聘物业服务企业。依据《物业管理条例》第 15 条和第 18 条的规定，可知业主委员会的职权来源，除了法律、法规的规定，还有业主大会的授权（包括管理规约的规定）。业主委员会的组成和成员任期等也由业主大会决定。从法理上看，业主大会作为业主组织的最高权力机构，其拥有决定业主组织所有事项的权力，法律、法规的强制性规定和公序良俗是其行为的底线。业主委员会由业主大会产生，物业服务企业由业主大会选聘，其二者应当对业主大会负责，受业主大会约束。从实践经验看，在规范的住宅小区中，业主委员会也须向业主大会汇报工作，业主大会根据业主委员会的工作来决定是否更换委员。物业服务企业的续聘或解聘也是由业主大会决定。故而，业主大会既是业主组织的最高决策机构，也是业主委员会和物业服务企业的监督机构。

但是，事实上，业主大会监督业主委员会和物业服务企业存在制度上的缺陷，主要原因有如下四个方面。首先，业主大会是非常设机构，其以会议的形式存在，无法履行日常监督的职能，召开业主大会的成本巨大，也无法对业主委员会和物业服务企业一般的滥用权力的行为进行监督。业主将权利让渡给了业主委员会，业主作为独立的个人则无权随意干涉业主委员会行使权力的行为。其次，依据《物业管理条例》第 15 条的规定，业主委员会是召集业主大会的唯一内部机构。业主大会与业主委员会之间有监督与被监督的关系，若存在需要罢免或问责业主委员会的情形时，业主委员会完全可以不组织召开业主大会，来对抗可能的惩罚。让业主委员会召开业主大会监督自己，本质上是自己监督自己，不符合监督的逻辑，由此，无法发挥业主大会对业主委员会的监督作用。实践中，业主大会监督业主委员会的案例，一般是业主委员会出现了重大过错，需要启动罢免程序，申请居民委员会和行政主管机关才召开的业主大会。① 再次，依据《民法典》第 278 条的规定可知，业主大会仅对业主组织的重大事项作出决定，对于业主委员会和物业服务企业来说，二者的重大事项是选举或更换业主委员会委员，续聘或解聘物业服务企业。换言之，除上述事项外，业主大会不对业主委员会和物业服务企业的其他事项作出决定，进言之，只有业主委员会和物业服务企业侵害业主合法权益比较严重时，业主大会才能依据职权发挥其监督作用。这不符合"抓小""抓早""防微杜渐"的监督原则。最后，业主委员会是业主组织的执行机构，物业服务企业是具体负责管理的组织，二者掌握优势信息，其与普通业主之间存在信息不对称的情形，业主组成的业主大会缺乏充足的信息自然就无法合理行使监督权。由此，业主委员会和物业服务企业是现实中住宅小区治理的中心，而且难以受到业主大会的制约。②

二、业主组织治理的现实需要

理论上存在业主委员会和物业服务企业侵害业主合法权益的可能，制度上又缺乏有效的回应，则实践中侵害业主合法权益的案件就会频发。2019 年 5 月以来，笔者多次通过百度搜索，以"业主委员会滥用职权""业主委员会不作为"为关键词进行搜索，发现全国各地大量相关案件的报道。另外，笔者通过中国裁判文书网查阅业主委员会主任因受贿构成刑

---

① 例如，《小区业委会不作为怎么办？街道"吹哨"炒了它》，载新浪网，http://k.sina.com.cn/article_1308405950_m4dfcb0be03300gspu.html，访问日期：2019 年 3 月 17 日。

② 需要说明的是，实践中也存在业主委员会能够代表全体业主的利益与包括物业服务企业在内的外部组织和个人交往，并能公平、合理地处理业主组织内部事务的情形，该种情形是基于业主委员会成员高尚的道德情操，也是应当支持与鼓励的，但其不是本书讨论的重点，本书重点关注的是如何通过建构监督制衡的治理结构来促使业主委员会正当履行职责。

事犯罪的案件,发现全国各地该类型案件均有发生。① 例如,江苏省淮安市清江浦区清河街道办事处清隆家园业委会主任、浩源汽车城业主委员会主任朱某某非国家工作人员受贿罪;② 山西省运城市闻喜县某小区业主委员会主任燕某甲非国家工作人员受贿罪;③ 浙江省义乌市后宅街道金城高尔夫二期业主委员会主任方某某非国家工作人员受贿罪④等。物业服务企业乱收费、服务差的现象,也是人民群众普遍反映的问题。例如,浙江省宁波市某小区业主向某物业服务企业赠送"干啥啥不行,收钱第一名"的"锦旗",引发社会普遍关注。该事件经过网络发酵,全国各地多家物业服务企业纷纷收到各类造句"锦旗"。⑤ 在青海省西宁市一次物业管理督查中,因乱收费、服务差问题就处罚102家物业服务企业。⑥ 有鉴于此,部分地方开始通过立法,指引建构业主组织内部的专门监督机构,业主监事会,监督业主委员会和物业服务企业。据不完全统计,深圳市、南京市、

---

① 需要说明的是,中国裁判文书网上传的案件并非全国的全部案件,而且在全国住宅小区普遍未成立业主委员会的情形下,已经发生了数十起业主委员会主任受贿案件,说明该领域的发案率并不低。

② 朱某某犯非国家工作人员受贿罪案,参见江苏省淮安市清江浦区人民法院(2020)苏0812刑初45号刑事判决书。

③ 燕某甲犯非国家工作人员受贿罪案,参见山西省运城市闻喜县人民法院(2015)闻刑初字第146号刑事判决书。

④ 方某某犯非国家工作人员受贿罪,厉某某犯非国家工作人员受贿罪及伪造国家机关印章罪案,参见浙江省义乌市人民法院(2019)浙0782刑初1767号刑事判决书;方某某犯非国家工作人员受贿罪,厉某某犯非国家工作人员受贿罪及伪造国家机关印章罪上诉案,参见浙江省金华市中级人民法院(2020)浙07刑终161号之二刑事裁定书。

⑤ 《宁波业主送锦旗火了:干啥啥不行,收钱第一名!物业寒心:不干了》,载微信公众号"钱江晚报"2020年9月15日。

⑥ 张国静:《乱收费、服务差,西宁102家物业服务企业被处罚》,载中国新闻网,https://www.chinanews.com/cj/2019/09-04/8946958.shtml,访问日期:2019年9月4日。

重庆市、河南省、湖南省的物业管理条例对设立业主监事会作出了指引性规定。① 其中深圳市和湖南省的业主大会议事规则示范文本中对业主监事会的法律地位和职权还作了较为详细的规定。② 但是上述地方性法规和业主大会议事规则示范文本关于业主监事会的规定不完全一致，部分内容差异较大。

另外，根据笔者的观察与初步调研，成立业主监事会非常困难，也非常少，已成立的业主监事会，能够充分发挥作用的就更少。笔者重点关注的江苏省南京市江宁区颐和南园小区的业主监事会是做了较多的工作并具有一定的法律专业知识，仍然面临诸多问题。尤其是在更换业主委员会委员和物业服务企业的过程中，住宅小区中业主的误解，对居民委员会和街道办事处的不信任是较为常见的情形，③ 稍有不慎就会引发诉讼案件。④ 但总体来说，该住宅小区在正常运行，业主监事会发挥了积极的作用。若未设立业主监事会，业主委员会委员辞职、不作为或乱作为，住宅小区的

---

① 参见《深圳经济特区物业管理条例》第 32 条；《南京市住宅物业管理条例》第 24 条；《河南省物业管理条例》第 34 条；《重庆市物业管理条例》第 15 条；《湖南省物业管理条例》第 24 条。

② 参见《深圳市业主大会和业主委员会议事规则（示范文本）》（深建物管〔2020〕21 号）第四章业主监事会；《湖南省业主大会议事规则（示范文本）》（湘建房函〔2020〕55 号）第八章业主监督委员会。

③ 《关于颐和南园若干问题的澄清》，载微信公众号"颐和南园"2020 年 9 月 15 日；《关于继续征集颐和南园小区业主委员会换届改选小组成员候选人的公告》，载微信公众号"颐和南园"2020 年 10 月 1 日；《业委会换届改选小组成立进展情况通报》，载微信公众号"颐和南园"2020 年 11 月 9 日；《关于匿名信的答复》，载微信公众号"颐和南园监事会"2020 年 10 月 20 日；《雨污分流及自来水改造施工协调会会议纪要》，载微信公众号"颐和南园监事会"2020 年 11 月 2 日。

④ 苏源集团江苏房地产开发有限公司诉南京市江宁区颐和南园业主委员会业主撤销权纠纷案，参见南京市江宁区人民法院（2018）苏 0115 民初 12717 号民事判决书；苏源集团江苏房地产开发有限公司诉南京市江宁区颐和南园业主委员会业主撤销权纠纷案，参见江苏省南京市中级人民法院（2019）苏 01 民终 645 号民事判决书；陈某英诉南京市江宁区颐和南园业主委员会、夏某杰等人名誉权、隐私权纠纷案，参见江苏省南京市江宁区人民法院（2019）苏 0115 民初 4622 号民事判决书。

治理立即会陷入困境，颐和南园小区是有这方面教训的。由此，探讨应然的业主监事会制度，厘清其与居民委员会、街道办事处（乡镇人民政府）、区县人民政府有关部门以及基层党组织之间的关系，使得业主监事会发挥其应有的作用，尤为必要。

三、设置村务监督委员会的经验

业主组织与村民组织的结构相似，村民委员会与业主委员会的性质、功能与特征也基本一致。事实上，村民委员会缺乏内部监督而产生的一系列问题，业主委员会也同样正在发生，只是以不同的形式展示，二者不存在实质性差异。由此，设置村务监督委员会作为监督村民委员会的专门监督机关的经验值得借鉴。实践中，村民委员会账目不公开，村干部滥用权力，以权谋私，违法乱纪等案件频发。村民通过集体上访，向政府、纪委举报，甚至直接与村干部发生暴力冲突等行为，维护自己的权益。① 更为触目惊心的是，据"中央政法委长安剑"微信公众号 2020 年 11 月 13 日消息，"全国扫黑办发布最新数据显示，截至 2020 年 10 月底，全国累计打掉农村地区的涉黑组织 1175 个，占打掉涉黑组织总数的 33.9%，打掉农村地区的涉恶犯罪集团及团伙 13422 个，依法严惩'村霸'3727 名，对受过刑事处罚、存在'村霸'和涉黑涉恶等问题的 4.17 万名村干部，全面清除出农村干部队伍，还乡村一片净土。"② 村民委员会的权力应当受到监督，具有现实性和紧迫性。

事实上，早在 2004 年 6 月 18 日，浙江省武义县后陈村通过召开村民代表会议就选举产生了全国第一个村务监督委员会，并通过了《后陈村村

---

① 参见卢福营、江玲雅：《村级民主监督制度创新的动力与成效——基于后陈村村务监督委员会制度的调查与分析》，载《浙江社会科学》2010 年第 2 期。
② 《全面打击"村霸"！4.17 万村干部被清除出队伍》，载微信公众号"中央政法委长安剑"2020 年 11 月 13 日。

务管理制度》和《后陈村村务监督制度》。巧合的是，仅仅 4 天，即 2004 年 6 月 22 日，中共中央办公厅和国务院办公厅发布了《关于健全和完善村务公开和民主管理制度的意见》，该"意见"要求强化村务管理的监督机制。村务监督委员会的设立为后陈村的发展带来了明显积极的效应。首先，建立了村民与村民委员会构成的桥梁，缓解了潜在的纠纷矛盾，大大减少了上访案件。其次，村集体财产增加，部分支出降低，财务混乱的情况得到了消解。通过公开招投标村集体水塘承包款由原 38250 万元增至 87510 万元；村卫生费由每年 6000 元降至 3900 元。村集体经济得到了可持续发展。再次，由于村务监督委员会的监督制衡，并及时与村民群众的沟通，重建了村干部与村民之间的信任，村委会的权威也得到了增强。最后，形成了依规治村、民主管理的习惯。① 需要注意的是，村务监督委员会的设立并非完美无瑕，其自身也存在基层组织结构更为复杂，村务监督委员会成员激励不足，监督惩戒性缺失等问题。② 但是村务监督委员会制度建构了制衡、监督、沟通三位一体的权力调控模式，分工合作、协同共治保障村组织权力的有序运行，相较来说，村务监督委员会设立的积极作用远远大于消极作用。③

有鉴于此，2010 年 7 月，中共浙江省委办公厅和浙江省人民政府办公厅专门印发了《浙江省村务监督委员会工作规程（试行）》规定的通知，在全省推广。2010 年 10 月修订的《中华人民共和国村民委员会组织法》第 32 条明确规定了增设村务监督机构的规定，2018 年 12 月修订该法时，继续沿用该规定。2017 年 12 月，中共中央办公厅和国务院办公厅印发了

---

① 参见卢福营、江玲雅：《村级民主监督制度创新的动力与成效——基于后陈村村务监督委员会制度的调查与分析》，载《浙江社会科学》2010 年第 2 期。
② 参见周功满、曹伟：《权力结构视域下的乡村权力监督——基于对村务监督委员会的考察》，载《经济社会体制比较》2012 年第 3 期。
③ 参见戴冰洁、卢福营：《农村基层社会治理的权力调控模式创新——写在后陈村村务监督委员会诞生十周年之际》，载《浙江社会科学》2014 年第 6 期。

《关于建立健全村务监督委员会的指导意见》的通知,强调全国各地区各部分结合本地实际贯彻落实设立村委监督委员会制度。从中央到地方已经普遍形成了设立村务监督委员会的共识。我国业主委员会与村民委员会的现状如出一辙,业主委员会和村民委员会依据法律规定均由组织成员选出,二者与组织成员之间形成委托代理关系,组织成员的表决权高度分散。另外,业主委员会滥用职权,业主委员会主任受贿案件频发,业主组织财务不公开、不透明,业主的合法权益频繁受到侵害,多地发生群体性上访事件与村民组织中发生的案件具有一致性。村民组织与业主组织发生上述现象的根本原因均在于缺乏有效的监督制衡,故而,专门的监督制衡机构也是业主组织应当建构的。

综上所述,业主大会具有监督业主委员会和物业服务企业的功能,但业主大会作为非常设机构,而且其仅对有关业主组织的重大事项作出决定,由此,业主大会的监督具有局限性。实践表明,业主委员会不仅会滥用职权或不作为,甚至可能发展成为刑事犯罪案件;物业服务企业服务差、乱收费、乱涨价让业主苦不堪言。村民委员会与业主委员会的产生、性质、功能等具有相似性,缺乏内部监督的村民委员会已经造成了严重的社会影响,建构村民组织内部专门的监督机构村务监督委员会,已经实践检验具有可行性和较优性,其经验具有本土性,借鉴的契合度更高。

第二节 业主组织治理结构监督机构的设置模式

一、域外国家业主组织治理结构监督机构的设置模式

(一) 美国业主组织治理结构的监督机构设置模式

在美国,业主协会是由全体业主(会员)组成的组织体,会员的身份

是强制性规定，随着土地所有权的变化而变化。业主协会对休闲设施、景观美化、公园等公共财产享有所有权。业主协会既可以为法人制也可以为非法人制，若为法人制需要制定法人章程，并由所在地政府存档。业主协定和业主协会细则是业主协会创设的重要文书，其中业主协定的主要内容是关于业主协会的基本法律结构、目标和权力。业主协会细则相当于工作文件，其内容可能与法人章程和业主协定有重复。理事会成员由业主大会依据业主协会管理文件规定选举产生，每次选举只涉及部分理事会成员，留任部分成员，产生一个循环的理事会集体。理事会是业主协会的核心机构，具有决策权和监督权，负责小区的发展战略和管理，负责制定管理协会运转制度。业主协会执行官由理事会选举产生，执行理事会的决策是执行官的重要责任。①

专业委员会是理事会的延伸，专业委员会委员由理事会依据决议任命，且决议对专业委员会权力的内容有详细描述。专业委员会为理事会执行各种任务，代理理事会调查、搜集信息，对理事会决策提供建议，专业委员会本身不做决定。专业委员会有常务委员会和临时委员会两种类型。常务委员会由理事会授权，不间断工作。临时委员会为处理某些特殊事务设立，工作结束就解散。常务委员会一般不超过五个，即建筑委员会、法律委员会、财务委员会、沟通委员会和社会委员会。每个委员会都包含一名专门的理事会成员，该名理事会成员参加委员会会议，监督、指导、协助委员会的实施活动。物业管理人（物业管理公司）由理事会决定聘请或解聘，其主要职责有财产维护、服务、管理和财务四类。财产维护主要是指负责检查公共财产区域，以及业主协会负责的个人财产部分。服务主要

---

① 参见［美］马琳·M. 科尔曼、贾奇·威廉·赫斯：《美国业主协会运作指南》，赵宇、王婧菁等译，上海社会科学院出版社2009年版，第25~32页；［美］约翰·保罗·汉娜、格蕾丝·H. 赫斯：《美国业主协会实务手册》，夏茂森、宋铮等译，上海社会科学院出版社2009年版，第11~14页。

是指负责小区中有常规的垃圾收集、景观维护和宠物管理等服务。管理主要是指对紧急通知服务、接受投诉以及处理。财务主要是指负责准备运营预算和其他财务资料供理事会查阅，按照理事会批准的预算收取物业费和用户费。另外，其还要协助业主协会聘请的独立审计师对财务进行审查。[1]需要注意的是，上述业主协会不包括人数较少的小区，人数较少的小区采用的是"业主大会中心主义"，绝大多数事项由全体业主决定。由此可知，一般来说，在美国，理事会是业主协会的核心机构，采用"理事会中心主义"，理事会既是决策机构，也是监督机构。美国的业主协会与其现代公司的治理结构基本一致，甚至业主协会本身也可以注册成为公司，聘请外部的独立的律师事务所律师和会计师事务所会计师提供法律服务和财务审计是其鲜明的特征。

(二) 德国业主组织治理结构的监督机构设置模式

德国是传统的大陆法系国家，其民法典采用的是社团法人和财团法人的分类，对人的集合体称为"团体"，而非"组织"。在德国，住宅所有权人集合体具有团体性，住宅所有权人大会、管理人、管理参议会是团体的三种机构。2007年修订《德国住宅所有权法》时，承认了住宅所有权人共同体的法律主体地位。基于住宅所有权人共同体具有团体性，《德国住宅所有权法》借鉴了德国民法关于合伙和公司的规定。住宅所有权人大会是住宅所有权人团体的意思形成机构，住宅所有权人通过住宅所有权人大会行使表决权和监督权。通过住宅所有权人大会委任管理人，管理人具有双重法律关系，即管理人既是住宅所有权人团体的执行机构，负责执行住宅

---

[1] 参见[美]马琳·M.科尔曼、贾奇·威廉·赫斯：《美国业主协会运作指南》，赵宇、王婧菁等译，上海社会科学院出版社2009年版，第32~43页；[美]约翰·保罗·汉娜、格蕾丝·H.赫斯：《美国业主协会实务手册》，夏茂森、宋铮等译，上海社会科学院出版社2009年版，第15页。

所有权人大会的决议，履行法律及住宅所有权人大会赋予的职责，又是一个具有独立人格的法律上的人。进而，当管理人被住宅所有权人大会决议解职时，并不必然导致物业管理合同的终止。德国主流理论将团体行为与契约（物业管理合同）行为分离，住宅所有权人大会决议委任管理人是团体行为，契约可以在委任时签订，也可以在委任后签订。①

依据《德国住宅所有权法》第29条②的规定，住宅所有权人可以通过多数决的方式设立"管理参议会"，其属于非必设机构。管理参议会由一名主席、两名委员组成，成员均为住宅所有人。管理参议会没有定期会议，只在需要时由主席召集。管理参议会的职权主要有协助管理人执行职务和对经济计划、经济计划的结算、账目公开和成本估价在决议前进行审查。另外，依据其第24条③的规定，可知管理参议会在管理人拒绝召集住宅所有权人大会时，可以由其主席负责召集。管理参议会应当出席住宅所有权人大会，并由其主席或代理人在会议记录上签字。由此可知，《德国住宅所有权法》规定的管理参议会是监督管理人的专门机构，财务监督是其工作的重要内容。住宅所有权人大会、管理人、管理参议会的住宅所有权人团体治理结构与德国法关于现代公司治理结构股东大会（意思机构）、

---

① 参见白江：《德国住宅楼管理制度之研究及启示》，载《中外法学》2008年第2期；白江：《传统与发展：德国建筑物区分所有权法的现代化》，载《法学》2008年第7期。

② 《德国住宅所有权法》第29条规定："管理参议会，（1）住宅所有权人可以通过多数决方式决议委任管理参议会。管理参议会由一名住宅所有人任主席，由另外两名住宅所有权人任委员。（2）管理参议会协助管理人执行职务。（3）在住宅所有权人对经济计划、经济计划的结算、账目公开和成本估价决议前，由管理参议会对其审查并附注意见。（4）管理参议会由主席在需要时召集。"

③ 《德国住宅所有权法》第24条规定："召集、主席、记录，（1）住宅所有权人大会由管理人至少每年召集一次……（3）如果没有管理人或者管理人违背其义务拒绝召集住宅所有权人大会，若设有管理参议会，则由其主席或者其代理人召集……（6）住宅所有权人大会须对其决议作成会议记录。会议记录须由大会主席和一个住宅所有权人签字，如果设有管理参议会，还须由其主席或者代理人签字。每一个住宅所有权人均有权查阅会议记录。"

董事会（执行机构）、监事会（监督机构）本质上具有一致性。需要说明的是，德国现代公司采用的是双层二元治理结构，监事会的地位高于董事会的地位，监事会推选董事组成董事会，董事会向监事会负责并报告工作。① 而住宅所有权人团体管理人的委任由住宅所有人大会决议决定，与德国现代公司董事会的产生不同。但从法律条文的规定观察，管理参议会的地位高于管理人。

（三）日本业主组织治理结构的监督机构设置模式

日本民法立法主要借鉴了德国民法和法国民法，属于大陆法系国家，其也是采用了社团法人和财团法人的法人基本分类，随着经济社会的发展，有些法人既有社团法人的"人合性"，又具有财团法人的"资合性"，由此，后又增加了"中间法人"的类型。依据《日本建筑物区分所有权法》第3条②的规定可知，满足召开集合（区分所有人大会）、订立管理规约、设置管理人三个条件，可以组成建筑物区分所有权人团体。另外，显然仅供部分区分所有权人的共用部分，该部分区分所有权人也可组成一个团体。通常来说，建筑物区分所有权人团体被称为"管理组合"，管理组合可以注册为法人，未注册为法人的管理组合被认为是"非法人团体"或"无权利能力社团"。若未召开区分所有人大会，未利用多数决原则运营管理组合的，则不被法院认定为无权利能力团体，而被认定为民法上的合伙。日本大多数管理组合未办理法人化手续。法人化的管理组合可以利

---

① 范健、王建文：《公司法》（第五版），法律出版社2018年版，第328页。
② 《日本建筑物区分所有权法》第3条规定："区分所有人全体，得因为实施建筑物与其基地及附属设施的管理，组成团体，以本法所定，召开集合，订定管理规约及设置管理人。其显然仅供一部分区分所有人共用的共用部分，由该等区分所有人管理时，亦同。"

用法人规则的优势。① 依据《日本建筑物区分所有权法》第 47 条第 10 项②的规定，管理组合法人应准用日本民法关于法人的规定。

在日本，未法人化的管理组合，一般情况下，由集会和管理人组成，集会是建筑物区分所有权人大会，为管理组合的意思机构和最高决策机构，管理人是代表管理组合的执行机构，建筑物区分所有权人集会决议选任管理人，设立理事会的管理组合理事长是具体执行人。③ 监事会、监事不是未法人化的管理组合必须设置的机构。法人化的管理组合的机构有集会、理事和监事三种，集会是管理组合法人的意思机构和最高决策机构，理事、监事的选任与解任，理事代表权的限制，管理组合法人的解散和诉讼等五项内容是集会特有的决议事项。理事长为管理组合法人代表，理事会管理组合法人的必设机构、执行机构。监事会也为管理组合法人的必设机构、监督机构。监事会的职权主要有三个方面：一是监督理事履行职责的情况；二是监督管理组合法人的财产状况，发现财产状况与理事执行业务不合规定时，向区分所有权人大会（集会）报告；三是必要时，召集区分所有权人大会。监事不得兼任理事或管理组合法人的使用人，另外，当

---

① 渡辺晋『区分所有法の解説〔6訂補遺版〕』（住宅新報出版，2019 年）88~101 頁。

② 《日本建筑物区分所有权法》第 47 条第 10 项规定："民法第 43 条、第 44 条、第 50 条及第 51 条的规定，于管理组合法人，破产法第 127 条第 2 项的规定，于存续的管理组合法人准用之。"

③ 需要说明的是，若建筑物区分所有人人数较少，也可不设管理组合理事会，只设一个管理人，管理人可以为自然人或法人。稲本洋之助＝鎌野邦樹『コンメンタールマンション区分所有法』（日本評論社，2004 年）140 頁；渡辺晋『区分所有法の解説〔6訂補遺版〕』（住宅新報出版，2019 年）102~105 頁。

第六章　业主组织治理结构的监督机构——业主监事会

管理组合法人与理事的利益相反时，监事代表管理组合法人。① 由此可知，管理组合法人的治理结构与日本民法上的法人治理结构一致，且准用民法上法人的规定，自然也与营利性法人公司的治理结构一致。监事会管理组合法人的专门监督机构，其主要工作是对理事会业务和财务的监督。

综上所述，笔者有以下两个方面的认识：一是，业主组织的专门监督机构不是必设机构。日本的未法人化的管理组合可以不设监事。事实上，是否设立专门的监督机构与业主的人数相关，人数较少的业主组织由于执行机构的业务和财务内容不多，执行机构对业主没有明显的信息优势，不存在典型意义上的"委托代理关系"，当然就无须设立监督机构监督代理人。另外，非法人团体中成员的权利本身就比法人团体中成员的权利大，由此，在人数较少的业主组织中，业主自身就可以实现对执行机构的监督，可以不设专门的监督机构。即使如此，执行机构内部也应当设置相互制衡的规则。二是，英美法系与大陆法系关于业主组织治理结构差异较大，法人化的业主组织的监督机构设置模式也不相同，监督机构监督的内容主要涉及业务和财务两个方面。业主组织的治理结构以及监督机构的设置模式，与本土的营利性的现代公司的治理结构以及监督机构的设置模式高度吻合。美国业主协会的治理结构模式与美国现代公司的治理结构模式没有本质区别，坚持"理事会（董事会）中心主义"，理事会既是决策机构也是监督机构，下设专业委员会，外聘法律、会计等独立专业服务机构，提供法律服务，进行财务审计。德国、日本的业主组织治理结构本质上类似于大陆法系现代公司的股东大会、董事会、监事会的治理结构。事

---

① 参见《日本建筑物区分所有权法》第一章第六节关于"管理组合法人"的规定；渡辺晋『区分所有法の解説〔6訂補遺版〕』（住宅新報出版，2019年）117~130頁；稲本洋之助=鎌野邦樹『コンメンタール マンション区分所有法』（日本評論社，2004年）250~278頁；胡海信成「役員の選任等」丸山英気=折田泰宏『これからのマンションと法』（日本評論社，2008年）346~361頁；水本浩=遠藤浩=丸山英気『基本法コンメンタール マンション法』（日本評論社，2006年）90~100頁。

实上，组织（团体）的治理结构已经形成了英美法系和大陆法系两种模式，无论是营利性的公司治理结构，还是非营利性的其他组织治理结构，都自然地与本地组织治理结构的传统相契合，可将其解释为组织治理结构发展的路径依赖，当然，监督机构的设置模式与其组织治理结构的模式相一致。

二、我国业主组织治理结构监督机构的应然设置模式

依据《民法典》第271条①的规定可知，我国建筑物区分所有权采用的是"三元论"，即专有权、共有权、成员权，② 进而，建筑物权区分所有权本身就具有组织性（团体性）。再依据《民法典》第277条和第278条的规定，即使未设立业主组织的住宅小区，全体业主仍然被视为法定的组织（团体），依据多数决原则，全体业主共同处理公共事务。经过备案登记成立的业主组织，也存在设立业主委员会和不设业主委员会两种情形。若未设业主委员会的业主组织，其公共事务均由业主共同决定，不存在委托代理关系，不需要设置专门的监督机构。若设立业主委员会的业主组织，则根据业主组织人数的多少，是否产生委托代理问题，决定是否建构监督制衡的业主组织治理结构。根据《物业管理条例》第9条③的规定，"一个物业管理区域成立一个业主大会"，可知我国多数的业主组织相较域外来说属于人数较多的情形，由此，本书重点讨论的是人数较多产生委托

---

① 《民法典》第271条规定："业主对建筑物内的住宅、经营性用房等专有部分享有所有权，对专有部分以外的共有部分享有共有和共同管理的权利。"

② 参见黄薇主编：《中华人民共和国民法典物权编释义》，法律出版社2020年版，第132~133页；最高人民法院民法典贯彻实施工作领导小组主编：《中华人民共和国民法典物权编理解与适用（上）》，人民法院出版社2020年版，第330~336页；梁慧星、陈华彬：《物权法》（第七版），法律出版社2020年版，第176~181页。

③ 《物业管理条例》第9条规定："一个物业管理区域成立一个业主大会。物业管理区域的划分应当考虑物业的共用设施设备、建筑物规模、社区建设等因素。具体办法由省、自治区、直辖市制定。"

代理问题的业主组织。综合前文所述，笔者认为我国的业主组织治理结构应当借鉴我国现代公司的基本治理结构，即设置业主大会、业主委员会、业主监事会，类似于现代公司的股东大会、董事会、监事会的治理结构，质言之，应当设置专门的监督机构业主监事会。主要有以下三个方面的理由。

首先，我国《公司法》关于现代公司基本治理结构与大陆法系的规定基本一致，也是股东大会、董事会和监事会的二元结构。虽然我国《公司法》规定了现代公司的独立董事制度，但对现代公司的基本治理结构不构成实质性影响。如前所述，各国的业主组织的治理结构与本国现代公司的治理结构基本一致，究其原因在于现代公司治理结构是最普遍的组织治理结构，人民群众最为熟悉，也便于发挥各机构的功能。我国业主组织选择与我国现代公司基本一致的治理结构，更符合我国国情。事实上，我国部分地方法规中设置的监督机构模式也与现代公司治理一致的模式有相似之处。①

其次，我国业主组织本身的特性与执行机构和监督机构分别设立的二元模式相契合。我国现代公司的监督机构包括监事会和独立董事，监督机构被称为"聋子的耳朵"，难以发挥作用。究其原因，主要有以下三个方面：一是监督机构发挥有效的监督作用的前提在于独立于被监督者。我国现代公司的典型特征在于多数公司存在控股股东或实际控制人，造成事实上，董事会、经理层、监事会、独立董事均有控股股东或实际控制人安排，监督机构的独立性难以保证，进而难以实现监督制衡的作用。二是现代公司属于营利法人，需要经历激烈的市场经济考验，生存危机迫使其不

---

① 《深圳经济特区物业管理条例》《南京市住宅物业管理条例》《河南省物业管理条例》等规定了业主大会、业主委员会和业主监事会的治理结构；《重庆市物业管理条例》规定了业主大会、业主委员会和业主监事委员会的治理结构；《湖南省物业管理条例》规定了业主大会、业主委员会和业主监督委员会的治理结构。

得不坚持经营决策"效率第一"的思路。若竞争失败的公司走向破产，也就无所谓的监督制衡。换言之，建构完善的监督制衡的治理结构不是现代公司追求的目标，赢得市场经济竞争才是其根本目的。监督机构的职权过大，不利于经营决策的效率，二者存在一定程度的紧张关系。三是我国现代公司存在一定程度的监事会与独立董事职权混乱，基本上借鉴了大陆法系的治理结构，但也一定程度地吸收了英美法系的独立董事制度。① 但是，业主组织不存在上述问题，主要有以下三个方面的理由：一是依据《民法典》第278条采用人数与面积双标准计算表决权的规则，从制度上杜绝了所谓控股股东的存在。事实上，我国住宅小区中业主的表决权的权重也相差不大，各业主的法律地位相对平等。业主监事会中的监事，由业主大会选举产生，与执行机构业主委员会是并列的机构，二者不存在谁控制谁的问题，业主监事会可以发挥独立的监督制衡作用。二是业主组织属于非营利组织，无须经历市场经济的考验，业主组织存在的目的在于维护全体业主的合法权益，不在于获得利润，提高经营决策的效率不是其第一目标，业主组织适合于建构真正的监督制衡的治理结构。三是业主组织治理结构与实践中，均不存在既吸收英美法系独立董事，又吸收大陆法系监事会的情形，自然也就不存在职权混乱问题。但需要注意的是，聘请法律、会计专业机构提供法律咨询或对财务进行审计的做法是可取的，监事会可以履行该项职责。由此可知，相较于我国的现代公司来说，业主组织更适合执行机构与监督机构分离的二元结构。

最后，我国多数商品房住宅小区的现状与执行机构和监督机构分别设立的二元模式相契合。我国城市土地归国家所有，国家通过出让建设用地使用给建设单位（开发商），然后再由开发商建设成为商品房住宅小区出让给购房者。该过程一个重要的程序就是需要获得政府的规划许可，一般

---

① 参见邓峰：《代议制的公司》，北京大学出版社2015年版，第54~59页。

来说，规划许可的住宅小区很少有一栋或两栋楼的情形，多数是由数栋或数十栋楼组成的住宅小区，换言之，我国现代商品房住宅小区的人数基本属于较多情形。即使是老旧住宅小区一般也超过两栋楼，远远多于日本的人数较少的情形，这与日本较为普遍的非法人管理组合有较大差别，只设集会和管理人或区分所有权人大会和管理委员会的做法不符合我国国情。另外，对我国所谓的人数较少的老旧小区也正在经历改造、合并的过程，引进专业物业服务企业对其进行管理属于国家鼓励与支持的做法。由此可知，未来我国多数住宅小区应当建构具有完善治理结构的业主组织，即设置业主大会、业主委员会、业主监事会应当属于常态。

第三节 业主监事会的名称、性质与组成、职权

业主监事会与业主委员会均为委员会制且均由业主大会产生，二者存在诸多相通之处，监事会的类型与组成，监事会会议的召集与决议，监事的任职资格，监事主任与副主任的推选等内容基本一致。略有不同的是有监事不得兼任业主委员会委员及财务工作人员；业主监事会会议应当在业主委员会会议之后，依据业主委员会的决议安排下一步监督工作的重点等。总体来说，二者组成、资格等有关程序性的内容差别不大，名称、法律地位、组成与职权的特殊性较多，故而该部分是本书重点论述的内容。

一、业主监事会的名称和性质

（一）业主监事会的名称

我国《民法典》《物业管理条例》以及《业主大会与业主委员会指导规则》均未有关于业主组织的专门监督机构的规定，部分地方性法规和规

范性文件中规定了，业主大会可以决定设立监督业主委员会的专门机构，但是关于专门监督机构的名称不统一。依据《深圳经济特区物业管理条例》第32条①、《苏州市业主大会议事规则（示范文本）》第5章②、《南京市住宅物业管理条例》第24条③、《河南省物业管理条例》第34条④的规定，业主大会可以设立业主监事会，监督业主委员会的工作。依据《重庆市物业管理条例》第15条⑤的规定，业主大会可以设立业主监事委员会，监督业主委员会的工作。依据《湖南省物业管理条例》第24条⑥的规定可知，业主大会可以设立业主监督委员会，监督业主委员会的工作。由此，我国部分地方性法规规定专门监督机构的名称有业主监事会、业主监事委员会、业主监督委员会三种称谓。名称不一致容易造成认识上的混乱，选择一个适当的名称，有利于认识事物的本质，发挥其应有的功能。从实质与实践经验视角衡量分析，笔者认为应当使用"业主监事会"的称谓，主要有以下三个方面的理由：一是，根据现有的地方性法规或规范性

---

① 《深圳经济特区物业管理条例》第32条规定："业主大会可以设立业主监事会或者监事，监督业主委员会的工作。具体办法由市住房和建设部门另行制定。"

② 《苏州市业主大会议事规则（示范文本）》（苏住建物〔2018〕4号）第五章为"监事会"，其中第一节为监事会的职权，第二节为监事会的组成，第三节为监事会的工作规则。

③ 《南京市住宅物业管理条例》第24条第2款规定："业主大会可以根据工作需要设立业主监事会，聘请业主委员会秘书。具体产生办法、工作职责、所需经费在管理规约、业主大会议事规则中约定。"

④ 《河南省物业管理条例》第36条规定："业主大会可以设立业主监事会或者独立监事，负责监督业主委员会的工作，并履行业主大会赋予的其他职责。"

⑤ 《重庆市物业管理条例》第15条第3款规定："业主大会可以设立监事委员会，负责监督业主委员会的工作，并履行业主大会赋予的其他职责。业主大会设立监事委员会的，业主大会议事规则应当对监事委员会的职责、组成、选举产生、工作规则和成员罢免等事项依法作出约定。"

⑥ 《湖南省物业管理条例》第24条规定："业主大会根据需要可以设立业主代表会议，履行业主大会赋予的职权职责；业主大会决定设立业主代表会议的，应当同时明确业主代表的产生及业主代表会议的权限及议事规则。业主大会可以设立业主监督委员会，负责监督业主委员会的工作，并履行业主大会赋予的其他职责。"

文件的规定，使用业主监事会称谓的规定较多，说明地方立法者对该称谓共识性较高，有利于该机构的设立与推广。二是，监事、监事会的称谓在公司、社会团体法人等自治性法人中普遍使用，其与业主组织性质相同，监事、监事会的含义和应当发挥的功能在自治性的组织中一致，便于人民群众的理解；三是，业主监事会与业主委员会具有对应关系，便于日常称呼。

需要注意的是，使用"业主监督委员会"的称谓并非没有依据，其至少有以下两个方面的理由：一是，从语义逻辑视角分析，监事是与理事、董事相对应的称谓，现代公司中理事会与监事会对应，非营利组织中普遍是理事会和监事会对应，而业主组织使用委员会和监事会对应不符合形式上语义逻辑。二是，从业主委员会的发展历史角度来看，业主委员会的原名为业主管理委员会，使用业主监督委员会与其相互对应。毋庸讳言，从形式逻辑视角分析，使用业主监督委员会的称谓更为妥当，原因有以下几点：首先，从事实角度看，业主管理委员会的称谓毕竟改为了业主委员会，改的原因在于该机构既有管理职责又有服务职责，其中服务职责是其核心职责，通过管理手段达到服务的目的，与物业管理企业改为物业服务企业的原因一致。若仍然使用业主监督委员会，则与现实的业主委员会的称谓无法对应，且两个均是委员会容易产生误解。其次，业主监督委员会的字数较多，其简称后与业主委员会的简称无法对应。业主委员会简称"业委会"，业主监督委员会简称为"业监会"或"业监委"等均不符合日常习惯用法。最后，我国国家机构改革成立了国家监察委员会，简称"国家监委"，若使用"业主监督委员会"的称谓，无论使用何种简称容易与国家机构混淆。另外，业主监事委员会相较于业主监事会的称谓略显啰嗦，应采用"奥卡姆剃刀原则"，省略委员二字。故而，当形式逻辑与实质和实践经验发生冲突时，坚持实质与实践经验优先原则，质言之，业主组织的专门监督机构使用"业主监事会"的称谓更为妥当。

(二) 业主监事会的性质

业主监事会是指由业主大会选举产生的监事共同组成，对业主委员会、物业服务企业管理活动以及业主组织的财务进行监督的专门机构。如前所述，与美国的业主协会监督模式不同，我国与大陆法系业主组织治理机构的监督模式相似，设置专门的监督机构。需要说明的是，业主组织与现代公司治理结构的不同之处在于，现代公司的经理层属于公司内部机构，而物业服务企业相对于业主组织来说是外部独立法人，外聘服务管理人。由此，二者监督机构的工作模式略有不同，对于业主组织来说，业主委员会是代表业主组织的机构，一般情况下，应当由业主委员会代表业主组织监督物业服务企业的工作，只有当业主委员会无法正常履行职责时，业主监事会才能临时代替业主委员会的工作。相比较来说，业主监事会对物业服务企业的监督更多地体现为间接的监督，即通过监督业主委员会来监督物业服务企业。但是，业主委员会监督物业服务企业的工作时，业主监事会应当派员出席，避免信息不对称导致的监督失灵。从职责内容视角来看，业主委员会和物业服务企业均有管理职责，业主委员会的管理职责源自法律的特别规定和业主大会的授权，物业服务企业的管理职责源自法律的特别规定和物业服务合同，质言之，二者均有权力，均须受到监督，监督的内容主要涉及业务和财务两个方面。

业主监事会的法律定位可以从以下三个方面进行论述。首先，从权力监督制衡的视角看，业主监事会是权力制衡的关键一环。实践无数次地证明并将继续证明，"权力"需要受到监督制约，否则就会容易滋生腐败。用权力制约权力，也是人们实践经验的总结，无论何种性质的国家均设有监督制衡的机制，只是各国设置的模式不同。业主大会之下设置业主委员会和业主监事会，且二者无隶属关系，是平行对等的制衡关系。业主大会、业主委员会、业主监事会三者之间构成三角形式的"稳定性"。因此，业主监事会无法单独对业主委员会作出罢免业主委员会委员的处罚,其需要借助业主大会的力量,召集业主大会,形成业主大会决议才能罢免业主委员会委员。同理,若业主监事会无正当理由或超越职权监督,业主委员会也可召集业主大会提议罢免业主监事会监事。业主大会虽然是最高决策机构,但其是非常设机构,无法自我启动,同样受到限制,只有与业主委员会或业主监事会联合才能发挥作用。① 由此可知,业主监事会与业主委员会应当是相伴而生的组织机构,若设置业主委员会,就应当设立业主监事会,否则业主委员会就会因缺乏监督制衡而滥用职权或者不作为。

其次,从委托代理理论视角看,业主监事会设立的目的在于降低代理成本。如前文所述,业主大会与业主委员会和物业服务企业之间是委托代理关系,② 业主作为业主组织的真正权利人,不具备经营能力与经验或没有足够的时间与精力,且权利高度分散,直接管理成本巨大,需要将组织经营权交给有能力、有经验、有时间的业主和物业服务企业来掌管。在该委托代理关系中,委托人业主关心的是自己的财产保值、增值且生活的环境安全、卫生,被委托人业主委员会委员和物业服务企业与该利益不完全一致,其有可能利用信息优势,滥用权力或不作为,损害业主的利益,此正是所谓的"代理成本"。实践中已经无数次地证明了业主组织治理中存在高昂的"代理成本",理论上与立法上,我们坚持的是"业主大会中心主义",而事实上与实践中,难免滑向"业主委员会中心主义"或"物业服务企业中心主义"。为减少代理成本,让业主组织治理实然的"业主委员会中心主义"或"物业服务企业中心主义"趋近于应然的"业主大会中

---

① 需要注意的是,当业主委员会与业主监事会联合,二者的权力也是大于第三边业主大会的权力,业主大会无法正常召开,危害了全体业主的合法权益。此时,需要借助外部力量,一般是居民委员会或街道办事处协助召开业主大会,打破该种形式的力量对比关系。

② 需要说明的是,《民法典》合同编第二十四章"物业服务合同"性质上属于委托代理合同,可以适用委托代理合同的一般条款。

心主义",有必要建构业主监事会,对业主委员会和物业服务企业进行有效的监督制衡。

最后,从设立的功能视角看,业主监事会是专门的监督机构,独立行使监督职权,属于业主组织的常设机构。业主监事会履行的监督职能一般包括业主委员会是否正当履行职责,物业服务企业是否依据物业服务合同提供相应的服务和业主组织的财务监督三个方面。监督权的独立性是监督机制发挥作用的基本前提,业主监事会与业主委员会独立并行,即是从制度上给予的保障。[①] 需要说明的是,业主监事会行使监督权,也不应当受到居民委员会和政府的干涉,居民委员会与政府对业主委员会的监督作用的发挥,应当是在业主监事会之后,处于第二顺位。业主监事会注重结果监督。业主监事会是独立于业主委员会之外,对业主委员会决议或委员和物业服务企业已发生的行为进行监督,表现为事后监督。即使监事列席业主委员会会议,但监事不拥有对业主委员会决议事项的表决权,不可能事前否定业主委员会的决议。只能通过事后的审核、调查,要求业主委员会改变决议,或追究有关人员的责任。另外,业主监事会与业主委员会一样均是业主组织的常设机构。

二、业主监事会的组成和职权

(一) 业主监事会的组成

业主监事会的人数与业主委员会一致,但其组成成员存在争议。在传统公司法领域,依据"委托代理理论",监事会成员一般是在股东中选任。但随着"利益相关者理论"的发展,公司职工被认为是公司的利益相关

---

① 需要说明的是,业主组织的表决权高度分散,不存在实际控制人的情形,无须加大业主监事会的权力予以制衡,进而无须借鉴德国现代公司的双层治理结构模式,即监事会决定董事会人选的模式。

第六章　业主组织治理结构的监督机构——业主监事会

者，为保障职工的合法权益，职工开始进入监事会。大陆法系的德国、奥地利等国家的《公司法》均规定，监事会成员中应当有一定比例的职工代表参与公司的监督。我国《公司法》第117条也规定，监事会成员职工人数占比不得少于三分之一。① 业主组织不是营利组织，其无须雇佣大量的职工从事生产经营活动，由此，业主组织不存在职工是否参与业主监事会的问题。但是，依据利益相关者理论，物业使用人、街道办事处、居民委员会等组织属于利益相关者，该类组织成为业主监事会成员似乎具有一定的正当性，并且《湖南省业主大会议事规则（示范文本）》第70条②列举了物业使用人、街道办事处（乡镇人民政府）或居民委员会、辖区公安干警、社区（村）党组织等利益相关者应为业主监督委员会（业主监事会）成员。由此，该类利益相关者能否成为业主监事会成员值得探讨。笔者认为物业使用人不能单独作为业主监事会成员，但其可以受业主委托的代表作为业主监事会成员；物业服务企业、居民委员会、街道办事处等其他组织不应当成为业主监事会成员，主要基于以下三点理由。

首先，利益相关者理论只是对委托代理理论的修正，其自身有其固有缺陷。基于委托代理理论过度关注股东权益的事实，提供公司治理也应当关注职工、债权人等其他利益相关者。但是利益相关者理论的多利益主体目标治理理念容易使得治理本身陷入目标不一致的困惑中，顾此失彼往往难以避免。由此，公司治理实践中，仅仅将职工作为公司内部治理需要关注的对象，而债权人、供应商、社区、政府等外部利益相关者未列入公司

---

① 参见范健、王建文：《公司法》（第五版），法律出版社2018年版，第360~361页。
② 《湖南省业主大会议事规则（示范文本）》（湘建房函〔2020〕55号）第70条规定："业主大会决定设立业主监督委员会的，业主监督委员会由业主大会选举产生，人数为____人。其中业主____人；物业使用人____人；街道办事处（乡镇人民政府）或者居（村）民委员会负责人____人；辖区公安干警____人；社区（村）党组织或者物业小区党组织成员____人。与业主委员会及在本物业管理区域内提供服务的企业存在利害关系的人员，不得担任业主监督委员会委员。"

治理结构中,该类利益相关者权益的保护,需要依据法律或合同的约定来实现,而不是通过公司治理本身实现的。对业主组织来说,物业服务企业、居民委员会、街道办事处等外部组织的利益可以通过合同或法律的规定来保障,无须参与业主组织治理结构之中。其次,物业使用人不应当成为业主监事会成员与其不得成为业主的理由相同,物业使用人仅关注住宅小区的短期利益,不注重长期利益,与业主的利益不完全一致。但业主可以将二者利益一致的一般性事务委托给物业使用人,让其代为表达自己的真实意愿。最后,实践中,物业服务企业、居民委员会、街道办事处等组织属于强势组织,仅仅依靠法律规定或合同约定多数就可以直接参与业主组织的治理活动,该类外部组织的利益可以得到保障。若再让其成为业主组织治理结构本身的一部分,则业主组织的自治性则荡然无存。更为重要的是,业主组织治理结果的直接承受者是业主,物业服务企业、居民委员会、街道办事处等外部组织只是间接承受者。"权力大、责任小"容易导致权力滥用。由此,依据权责一致原则、最密切联系原则等,物业服务企业、居民委员会、街道办事处等外部组织不得成为监事会组成成员。

(二) 业主监事会的职权

业主监事会监督的对象主要是业主委员会和物业服务企业,对业主委员会的监督依据的是法律、管理规约、业主大会议事规则和业主大会决议;① 对物业服务企业的监督依据的是法律②和物业服务合同的内容。业主监事会的权力主要源于业主大会决议的授权,业主监事会职权应当采用列举加概括的立法技术,最后规定"业主大会授予的其他职权"。故而,业主监事会的权限与业主委员会的相同,应当坚持"无明文规定,即为禁

---

① 如前所述,管理规约、业主大会议事规则和业主大会决议本质上均属于业主自治的范畴。

② 此处的法律是广义的法律,包括法律、法规和规章。

止的原则",换言之,业主监事会监督业主委员会和物业服务企业的具体行为必须有法定或约定上的依据,否则即为违规。根据现代公司监督实践,健全的监督制度,广泛的监督权限,能够起到监督的实效;相反,制度规定不严,权限较少,则难以起到监督的实效。① 从业主监事会监督权的类型来看,依据业主监事会的法律地位,业主监事会应当享有知情权、质询权、审核权、建议权、临时代表权等权力。从业主监事会监督的内容来看,可以分为业务监督、财务监督以及配套监督措施三个方面。借鉴域外业主组织监督机构及我国现代公司监事会的经验,本书重点从业主监事会监督的内容视角进行论述。

借鉴域外国家业主组织监督机构职权的内容,结合我国部分地方立法与实践的经验,从业务监督视角来看,业主监事会应当具有如下职权:一是,汇集业主对业主委员会和物业服务企业工作的意见,对该类意见进行事实层面的核实,并依据法律、管理规约、业主大会决议以及物业服务合同,向业主、业主委员会或物业服务企业反馈业主监事会的意见或建议。二是,对业主委员会委员和物业服务企业的行为进行监督,对违反法律、管理规约以及业主大会决议的委员提出罢免建议,对违反物业服务合同的物业服务企业,提出纠正意见或解聘建议。三是,对业主委员会或物业服务企业明显侵害业主共同利益的行为,及时要求其纠正,必要时可以追究行为者的民事责任。四是,对业主反映强烈的住宅小区事务、财务问题进行质询,并请业主委员会或物业服务企业予以说明。尤其是对住宅小区中的专项项目提出的质询意见,业主委员会或物业服务企业应当及时回复。五是,列席业主大会会议和业主委员会会议。信息不对称是业主委员会和物业服务企业滥用权力或不作为的原因之一,列席业主大会会议和业主委员会会议有助于提高信息的对称性。需要注意的是,业主监事会及其成员

---

① 参见范健、王建文:《公司法》(第五版),法律出版社2018年版,第359页。

依法依规、实事求是进行监督，不得直接参与业主委员会的具体决策和管理，也不得干预其日常工作。

从财务监督的视角来看，财务监督是业主监事会的重要工作内容，应当根据不同的财务类型予以不同的监督方式。财务监督主要包括物业费、建筑物及其附属设施的维修资金（共用维修资金）、共有部分收益和业主组织活动经费四种类型。一是对物业费的监督。物业费与物业企业提供的服务是否匹配，防止高价格、低服务。实践中，物业费的调整最为棘手，重点监督物业费用调整的依据、幅度和程序是否合法、合规。事实上，业主监事会的参与更有利于建构公开、透明、公平、合理的物业费调整机制，对物业服务企业和业主均有利。二是对共用维修资金的监督。首先，对共用维修资金的监督是共用维修资金的使用或筹集是否程序合法，是否经过了业主大会的表决程序，并且达到了法定表决比率。实践中，多地出现了伪造业主签名使用共用维修资金的案例。① 其次，确认共用维修资金是否用于对建筑物及其附属设施共有部分的维修、更新和改造；再次，使用共用维修资金是否坚持招投标或多家议标的合理使用方案；最后，对共用维修资金的使用和筹集应当定期及时公开。三是对共有部分收益的监督。依据《民法典》第282条②的规定，共有部分的收益在扣除合理成本后应当归业主所有。该条款为《民法典》新增内容，目的是明确共有部分收益的所有权归属。实践中共有部分收益如何分配是较为棘手的问题，也

---

① 例如，《伪造业主签名，物业被判公开赔礼道歉》，载湖南长安网，http：//www.hnzf.gov.cn/Info.aspx？ModelId＝1&Id＝42800，访问日期：2019年12月5日。

② 《民法典》第282条规定："建设单位、物业服务企业或者其他管理人等利用业主的共有部分产生的收入，在扣除合理成本之后，属于业主共有。"

发生了诸多纠纷案件。① 业主监事会有必要介入监督，首先，确认共有部分的范围应当依据《建筑物区分所有权纠纷解释》第 3 条②的规定，实践中利用共有部分经营的形式多样，例如建筑外墙、电梯、门闸等公共区域的广告收益；公共区域停车费；公共区域内出租的摊位费；公共配套设施出租费，如球场、游泳池、活动室等；自动售货机、快递箱柜的场地费等等。其次，合理成本的确定，坚持以市场价格为原则，并且应当通过业主大会决议，业主委员会无权设定，此处容易发生委托代理中的"逆向选择"问题。四是对业主组织活动经费的监督。对业主组织活动经费的监督主要是查阅财务账簿及其他会计资料，检查财务状况。业主委员会成员的津贴、办公用品费、会务费等支出均应当遵守会计制度。

业主监事会履行对业务和财务监督的权力，还需要配套监督的权力。一是召集业主大会的权力。业主监事会对业主委员会和物业服务企业不仅能提出纠正意见，而且可以授予业主监事会必要的处罚权，例如警告处分等。但不得将专属于业主大会的权力授予业主监事会，例如更换业主委员会委员，解聘物业服务企业等，主要的理由在于监督权的悖论，"谁来监督监督者"，只有业主大会才享有组织的最高的权力，不受内部权力机构的约束。当涉及罢免或更换业主委员会委员时，业主委员会可能拒绝召集

---

① 例如，霍某某诉新闵小区业主委员会撤销权纠纷一案，参见上海市闵行区人民法院（2016）沪 0112 民初 4639 号民事判决书，参见上海市第一中级人民法院（2016）沪 01 民终 7853 号民事判决书；胡某某诉四季花城小区业主委员会撤销权纠纷一案，参见成都市武侯区人民法院（2013）武侯民初字第 491 号民事判决书，参见成都市中级人民法院（2013）成民终字第 4047 号民事判决书。

② 《建筑物区分所有权纠纷解释》（法释〔2020〕17 号）第 3 条规定："除法律、行政法规规定的共有部分外，建筑区划内的以下部分，也应当认定为民法典第二编第六章所称的共有部分：（一）建筑物的基础、承重结构、外墙、屋顶等基本结构部分，通道、楼梯、大堂等公共通行部分，消防、公共照明等附属设施、设备，避难层、设备层或者设备间等结构部分；（二）其他不属于业主专有部分，也不属于市政公用部分或者其他权利人所有的场所及设施等。建筑区划内的土地，依法由业主共同享有建设用地使用权，但属于业主专有的整栋建筑物的规划占地或者城镇公共道路、绿地占地除外。"

业主大会，故而，也应当授予业主监事会召集业主大会的权力。该规定较为合理，值得借鉴。二是向业主大会提出议案的权力。业主监事会作为业主组织的重要组成机构，应当授予其在职权范围内向业主大会提出议案的权力。需要说明的是，罢免或更换业主委员会成员本身就需要提出议案，事实上，若业主监事会无权提出议案则多数职权无法履行。三是聘请法律、会计等专业服务机构的权力。业主监事会的成员均是由业主组成，业务和财务监督，往往涉及法律和财务的专业知识，业主监事会成员往往不具备。聘请专业服务机构有利于弥补监督能力不足的缺陷，发挥应有的监督作用。四是临时代表业主组织的权力。当业主委员会侵害业主组织的合法权益时，业主监事会应当有权代表业主组织追求业主委员会相关人员的责任，可以向人民法院提起诉讼。事实上，《日本建筑物区分所有权法》第51条[①]也表达了相同的含义，管理组合法人与理事利益相反时，监事代表管理组织合法人。该条款承认了监事会的代表权，不仅理事会可以代表管理组合，监事会在理事会存在双方代表、双方代理等可能侵害管理组合法人利益以及需要追诉理事时，则应当由监事会代表管理组合法人。[②] 另外，当业主委员会陷入瘫痪，无法正常履行职责时，业主监事会可以临时代表业主组织与物业服务企业、居民委员会、政府有关部门沟通，及时组织选举业主委员会。

本章小结

业主组织作为一个独立的自治组织，其应当具有完整的治理结构，建

[①] 《日本建筑物区分所有权法》第51条规定："有关管理组合法人与理事利益相反的事项，监事代表管理组合法人。"

[②] 稲本洋之助=鎌野邦樹『コンメンタール マンション区分所有法』（日本評論社，2004年）276~278頁。

构专门的监督机构，不仅是依据委托代理理论推理的结果，也是客观现实的需要与实践经验总结。业主大会作为非常设机构且由业主委员会负责召集，仅让其监督业主委员会和物业服务企业会具有先天的制度局限性。现实生活中业主委员会滥用职权或不作为案件频发，物业服务企业缺乏有效监督，乱收费、服务差事件层出不穷。村民组织与业主组织的性质及遭遇的难题相似，村民组织设立专门监督机构"村务监督委员会"，监督村民委员会的业务与财务的工作且作为村民与村民委员会沟通的桥梁，获得了良好的治理效果并得到了中央和国务院的认可，该经验值得业主组织借鉴。

业主组织的人数是建构业主组织治理结构的关键因素，人数较少的由于不存在委托代理中的信息优势问题，无须建构专门的监督机构。另外，日本以单栋建筑物为基础，人数较少的业主组织一般为"非法人团体"或"无权利能力社团"，业主是业主组织活动的直接参与者，业主个人的权利较大，可以通过直接向业主组织或法院主张自己的权益。但是，我国的业主组织是以住宅小区为单位构建的组织，一般来说，人数较多且权利高度分散，属于典型的委托代理关系，存在委托代理中的各种问题，应当构建专门的监督机构。构建专门监督机构的模式大致有英美法系模式和大陆法系模式两种，大陆法系模式内部的德国与日本也不完全相同。美国业主协会的治理结构、德国的所有权人团体、日本的管理组合法人均与其本国的营利性公司的治理结构基本一致，我国《公司法》规定的公司治理结构与大陆法系公司法的治理机构更为接近。我国部分地方已经建构了类似于我国公司基本治理结构的专门监督机构——业主监事会。由此，大陆法系的基本模式更契合我国业主组织的治理结构。依据实践经验，业主组织的监督机构的名称应为业主监事会，该称谓优于业主监督委员会和业主监事委员会的称谓。业主监事会是业主组织权力制衡的关键一环，其目的在于降低代理成本，其应为常设机构和专门监督机构，独立行使监督权。物业使用人、物业服务企业、居民委员会、街道办事处等外部组织或自然人虽然是利益相关者,但由于其相关利益可以通过法定或约定的方式予以保护,不应当作为业主监事会的组成成员,否则业主组织难以成为独立的自治性组织。业务和财务监督是业主监事会的主要职权,配套性权力是完成该两项职权的保障,也是沟通业主和业主委员会、物业服务企业的需要。业主监事会既是监督机构也是沟通的桥梁,防患于未然,应当是其工作的方向。

第七章 我国业主组织治理结构的完善

第一节 我国业主组织治理结构完善的基本原则

业主组织治理结构的完善不仅需要对业主组织治理结构的基础理论进行厘清、明定,而且需要结合我国业主组织治理结构的现实进行基本原则的论述,具体来说,主要有以下四个方面。

一、体系化与类型化相结合

业主组织治理结构的体系化思想包含内部体系和外部体系两个方面。业主组织治理结构的内部体系是指业主组织的概念,业主组织治理结构之各机构的性质、功能、职权等内容相互协调且逻辑自洽,形成一个完整的法人治理结构体系。另外,任何制度都不是孤立的制度,它总是与现存的其他制度存在或多或少的联系,业主组织治理结构也不例外,进而,在完善业主组织治理结构的过程中,不仅注重业主组织治理结构自身的体系,还应当注意与其他制度的契合性,尤其是与《民法典》等基本法律制度的相容性,质言之,业主组织治理结构内部体系与外部体系均应受到重视。

类型化思想是思考问题的重要方式,将客观现实的事物依据特定的标准分门别类,再针对不同的类型实施不同的策略。我国住宅小区的人员结构较为复杂,若规定单一的业主组织制度则难以覆盖各种特殊的情形,仅以人数为区分标准，至少可以分为人数较少与人数较多两种类型。值得注意的是，未经备案登记的业主组织依据现有规定也应当认定为具有"组织性"（团体性）。事实上，若以日本曾规定的 30 人以上即可成立管理组合法人的标准（后因鼓励设立管理组合法人取消了该规定），有鉴于我国以住宅小区的全体业主为一个业主组织的规定，由此，我国大部分业主组织都符合人数较多的标准。另外，将业主组织的治理结构区分为意思机构、执行机构、监督机构也是类型化思考的结果，针对机构不同的性质赋予其不同的职权，自然发挥不同的功能。

二、解释论与立法论相结合

2020 年 5 月 28 日，全国人大通过并公布了《民法典》。学界普遍认为，应当从解释论视角对《民法典》条文予以妥当地解读与适用，不应贸然提出立法论视角的修改意见。由此，《民法典》关于业主组织的相关规定是研究展开的前提，而非建议修订的对象，换言之，《民法典》关于业主组织的相关规定只能是解释的对象。但是，可以基于《民法典》的规定，对其他法律、法规关于业主组织的相关规定提出立法论视角的完善或建构意见。事实上，在物业管理方面，全国多地已经启动了修改地方性物业管理条例的议程。国务院的《物业管理条例》以及住房和城乡建设部的《业主大会和业主委员会指导规则》，预计将会基于《民法典》的规定作出适当的调整。另外，《民法典》第 277 条第 1 款第 2 句规定的"业主大会、业主委员会成立的具体条件和程序，依照法律、法规的规定"，为立法论视角探讨预留了接口。由此，解释论与立法论相结合的思想探讨业主组织治理结构是本书应当选择的指导思想。

三、授权与限权相结合

业主组织是独立于业主个人的组织体，具有独立的法人人格，组织体意思的形成源自多数决规则，承担独立的民事责任。为避免住宅小区陷入"公地悲剧"的状态，设立业主组织不仅是基于"人性恶"推导的结果，也是客观现实的需要。业主组织设立后，应当赋予业主组织相应的权力，即"授权"，使业主组织有能力为业主提供服务，然而，权力具有与生俱来的弱点即"腐败"与"扩张"，"绝对的权力绝对导致腐败""权力一直扩张到它的边界为止"，由此，限权与授权同等重要，否则利用业主组织的权力侵害个人权利的案件将不断上演。构建分权制衡的业主组织治理结构，明确业主组织治理结构各机构的权限与运行规则是授权与限权的最重要的方法，也是本书论述的重点。事实上，委托代理理论是从经济学的角度解释了构建分权制衡的业主组织治理结构的原因，代理人相较于委托人来说具有信息优势，基于"经济理性人"的假设，代理人有"逆向选择"和"道德风险"的问题，一般情况下，我国业主组织属于委托代理关系，故而，授权与限权应当作为我国业主组织治理结构完善的指导思想。

四、域外经验与本土实践相结合

我国业主组织的发展处于起步阶段，如何设立业主组织、业主组织的法律地位、业主组织的治理结构等基础性问题仍然未达成共识。域外国家或地区业主组织的发展时间较长，相对较为成熟，部分内容值得借鉴。其中，日本不仅与我国法律制度相近，业主组织部分内容也十分相似，应重点参考。同时，应当注意域外制度的理论基础与实践效果，注意契合性的考量，防止本土化不适应的现象发生。我国自1991年在深圳设立第一个业主管理委员会以来，业主组织的形态、结构也发生了较大的变化，这些变化具有内生性、本土性、实践性等特点，在完善我国业主组织治理结构的过程中，应当予以充分的重视。无论是基于基础理论推导的应然的业主组织治理结构，还是域外经验的借鉴，最终都需要本土实践的检验。基础理论的发展与相关制度的完善都离不开实践经验的积累和总结。事实上，业主组织概念的提出和业主监事会的构建均是本土经验反思的结果。

第二节 我国业主组织治理结构完善的进路

一、明定业主组织的主要类型

依据《民法典》的相关规定和形式逻辑的推理可知，业主组织可以有四种情形：一是，未进行备案登记的业主组织，依据《民法典》第271条的规定可知，建筑物区分所有权采"三元论"说，质言之，建筑物区分所有权本身具有"所有权法"和"团体法"（组织法）的双重属性，[①]进而，无论是否登记住宅小区的全体业主本身就是一个组织，可以通过多数决形成组织的意思。《民法典》第278条使用"业主共同"，而未使用"业主大会"就说明了这一点，但该组织的性质仍需进一步探讨。二是，已备案登记，只设立了业主大会和负责人，未设业主委员会、业主监事会的业主组织，该类型仅限于人数非常少的业主组织。有鉴于我国是以住宅小区全体业主为法定单一业主组织，在几十户的业主组织已经属于人数较少的业主组织，由此，从理论与逻辑上推导可以存在的业主组织类型，在我国现实社会中该类型的业主组织非常少。三是，已备案登记，只设业主大会和业主委员会，未设业主监事会的业主组织，该类型是我国现实生活中作为常见的业主组织，其与日本的管理组合的规定类似。四是，已登记备案，设立业主大会、业主委员会、业主监事会的业主组织，该类型在我国部分地方存在，有鉴于其具有相对完善的治理结构，代表业主组织发展的方向，是本书重点论述的内容。

[①] 参见康浩：《建筑物区分所有权的特性研究——以所有权特性与团体法特性的交错为视角》，中央财经大学2020年博士学位论文，第24~30页。

由此可知，上述四种类型的业主组织，应当明确具有完善治理结构的第四种业主组织作为主要形态。仅设业主委员会或管理负责人的业主组织应当限定在人数较少或非常少的业主组织中。需要说明的是，人数较多、人数较少、人数非常少属于确定性概念，各地方性管理条例可以根据本地区实际情况确定具体的数字。另外，值得注意的是，我国仅设业主委员会的业主组织与日本的理事会和管理委员会内涵不完全相同，我国业主委员会中未设财务委员和监察委员专门负责财务与业务监督事务，实践经验表明，即使人数较少的业主组织，亦有监督的必要。除域外经验外，人数较少的有限责任公司不设专门的监事会，但仍然设有监事。我国仅设业主委员会，未设业主监事会的业主组织，可以借鉴域外经验和《公司法》关于人数较少的有限责任公司的规定，在业主委员会内部设立财务委员和监察委员。

二、我国业主组织的业主大会和业主委员会制度的完善

《民法典》属于民事基本法，其关于业主大会、业主委员会规定的内容较多，我国业主组织治理结构的完善首先应当对上述规定作妥当的解释。需要说明的是，此处的解释，属于狭义的法律解释，在法律文义涵摄的范围内运用目的解释、体系解释、比较解释、历史解释等方法对法律条文予以解释，不包括法律漏洞的填补。《民法典》第277条规定的"设立业主大会"，解释为设立业主组织的最高决策机构和意思机构，而不解释为设立组织体。如前文所述，若将业主大会解释为组织体，将陷入业主大会既是组织体又是该组织体的意思机构的自我矛盾之中。从逻辑上来看，一个事物要么是部分，要么是整体，无法同时既是部分又是整体。将业主委员会解释为业主组织的执行机构和代表机构，而不解释为业主大会的执行机构、代表机构。提出业主组织概念代表组织体，业主大会回归该组织体的意思机构的本位后，业主委员会自然成为该组织体的执行机构、代表

机构。另外,《民法典》多处将业主大会和业主委员会并列使用,将二者解释为组织体意思机构和执行机构的决定更契合法条本身的内涵。

业主大会、业主委员会均是业主组织的核心机构,不仅应当从解释论视角解读《民法典》的规定,还应当从立法论的视角探寻二者应然规定。《民法典》关于业主大会的职权范围与表决权的规定较为详细,缺乏对业主大会运行程序和业主大会决议瑕疵及其救济的规定,应当通过其他法律、法规予以完善。《民法典》关于业主委员会的规定有多处描述,事实上还不够。业主委员会是业主组织的执行机构、代表机构,负责业主组织的日常事务,采用委员会负责制。法律、法规应当对业主委员会的职权、议事规则、业主委员会及业主委员会主任的资格予以明确。社会实践经验表明,选择妥当的业主委员会成员,尤其是业主委员会主任非常关键,业主委员会主任能力的高低,直接影响业主组织治理的成败。另外,制约业主委员会权力的同时,还应当对业主委员会成员进行必要的正向激励。故而,解释论和立法论视角对业主大会、业主委员会制度的完善均具有重要作用。

需要注意的是,现实生活中,物业服务企业经常阻碍业主大会和业主委员会正常运转,如何促使物业服务企业回归物业服务的本位,值得探究。笔者认为应当发挥市场经济的作用,以市场作为资源配置的基础性手段。一般来说,前期物业服务企业是建设单位的下属子公司或控股公司,换言之,住宅小区的物业服务企业并非市场经济竞争的结果,而是建设单位继续获得利益的工具。由此,打破物业服务企业的既得利益,让物业服务行业回归市场经济,至关重要。利用招投标的方式,通过业主大会选择信誉、服务、价格等适当的物业服务企业是较好的市场经济方式。另外,应当承认依据现有条件召开业主大会并非易事,各地方性物业管理条例督促住房与城乡建设部门利用现代网络信息技术建构业主表决系统的做法,应当加紧落实。将固定时间、地点召开的业主大会转移至网上,符合时代发展的潮流，也回避了物业服务企业现场干扰的可能性。事实上，运用市场和科技的力量倒逼物业服务企业，有利于优质物业服务企业在市场竞争中胜出，也有利于物业服务行业的长远发展，当然也有利于维护业主的合法权益。

三、我国业主组织、管理规约和业主监事会制度的建构

《民法典》和《物业管理条例》没有关于业主组织和业主监事会的规定，关于管理规约的内容规定也较少，无法从解释论视角予以完善，应从立法论视角探讨如何建构。将业主大会的双重内涵分离，提出"业主组织"的概念代表全体业主集合体（共同体），业主大会回归组织体之意思机构的内涵，类似于公司与股东大会之间的关系。使用亚里士多德的"质料形式理论"来解释业主大会与业主组织之间的关系，则是二者"质料相同、形式不同，形式是事物的本质"。管理规约是业主大会依据法律规定决议的结果，属于自治规范，类似于公司之章程，"授权与限权"是管理规约的基本思想。法律介入管理规约的目的在于守护公共利益的底线并引导业主组织顺畅自治，业主组织的公私二重属性在管理规约中有较为明显的体现。依据法律介入管理规约的程度为标准，可将管理规约记载事项区分为法律强制性规定、法律强制性规定、绝对必要记载事项、必要记载事项、相对必要记载事项、任意记载事项五个类型。结合我国实践经验与域外法关于管理规约的规定，政府有必要制定切实可行的管理规约示范文本指导业主自治。另外，临时管理规约具有先天的缺陷，对其内容政府有必要做相应的强制性规定，防止建设单位侵害业主的合法权益，阻止临时管理规约常态化。基于"理性经济人"的假设与社会实践的结果表明，业主委员会和物业服务企业应当受到监督。一般情况下，应当建构业主组织专门的内部监督机构，消除委托代理关系中的信息不对称问题，监督内容主要涉及财务和业务两个方面。若人数较少，不设专门的监督机构，可在业

主委员会内部设立专门的监督委员。

政府有关部门和居民委员会在设立业主组织、制定管理规约和监督业主组织运行过程中应当发挥应有作用。业主组织成员具有高度分散的特征，难以组织起来形成多数决的组织体意见，再加上建设单位和物业服务企业的阻挠，若没有政府有关部门和居民委员会的指导与协助，则难以设立业主组织，已成立的业主组织也难以开展相应的活动。街道办事处（乡镇人民政府）应当设立专门机构，例如物业管理办公室，发挥具体业务操作的指导与监督作用；区县政府的住房与城乡建设部门发挥业务、法律、法规的指导与监督作用；地市政府的住房与城乡建设部门不仅发挥业务、法律、法规指导与监督作用，还应当构建全地区或全市统一的网络信息系统。需要注意的是，居民委员会法律上仍然属于自治组织，监督作用发挥的余地不大，更多的是指导与协助的作用。地方政府有关部门和居民委员会设置专门机构或专门人员负责该项业务，匹配相应的绩效考核制度，尤其是将设立业主组织和指导、协助、监督业主组织自治列为具体的考核内容，有利于政府有关部门和居民委员会发挥应有的作用。事实上，政府有关部门和居民委员会也是业主组织自治的利益相关者，社会实践表明，当时业主组织无法正常运转，住宅小区陷入混乱时，政府有关部门和居民委员会往往是秩序的修复者与维护者，浪费了大量的精力与财力。防患于未然，使住宅小区中的矛盾消灭于萌芽状态，也是政府有关部门和居委员会应有的责任。

为保障业主监事会发挥监督作用，应授权其有引入法律、会计等外部专业服务机构的权力。召开临时业主大会、选举或更换业主委员会、审查业主委员会的会计账簿等活动，属于专业性、技术性较强的活动，未受过相关专业技术知识训练过的业主无法胜任上述工作。若完全依靠地方政府有关部门和居民委员会的指导和协助，有鉴于业主监事会人员配置数量有限等原因，无法服务辖区内所有住宅小区中业主组织的自治活动。借鉴美国业主协会的经验，并结合根据我国部分住宅小区的实践经验和业主组织的客观现状，鼓励并支持部分住宅小区的业主监事会外聘法律、会计等外部专业机构，协助业主组织自治，发挥业主组织治理结构各机构应有的作用。我国社会实践表明，部分住宅小区人数较多，面积大，公共收益较多，外聘法律、会计等专门服务机构，难度不大。在美国，外聘律师事务所和会计师事务所提供专门的法律和会计服务不仅普遍，而且非常必要。事实上，引入法律、会计等外部专业服务机构为业主组织提供专业服务，既是现实生活中业主组织的需要，又为政府有关部门和居民委员会减轻了工作负担，同时也存在一定程度的制衡作用。使得指导和协助召开业主大会，选举业主委员会和业主监事会，制定管理规约和议事规则的权力非专属于政府有关部门和居民委员会，具有一定程度的防止政府有关部门和居民委员会乱作为或不作为的作用。

本章小结

我国业主组织治理结构的发展与研究还处于初始阶段，甚至对是否应当提出业主组织的概念还存有争议，有鉴于此，依据实践经验，本章重点关注业主组织的设立，管理规约、业主大会、业主委员会、业主监事会如何完善或建构和如何与现有制度相契合，以及业主组织治理结构的如何顺畅运行三个方面的问题。完善业主组织治理结构的进路属于实践活动，除了需要厘定业主组织治理结构相关的理论，还需要基本原则的指导。结合我国业主组织治理结构的基础理论和发展现状，应当坚持体系化与类型化相结合，解释论与立法论相结合，授权与限权相结合，域外经验与本土实践相结合的基本原则。具体来说，我国业主组织治理结构的完善进路涉及明定业主组织的类型，通过解释论和立法论的方法完善业主大会和业主委员会制度，通过立法论的方法建构业主组织、管理规约和业主监事会的制度，运用市场和科技的力量倒逼物业服务企业回归服务的本位，激励地方政府有关部门和居民委员会发挥应有的作用，以及引入法律、会计等外部专业服务机构提供专业服务。

结　论

一、本书的基本观点

在现实生活中，我国住宅小区中存在业主违章搭建、违规饲养动物、物业服务企业服务差、乱涨价等现象，业主委员会存在滥用权力、不作为等行为；在司法实践中，人民法院对业主委员会和业主大会的规范关系认识也不一致，上述问题可以归结为业主组织的治理问题，设立业主组织并建构分权监督制衡的业主组织治理结构是消解上述问题的关键环节。由此，本书的基本观点是住宅小区需要设立一个超越个人的业主组织负责住宅小区区域内的管理（服务）工作，提出"业主组织"的概念代表全体业主，让业主大会回归组织体之意思机构的本位，业主组织作为非营利法人中单独的一类；业主组织治理结构的规范依据是管理规约及法律，其中主要是管理规约，并且法律介入管理规约具有正当性；依据委托代理理论、利益相关者理论，在一般情况下，业主组织治理结构应当包括意思机构、执行机构和监督机构三个机构，其分别是业主大会、业主委员会和业主监事会。

二、本书的主要创新

第一，将住宅小区中的实践问题提升到制度问题再到理论问题。本书的实践问题源于对住宅小区日常生活的观察，住宅小区中存在业主违规饲养动物、违章搭建等行为缺乏有效的治理，进而寻找相关的法律、法规、规章等规定，发现有关的规定存在不清晰或缺乏执行措施等等问题，例如，业主大会与业主委员会之间的规范关系不清晰等。在查阅相关期刊论文和著述后发现，各种学说不仅观点不一致而且缺乏体系性论述的问题。厘清、明定业主组织治理结构的理论依据是建构业主组织治理结构的关键，事实上，业主组织治理结构各机构的定位也源自业主组织治理结构的理论依据。

第二，指出并论证主流观点中业主大会具有组织体和组织体之意思机构双重内涵的逻辑冲突。使用公司之股东大会和董事会之间的关系进行类比较为恰当。业主大会和业主组织之间属于"质料"相同，"形式"不同的关系，二者容易混淆，与股东大会和公司之间的关系一致。

第三，从业主组织符合民事主体的构成要件的观点出发，运用法教义学方法递进式论证业主组织应然的民事主体定位。依据所有权与经营权分离自然形成的委托代理关系的客观现实，论证业主组织的法人地位；依据《民法典》关于民事主体的规定和业主组织的特性，首次提出业主组织应当为非营利法人中单独一类的观点。

第四，借鉴现代公司有关治理结构的治理理论，即委托代理理论、利益相关者理论建构业主组织的治理结构。从证成与证伪两个视角进行论证，指出现代公司和业主组织具有高度分散的所有权结构和"两权分离"的特征，二者均须建构监督制衡的治理结构，其关于治理结构具有一致性。营利法人的现代公司和非营利法人的业主组织之间的区别主要体现为激励机制的不同，不影响组织之间的基本治理结构。

第五，论述管理规约和法律之间的关系，业主组织的公私二重属性决定了法律介入的正当性，管理规约是业主组织的自治规范，是业主组织治理的主要依据，具有"授权与限权"的特性。依据法律介入管理规约的程度为标准，借鉴法律条文强制性规定的"效力性强制规定和管理性强制规定"的思路，将管理规约的内容分为法律的强制性规定、绝对必要记载事项、必要记载事项、相对必要记载事项和任意记载事项五类。

第六，从业主组织治理结构的理论依据、域外国家或地区的法律规定与研究现状、我国现代公司的基本治理结构和国家基本治理结构、我国业主组织的发展现状和经验以及类似组织村民委员会和村务监督委员会的发展历程对业主大会、业主委员会和业主监事会应然的法律定位、职权等内容进行全面论述。全面地探讨业主大会、业主委员会的现状，探讨监督机构设置的必要性及监督模式的选择，并对业主大会决议的瑕疵及救济、业主委员会委员及负责人、业主监事会的组成等内容予以特别的关注，提出了业主大会可以自我赋权，业主委员会负责人应当是"能人"，具有"使命感"和"奉献精神"，业主监事会可以借鉴本土村务监督委员会经验等观点。

三、未来研究的方向

第一，全国各地虽然商品房住宅小区是城市居民生活的主要场所，但业主组织的设立由于涉及各方利益始终难以推进。2020年5月28日，全国人大通过的《民法典》对业主大会、业主委员会设立难、决议难问题作了回应，增添了居民委员会作为指导、协助机构。在未来，有关业主组织、业主大会、业主委员会、业主监事会的纠纷必然增多，有必要结合具体的生活实践和司法实践，对业主大会、业主委员会、业主监事会的职权和议事规则以及管理规约的规定等内容作进一步的细化或修正。

第二，本书重点论述的是如何建构监督制约平衡的业主组织的治理结构，尤其是如何监督业主委员会，缺乏对如何激励业主委员会成员的关注。事实上，现实生活中业主委员会成员的工作无法获得相应的报酬，且需要处理住宅小区中各种复杂的问题，其获得的部分津贴与其付出的成本往往不成正比。业主组织的非营利性的特性表明无法通过股权或金钱激励业主委员会成员，如何通过精神激励的方式有效促进业主委员会成员履行职责是需要进一步探讨的问题。

第三，分离业主大会双重内涵提出业主组织概念的观点，与借鉴委托代理理论和利益相关者理论建构监督制衡的业主组织治理结构的观点固然新颖，但目前学界与实务界未普遍接受。《民法典》颁布后，可以预见国务院及各地方的物业管理条例也将作出必要的调整。《民法典》合同编新增典型有名合同物业服务合同一章，该章与业主组织治理的关系密切，在现有法律规定的情况下，可以预计未来纠纷案件将有所增加。由此，结合新的立法与实务的发展，对此问题进一步加强论证或者调整局部观点也是未来重要的工作。

第四，从社会学的视角来看，业主组织治理属于广义上的社区治理的范畴，应当承认除业主组织，物业服务企业、居民委员会、政府有关部门、基层党组织都是住宅小区治理的重要力量，如何厘清、明定各主体在住宅小区治理过程中的地位，结合各自特点发挥各自的功能，形成多元共治或协同共治的合力，尽量减少张力，最终达到善治或良治的目标，是未来努力的方向。

参考文献

一、中文文献

（一）中文著作

[1] 陈华彬. 物权法论［M］. 北京：中国政法大学出版社，2018.

[2] 陈华彬. 建筑物区分所有权法［M］. 北京：中国政法大学出版社，2018.

[3] 陈华彬. 物权法原理［M］. 北京：国家行政学院出版社，1998.

[4] 陈华彬. 物权法要义［M］. 北京：中国政法大学出版社，2018.

[5] 梁慧星、陈华彬. 物权法［M］. 第7版. 北京：法律出版社，2020.

[6] 梁慧星. 中国物权法草案建议稿附理由［M］. 第2版. 北京：社会科学文献出版社，2007.

[7] 王利明. 物权法研究［M］. 第3版. 北京：中国人民大学出版社，2013.

[8] 王利明. 民法总则研究［M］. 第2版. 北京：中国人民大学出版社，2012.

[9] 王利明. 合同法研究［M］. 第2版. 北京：中国人民大学出版社，2015.

[10] 王利明. 中国物权法草案建议稿及说明［M］. 北京：中国法制

出版社，2001.

［11］尹田. 物权法理论评析与思考［M］. 北京：中国人民大学出版社，2004.

［12］尹田. 民法典总则之理论与立法研究［M］. 第2版. 北京：法律出版社，2018.

［13］尹田. 民法思维之展开（修订版）［M］. 北京：北京大学出版社，2017.

［14］孟勤国. 物权二元结构论：中国物权制度的理论重构［M］. 修订版. 北京：法律出版社，2020.

［15］董学立. 物权法研究——以静态与动态的视角［M］. 北京：中国人民大学出版社，2007.

［16］孙宪忠. 中国物权法原理［M］. 北京：法律出版社，2004.

［17］孙宪忠. 争议与思考——物权立法笔记［M］. 北京：中国人民大学出版社，2006.

［18］杨立新. 物权法［M］. 第6版. 北京：中国人民大学出版社，2019.

［19］杨立新. 中国物权法研究［M］. 北京：中国人民大学出版社，2018.

［20］杨立新. 民法总则：条文背后的故事与难题［M］. 北京：法律出版社，2017.

［21］龙卫球. 民商法转型与再现代化［M］. 北京：北京大学出版社，2020.

［22］龙卫球. 民法总论［M］. 第2版. 北京：中国法制出版社，2002.

［23］李永军. 合同法［M］. 第5版. 北京：中国人民大学出版社，2020.

［24］李永军. 民法总则［M］. 北京：中国法制出版社，2018.

［25］郭明瑞. 物权法实施以来疑难案例研究［M］. 北京：中国法制

出版社，2011.

[26] 陈鑫. 业主自治：以建筑物区分所有权为基础［M］. 北京：北京大学出版社，2007.

[27] 陈鑫. 建筑物区分所有权［M］. 北京：中国法制出版社，2007.

[28] 程啸，尹飞，常鹏翱. 不动产登记暂行条例及其实施细则的理解与适用［M］. 北京：法律出版社，2016.

[29] 王利明，尹飞，程啸. 中国物权法教程［M］. 北京：人民法院出版社，2007.

[30] 崔建远. 物权法［M］. 第3版. 北京：中国人民大学出版社，2014.

[31] 胡康生. 中华人民共和国物权法释义［M］. 北京：法律出版社，2007.

[32] 王泽鉴. 民法物权［M］. 第2版. 北京：北京大学出版社，2010.

[33] 王泽鉴. 民法总则［M］. 北京：北京大学出版社，2009.

[34] 郑玉波. 民法总则［M］. 北京：中国政法大学出版社，2003.

[35] 史尚宽. 民法总论［M］. 北京：中国政法大学出版社，2000.

[36] 梁慧星. 民法总论［M］. 第5版. 北京：法律出版社，2017.

[37] 金俭. 中国住宅法研究［M］. 北京：法律出版社，2007.

[38] 常鹏翱. 物权法的展开与反思［M］. 第2版. 北京：法律出版社，2017.

[39] 申卫星. 物权法原理［M］. 第2版. 北京：中国人民大学出版社，2016.

[40] 朱庆育. 民法总论［M］. 第2版. 北京：北京大学出版社，2016.

[41] 朱涛. 业主大会法律问题研究：民事主体理论的视角［M］. 北京：法律出版社，2016.

[42] 杨立新. 共有权理论与适用［M］. 北京：法律出版社，2007.

[43] 尹章华等. "公寓大厦管理条例"解读［M］. 北京：中国政法大

学出版社，2003.

［44］苏永钦. 走入新世纪的私法自治［M］. 北京：中国政法大学出版社，2002.

［45］金岳霖. 形式逻辑［M］. 重版. 北京：人民出版社，2006.

［46］黄茂荣. 法学方法与现代民法［M］. 第5版. 北京：法律出版社，2013.

［47］王利明. 法学方法论［M］. 北京：中国人民大学出版社，2012.

［48］梁慧星. 民法解释学［M］. 第4版. 北京：法律出版社，2015.

［49］梁慧星. 裁判的方法［M］. 第3版. 北京：法律出版社，2017.

［50］李适时. 中华人民共和国民法总则释义［M］. 北京：法律出版社，2017.

［51］黄薇. 中华人民共和国民法典物权编释义［M］. 北京：法律出版社，2020.

［52］黄薇. 中华人民共和国民法典合同编释义［M］. 北京：法律出版社，2020.

［53］黄薇. 中华人民共和国民法典总则编释义［M］. 北京：法律出版社，2020.

［54］最高人民法院民法典贯彻实施工作领导小组. 中华人民共和国民法典物权编理解与适用［M］. 北京：人民法院出版社，2020.

［55］最高人民法院民法典贯彻实施工作领导小组. 中华人民共和国民法典合同编理解与适用［M］. 北京：人民法院出版社，2020.

［56］最高人民法院民法典贯彻实施工作领导小组. 中华人民共和国民法典总则编理解与适用［M］. 北京：人民法院出版社，2020.

［57］孙宪忠，朱广新. 民法典评注物权编［M］. 北京：中国法制出版社，2020.

［58］谢鸿飞，朱广新. 民法典评注合同编［M］. 北京：中国法制出

版社，2020.

［59］陈甦. 民法总则评注［M］. 北京：法律出版社，2017.

［60］崔建远. 中国民法典释评物权编［M］. 北京：中国人民大学出版社，2020.

［61］梅夏英. 财产权构造的基础分析［M］. 北京：人民法院出版社，2002.

［62］齐恩平. 业主权的释义与建构［M］. 北京：法律出版社，2017.

［63］屈茂辉. 物权法原理精要与实务指南［M］. 北京：人民法院出版社，2008.

［64］全国人大常委会法制工作委员会民法室编. 中华人民共和国物权法. 条文说明、立法理由及相关规定［M］. 北京：北京大学出版社，2007.

［65］陈华. 吸纳与合作：非政府组织与中国社会管理［M］. 北京：社会科学文献出版社，2011.

［66］陈鹏. 住房产权与社区政体——B市业主维权与自治的实证研究［M］. 北京：社会科学文献出版社，2015.

［67］胡锦光、韩大元. 中国宪法［M］. 北京：法律出版社，2004.

［68］李志刚. 公司股东大会决议问题研究——团体法的视角［M］. 北京：中国法制出版社，2012.

［69］金锦萍. 非营利法人治理结构研究［M］. 北京：北京大学出版社，2005.

［70］刘春湘. 非营利组织治理机构研究［M］. 湖南：中南大学出版社，2007.

［71］李维安. 公司治理学［M］. 第4版. 北京：高等教育出版社，2020.

［72］马连福. 公司治理［M］. 第2版. 北京：中国人民大学出版

社，2020.

[73] 张维迎. 企业理论与中国企业改革 [M]. 上海：上海人民出版社，2015.

[74] 张维迎. 理解公司——产权、激励、治理 [M]. 上海：上海人民出版社，2014.

[75] 倪建林. 公司治理结构：法律与实践 [M]. 北京：法律出版社，2001.

[76] 剧锦文. 企业与公司治理理论研究 [M]. 北京：中国经济出版社，2018.

[77] 梅慎实. 现代公司机关权力构造论 [M]. 北京：中国政法大学出版社，2000.

[78] 王文钦. 公司治理结构之研究 [M]. 北京：中国人民大学出版社，2005.

[79] 张咏莲，沈乐平. 公司治理学 [M]. 大连：东北财经大学出版社，2019.

[80] 邓峰. 代议制的公司：中国公司治理中的权力和责任 [M]. 北京：北京大学出版社，2015.

[81] 黄辉. 公司法的逻辑 [M]. 北京：法律出版社，2016.

[82] 刘俊海. 现代公司法 [M]. 第3版. 北京：中国人民大学出版社，2015.

[83] 范健，王建文. 公司法 [M]. 第5版. 北京：法律出版社，2018.

[84] 李建伟. 公司法学 [M]. 第4版. 北京：中国人民大学出版社，2018.

[85] 施天涛. 公司法论 [M]. 第3版. 北京：法律出版社，2014.

[86] 朱慈蕴. 公司法原理 [M]. 北京：清华大学出版社，2011.

[87] 石少侠. 公司法学 [M]. 第3版. 北京：中国政法大学出版

社，2012.

[88] 李东方. 公司法学 [M]. 北京：中国政法大学出版社，2012.

[89] 曾凡木，赖敬予. 睦邻·自治·社区治理——上海嘉定区案例集 [M]. 北京：社会科学文献出版社，2017.

[90] 李培志. 社区治理中的业主委员会研究 [M]. 北京：社会科学文献出版社，2020.

[91] 曹志刚. 城市中国的社区治理结构转型 [M]. 北京：社会科学文献出版社，2020.

[92] 唐亚林. 社区治理的逻辑：城市社区营造的实践创新与理论模式 [M]. 上海：复旦大学出版社，2020.

[93] 陈建国. 业主选择与城市社区自主治理 [M]. 北京：社会科学文献出版社，2014.

[94] 唐娟. 城市社区业主委员会发展研究 [M]. 重庆：重庆出版社，2005.

[95] 最高人民法院民事审判庭民事第一庭. 民事审判指导与参考（总第41集）[M]. 北京：法律出版社，2010.

（二）中文译著

[96] [美] 本杰明·卡多佐. 司法过程的性质 [M]. 苏力，译. 北京：商务印书馆，1998.

[97] [德] 卡尔·拉伦茨. 法学方法论 [M]. 陈爱娥，译. 北京：商务印书馆，2003.

[98] [美] 约翰·保罗·汉娜，格蕾丝·H. 莫里卡. 美国业主协会实务手册 [M]. 夏茂森等，译. 北京：上海社会科学院出版社，2009.

[99] [美] 马琳·M. 科尔曼、贾奇·威廉·赫斯. 美国业主协会运作指南 [M]. 赵宇等，译. 上海：上海社会科学院出版社，2009.

[100]［奥］路德维希·维特根斯坦.哲学研究［M］.陈嘉映,译.北京：人民出版社,2001.

[101]［美］阿道夫·A.伯利,加德纳·C.米恩斯.现代公司与私有财产［M］.甘华鸣等,译.北京：商务印书馆,2005.

[102]［英］洛克.政府论——论政府的真正起源、范围和目的（下篇）［M］.瞿菊农等,译.北京：商务印书馆,1964.

[103]［法］孟德斯鸠.论法的精神［M］.许明龙,译.北京：商务印书馆,2012.

[104]［法］卢梭.社会契约论［M］.李平沤,译.北京：商务印书馆,2011.

[105]［古希腊］亚里士多德.形而上学［M］.吴寿彭,译.北京：商务印书馆,1981.

[106]［德］卡尔·拉伦茨.德国民法通论［M］.王晓晔等,译.北京：法律出版社,2003.

[107]［美］阿瑟·库恩.英美法原理［M］.陈朝璧,译.北京：法律出版社,2002.

[108]［法］勒内·达维德.当代主要法律体系［M］.漆竹生,译.上海：上海译文出版社,1983.

[109]［德］尤根·哈贝马斯.在事实与规范之间［M］.童世骏,译.北京：三联书店,2003.

[110]［日］山本敬三.民法讲义Ⅰ·总则［M］.解亘,译.北京：北京大学出版社,2012.

[111]［美］亨利·马丁·罗伯特.罗伯特议事规则［M］.袁天鹏等,译.第10版.北京：格致出版社,上海人民出版社,2008.

[112]［意］彼德罗·彭梵得.罗马法教科书［M］.黄风,译,北京：中国政法大学出版社,1992.

[113] [德] 斐迪南·滕尼斯. 共同体与社会：纯粹社会学的基本概念 [M]. 林荣远, 译. 北京：北京大学出版社, 2010.

[114] [德] 马克斯·韦伯. 社会科学方法论 [M]. 韩水法等, 译. 北京：商务印书馆, 2013.

[115] [德] 曼弗雷德·沃尔夫. 物权法 [M]. 吴越等, 译. 北京：法律出社, 2002.

[116] [德] K. 茨威格特、H. 克茨. 比较法总论 [M]. 潘汉典等, 译. 北京：法律出版社, 2003.

[117] [德] 斐迪南·滕尼斯. 共同体与社会 [M]. 林远荣, 译. 北京：商务印书馆, 1999.

[118] [德] 弗朗茨·维亚克尔. 近代私法史——以德意志发展为观察重点 [M]. 陈爱娥等, 译. 上海：上海三联书店, 2006.

[119] [德] 康德. 法的形而上学原理 [M]. 沈叔平, 译. 北京：商务印书馆, 2009.

[120] [德] 罗尔夫·克尼佩尔. 法律与历史——论德国民法典的形成与变迁 [M]. 朱岩, 译. 北京：法律出版社, 2003.

[121] [美] E. 博登海默. 法理学：法律哲学与法律方法 [M]. 邓正来, 译. 北京：中国政法大学出版社, 2004.

[122] [美] 埃利诺·奥斯特罗姆. 公共事务的治理之道：集体行动制度的演进 [M]. 余逊达等, 译. 上海：上海译文出版社, 2012.

[123] [美] 费雷德·E. 弗尔德瓦里. 公共物品与私人社区——社会服务的市场供给 [M]. 郑秉文, 译. 北京：经济管理出版社, 2011.

[124] [美] 曼瑟尔·奥尔森. 集体行动的逻辑 [M]. 陈郁等, 译. 上海：格致出版社, 上海人民出版社, 2018.

[125] [英] 安东尼·韦斯顿. 论证是一门学问 [M]. 卿松竹, 译. 北京：新华出版社 2018.

(三) 中文期刊论文

[126] 王轶. 民法典编纂争议问题的类型区分 [J]. 清华法学, 2020, 3.

[127] 王轶. 民法典物权编规范配置的新思考 [J]. 法学杂志, 2019, 7.

[128] 王轶. 法律规范类型区分理论的比较与评析 [J]. 比较法研究, 2017, 5.

[129] 王轶. 论物权法文本中"不得"的多重语境 [J]. 清华法学, 2017, 2.

[130] 王轶. 民法典的规范类型及其配置关系 [J]. 清华法学, 2014, 8.

[131] 王轶. 论民事法律事实的类型区分 [J]. 中国法学, 2013, 1.

[132] 王轶. 强行性规范及其法律适用 [J]. 南都学坛, 2010, 1.

[133] 王轶. 《物权法》的任意性规范及其适用 [J]. 法律适用, 2007, 5.

[134] 王轶. 论倡导性规范——以合同法为背景的分析 [J]. 清华法学, 2007, 1.

[135] 王轶. 民法典的规范配置——以对我国《合同法》规范配置的反思为中心 [J]. 烟台大学学报（哲学社会科学版）, 2005, 3.

[136] 王轶. 民法价值判断问题的实体性论证规则——以中国民法学的学术实践为背景 [J]. 中国社会科学, 2004, 6.

[137] 白江. 德国住宅楼管理制度之研究与启示 [J]. 中外法学, 2008, 2.

[138] 白江. 传统与发展. 德国建筑物区分所有权法的现代化 [J]. 法学, 2008, 7.

[139] 北京市第一中级人民法院. 关于建筑物区分所有权类案件的调研报告 [J]. 人民司法, 2009, 1.

[140] 陈枫. 在现实与文本之间的谨慎选择从实务角度看建筑物区分所有权司法解释 [J]. 法律适用, 2009, 7.

[141] 陈华彬. 业主的建筑物区分所有权——评《物权法草案》第六章 [J]. 中外法学, 2006, 1.

[142] 陈华彬. 论建筑物区分所有权的构成——兼议《物权法》第70条的规定 [J]. 清华法学, 2008, 2.

[143] 陈华彬. 论建筑物区分所有权的概念 [J]. 法治研究, 2010, 7.

[144] 陈华彬. 建筑物区分所有权. 学者草案的立场与《物权法》的规定 [J]. 甘肃政法学院学报, 2011, 3.

[145] 陈华彬. 区分所有建筑物的重建 [J]. 法学研究, 2011, 3.

[146] 陈华彬. 业主大会法律制度探微 [J]. 法学, 2011, 3.

[147] 陈华彬. 论建筑物区分所有权的剥夺——基于对德国法和瑞士法的分析 [J]. 法商研究, 2011, 6.

[148] 陈华彬. 日本区分所有建筑物修复制度的考察分析与启示 [J]. 环球法律评论, 2013, 2.

[149] 陈华彬. 区分所有建筑物修缮的法律问题 [J]. 中国法学, 2014, 4.

[150] 陈华彬. 空间建设用地使用权探微 [J]. 法学, 2015, 7.

[151] 陈华彬. 论我国《民法典物权编（草案）》的构造、创新与完善 [J]. 比较法研究, 2018, 2.

[152] 陈华彬. 我国民法典物权编所有权规则立法研究 [J]. 政治与法律, 2018, 10.

[153] 陈磊. 超越边界. 业主的权利限制之比较研究 [J]. 南京大学

学报（哲学·人文科学·社会科学），2017，5.

［154］陈甦. 论建筑物区分所有权［J］. 法学研究，1990，5.

［155］陈甦. 籍合组织的特性及法律规制的策略［J］. 清华法学，2018，3.

［156］高圣平. 论业主自治的边界［J］. 法学论丛，2009，6.

［157］杜万华. 谈谈《公司法司法解释（四）》的若干理念［J］. 中国审判，2017，26.

［158］杜颖. 日本的近现代土地所有权理论［J］. 中外法学，1997，3.

［159］蒋大兴. 公司法中的合同空间——从契约法到组织法的逻辑［J］. 法学，2017，4.

［160］金俭. 建筑物区分所有权与我国不动产所有权理论的发展［J］. 南京大学法律评论，2001，1.

［161］刘得宽. 建筑物区分所有者之空间所有权［J］. 法学丛刊，1999，93.

［162］刘智慧. 论业主共同决定事项范围的确定——以区分所有权解释第7条的适用为中心［J］. 政治与法律，2009，8.

［163］梅夏英. 民法上"所有权"概念的两个隐喻及其解读——兼论当代财产权法律关系的构建［J］. 中国人民大学学报，2002，1.

［164］梅夏英. 民法典编纂中所有权规则的立法发展与完善［J］. 清华法学，2018，2.

［165］齐恩平，蔡江. 小区建筑物共有权权属分析［J］. 哈尔滨工业大学学报（社会科学版），2006，4.

［166］齐恩平，业主区分所有之共有权论［J］. 北方法学，2008，12.

［167］齐恩平，董凝. 论业主委员会的当事人能力［J］. 法律适用，2009，4.

［168］齐恩平. 建筑物区分所有之共有权论——以区分所有屋顶、外墙为中心［J］. 南开学报（哲学社会科学版），2009，6.

［169］齐恩平，张泽华. 住宅小区名称权的法律分析［J］. 天津商业大学学报（社会科学版），2009，6.

［170］齐恩平. 论业主成员责任［J］. 天津师范大学学报，2010，6.

［171］王雷. 论民法中的决议行为——从农民集体决议、业主管理规约到公司决议［J］. 中外法学，2015，1.

［172］王雷. 我国民法典编纂中的团体法思维［J］. 当代法学，2015，4.

［173］王雷. 论我国民法典中决议行为与合同行为的区分［J］. 法商研究，2018，5.

［174］王利明. 论建筑物区分所有权的概念［J］. 当代法学，2006，5.

［175］王利明. 论商铺业主的专有权及其行使［J］. 法学论丛，2009，6.

［176］王利明. 物业服务合同立法若干问题探讨［J］. 财经法学，2018，3.

［177］吴飞飞. 决议行为归属与团体法"私法评价体系"构建研究［J］. 政治与法律，2016，6

［178］吴高臣. 团体法的基本原则研究［J］. 法学杂志，2017，1.

［179］吴兴国. 集体组织成员资格及成员权研究［J］. 法学杂志，2006，2.

［180］辛正郁. 业主个体权利与业主共同利益的冲突与协调——以业主大会决议对业主的约束力为视角［J］. 人民司法，2010，21.

［181］许中缘，高振凯. 民法典物权编的编纂应贯彻团体法思维——基于农民集体成员权的视角［J］. 中国不动产法研究，2018，1.

[182] 杨玉圣. 论业主自治与小区善治 [J]. 清华大学学报（哲学社会科学版），2010，3.

[183] 叶林. 私法权利的转型：一个团体法视角的观察 [J]. 法学家，2010，4.

[184] 尤佳. 业主自治协议中专有权限制条款效力探析 [J]. 法律科学（西北政法大学学报），2012，5.

[185] 尤佳. 团体法视角下业主对公共物业财产权利性质之反思 [J]. 法学家，2013，2.

[186] 于凤瑞. 建筑物区分所有权关系中的自己地役权研究 [J]. 法律科学（西北政法大学学报）2014，6.

[187] 于凤瑞. 业主自治规范中限制性条款的司法审查——基于美国的实践 [J]. 法商研究，2016，3.

[188] 张礼洪. 物权法草案中建筑物区分所有权规定之完善 [J]. 法学，2005，10.

[189] 仲崇玉. 论基尔克法人有机体说的法理内涵和政治旨趣 [J]. 现代法学，2013，2

[190] 周友军. 论建筑物区分所有中专有权的限制 [J]. 法学论丛，2009，6.

[191] 朱涛. 中国业主自治组织主体地位的演进与建构 [J]. 私法研究，2015，1.

[192] 柳经纬. 民法典编纂中的法人制度重构——以法人责任为核心 [J]. 法学，2015，5.

[193] 石发勇. 业主委员会、准派系政治与基层治理——以一个上海街区为例 [J]. 社会学研究，2010，3.

[194] 苏永钦. 私法自治中的国家强制 [J]. 中外法学，2001，2.

[195] 谭启平. 中国民法典法人分类和非法人组织的立法构建 [J].

现代法学，2017，1.

［196］汪世荣. "枫桥经验"视野下的基层社会治理制度供给研究［J］. 中国法学，2018，6.

［197］王涌. 法人应如何分类：评《民法总则》的选择［J］. 中外法学，2017，3.

［198］夏建中. 中国公民社会的先声——以业主委员会为例［J］. 文史哲，2003，3.

［199］徐海燕. 论业主大会决议瑕疵的司法救济制度——兼谈物权法第78条第2款的解释与完善［J］. 北京大学学报，2009，1.

［200］石伟. 论美国区分所有权法上开发商的控制权转移制度——兼论中国制度的重构［J］. 东方法学，2009，4.

［201］于凤瑞. 民法典编纂中业主大会的法律属性与财产责任［J］. 北方法学，2018，6.

［202］孟强. 论业主大会的诉讼主体资格［J］. 政治与法律，2009，8.

［203］吴国平. 论业主团体法律地位的确立［J］. 北方法学，2008，5.

［204］郭升选. 论业主团体民事主体地位的重塑［J］. 西北大学学报（哲学社会科学版），2009，3.

［205］刘保玉、孙超. 论业主委员会的法律地位——从实体法与程序法的双重视角［J］. 政治与法律，2009，2.

［206］夏永全. 物权法视角下的业主大会与业主委员会——以法的可诉性为中心［J］. 北方法学，2007，5.

［207］马俊驹. 漫谈民法走势和我国民法典的制定［J］. 清华法学，2003，2.

［208］于飞. 物权法第六章"业主的建筑物区分所有权"中"业主"

的界定［J］.华东政法大学学报,2011,4.

［209］冯珏.作为组织的法人［J］.环球法律评论,2020,2.

［210］尹飞.民法典物业领域制度完善需注意三事项［N］.中国建设报,2019,13(7).

［211］张振.共性中的差异:中美城市业主组织合法性比较——基于新制度主义的分析［J］.北京社会科学,2018,3.

［212］何悦.住宅小区业主组织需要民事主体地位［N］.人民政协报,2016,8,15(6).

［213］王敏.我国城镇住房制度改革:回顾与反思［J］.兰州学刊,2012,7.

［214］陈龙乾,马晓明.我国城镇住房制度改革的历程与进展［J］.中国矿业大学学报(社会科学版),2002,3.

［215］向云.中国内地第一个业主委员会诞生始末［J］.中国物业管理,2011,5.

［216］彭东昱.五审物权法草案:直面社会关注问题——与全国人大常委会法工委主任胡康生谈物权法草案［J］.中国人大,2006,9.

［217］张新宝.从民法通则到民法总则:基于功能主义的法人分类［J］.比较法研究,2017,4.

［218］尹田.论非法人团体的法律地位［J］.现代法学,2003,5.

［219］俞可平.治理和善治:一种新的政治分析框架［J］.南京社会科学,2001,9.

［220］钱颖一.企业的治理结构改革和融资结构改革［J］.经济研究,1995,1.

［221］杨瑞龙、周业安.论利益相关者合作逻辑下的企业共同治理机制［J］.中国工业经济,1998,1.

［222］杨瑞龙、魏梦.公司的利益相关者与公司股利政策［J］.上海

经济研究，2000，4.

［223］韩长印.共同法律行为理论的初步构建——以公司的设立为分析对象［J］.中国法学，2009，3.

［224］许中缘.论意思表示瑕疵的共同法律行为——以社团决议撤销为研究视角［J］.中国法学，2013，6.

［225］施天涛.公司治理中的宪制主义［J］.中国法律评论，2018，4.

［226］李诗鸿.公司契约理论新发展及其缺陷的反思［J］.华东政法大学学报，2014，5.

［227］商继政，傅华.宪政概念辨析［J］.四川大学学报（哲学社会科学版），2003，6.

［228］莫纪宏.宪政是宪法逻辑运动的状态［J］.法律科学（西北政法大学学报），2000，5.

［229］戚渊.论宪法关系［J］.中国社会科学，1996，2.

［230］馨元.宪法概念的分析［J］.现代法学，2002，2.

［231］张盛彬.论因明、墨辩和西方逻辑学说推理理论之贯通［J］.中国社会科学，1983，1.

［232］陶伯华.试论类比推理的逻辑结构与认识功能［J］.求是学刊，1984，3.

［233］曹青云.亚里士多德"质料形式理论"探源［J］.哲学动态，2016，10.

［234］张晓光.国内类比推理研究综述［J］.哲学动态，2000，5.

［235］屈茂辉.类推适用的私法值与司法运用［J］.法学研究，2005，1.

［236］王洪宇.区分所有建筑物"管理规约"解析［J］.学术交流，2012，2.

[237] 瞿灵敏. 民法典编纂中的决议：法律属性、类型归属与立法评析 [J]. 法学论坛, 2017, 4.

[238] 冯兆蕙, 李霞.《民法总则》第 134 条第 2 款"决议行为"之探析 [J]. 河北法学, 2019, 1.

[239] 徐银波.《民法总则》决议行为规则之解释适用 [J]. 私法研究, 2017, 2.

[240] 李建伟. 公司决议的外部效力研究——《民法典》第 85 条法教义学分析 [J]. 法学评论, 2020, 4.

[241] 刘兴桂, 刘文清. 物业服务合同主体研究 [J]. 法商研究, 2004, 4.

[242] 殷秋实. 法定代表人的内涵界定与制度定位 [J]. 法学, 2017, 2.

[243] 蔡立东. 论法定代表人的法律地位 [J]. 法学论坛, 2017, 4.

[244] 吴越. 法定代表人越权担保行为效力再审——以民法总则第 61 条第三款为分析基点 [J]. 政法论坛, 2017, 5.

[245] 高圣平, 范佳慧. 公司法定代表人越权担保效力判断的解释基础——基于最高人民法院裁判分歧的分析和展开 [J]. 比较法研究, 2019, 1.

二、外文文献

（一）日文文献

[1] 丸山英気, 折田泰宏. これからのマンションと法 [M]. 東京：日本評論社, 2008.

[2] 水本浩, 遠藤浩, 丸山英気. 基本法コンメンタール マンション法 [M]. 東京：日本評論社, 2006.

[3] 稲本洋之助，鎌野邦樹. コンメンタール マンション区分所有法［M］. 東京：日本評論社，2004.

［4］稲本洋之助，鎌野邦樹. コンメンタール マンション標準管理規約［M］. 東京：日本評論社，2012.

［5］伊藤栄寿. 所有法と団体法の交錯：区分所有者に対する団体的拘束の根拠と限界［M］. 東京：成文堂，2011.

［6］坂和章平. 注解マンション建替え円滑化法［M］. 東京：青林書院，2003.

［7］加藤雅信. 民法総則［M］. 東京：有斐閣，2002.

［8］五十嵐徹. マンション登记法（登记、规约、公证证书）［M］. 東京都：日本加除出版社，2011.

［9］北川善太郎. 物権［M］. 東京：有斐閣，2004.

［10］渡辺晋. 最新区分所有法の解説［M］. 5訂版，東京：住宅新報社，2015.

［11］渡辺晋. 最新区分所有法の解説［M］. 6訂補遺版，東京：住宅新報社，2019.

［12］加藤雅信. 物権法［M］. 東京：有斐閣，2003.

［13］丸山英気. 区分所有法［M］. 東京：大成出版社，2007.

［14］野口大作. 共用部分の範囲および管理変更と団体的拘束性［J］. 日本マンション学会誌：マンション学，2018，61.

［15］大野武. 管理組合の理事長の権限と対外的法律関係［J］. 日本マンション学会誌：マンション学，2018，61.

［16］折田泰宏. 管理組合法人の展望［J］. 日本マンション学会誌：マンション学，2020，67.

［17］彌島義尚. 管理組合法人のメリットとデメリット［J］. 日本マンション学会誌：マンション学，2020，67.

〔18〕土居俊平. 規約の設定変更と少数区分所有者の保護〔J〕. 日本マンション学会誌：マンション学，2018，61.

（二）英文文献

〔21〕Stephen Bottomley. The Constitutional Corporation：Rethinking Corporate Governance〔M〕. Farnham：Ashgate Publishing Ltd，2007.

〔22〕Warren Freedman & Jonathan B. Alter. The Law of Condominium and Property Associations〔M〕. Westport：Greenwood Publishing Group，Inc. Quorum Books，1992.

〔23〕Wayne S. Hyatt & Suan F. French. Community Association Law：Cases and Material on Common Interest Community〔M〕. Durham：Carolina Academic Press，1998.

〔29〕Carl B. Kress. Beyond Nahrstedt：Reviewing Restrictions Governing Life in a Property Owner Association〔J〕. UCLA Law Review. 1995，42（3）.

〔30〕Cai Roman. Making a Business of Residential Use：The Short-Term-Rental Dilemma in Common-Interest Communities〔J〕. Emory Law Journal. 2019，68（4）.

〔31〕Johanna Interian. Up in the Air：Harmonizing the Sharing Economy through Airbnb Regulations〔J〕. Boston College International and Comparative Law Review. 2016，39（1）.

〔32〕Stephen R. Miller. First Principles for Regulating the Sharing Economy〔J〕. Harvard Journal on Legislation. 2016，53（1）.

〔33〕Benjamin G. Edelman & Damien Geradin. Efficiencies and Regulatory Shortcuts：How Should We Regulate Companies Like Airbnb and Uber〔J〕. Stanford Technology Law Review. 2016（winter），19（2）.

后　记

　　五年前，告别母亲和妻女，从乌鲁木齐到北京，进入中央财经大学法学院读博士，师从陈华彬教授。在学院南路39号度过了四年难忘的时光，筚路蓝缕、欢声笑语、酸甜苦辣、孤独寂寞，我从未后悔，并且很庆幸。在攀登知识高峰的过程中磨炼了自己的心性，更加坦然、平和与理性；从实践到制度再到理论的思维方式，使我拥有审视并抽象身边法律事实的能力；在与先贤对话的过程中体会到了他们悲天悯人的情怀，感动于他们对人与自然真挚的爱。感恩、感谢一路相遇的人和事。

　　感恩导师陈华彬教授。民法总则和物权法课程，受益良多。作者讲自己写的书，是最好的授课方式。老师课堂上提示何处是重点，何处应当注意，何处仍需探讨，体会老师对章节段落的安排，听完老师的课，再看老师的书，有一种老师在耳边讲的感觉。事实上，民法总则和物权法我已学过多遍，但每再学一遍，都有新的收获。课程的最后，老师让我们复印他最近发表的论文，讲解论文的相关内容。从选题、结构安排、遣词造句、资料的运用等等，教我们一步步迈进学术研究的殿堂。本书写作期间发生疫情见面不方便，老师通过视频会议用三个小时的时间帮我厘定提纲。老师严谨细致的学术研究文风，永远值得我学习。

　　感谢学院老师。感谢缪因知、杜颖、宋志红、朱晓峰、武腾等老师，他们在本书的开题、写作等环节给予的指导，让我的写作少走了很多弯路。缪因知老师认真负责，承担着我们的法学论文写作课程，记得第一次评论我的课程论文，陈老师也参与，整整用了三个小时的时间，不计回报,实为感动。杜颖老师的思路清晰,提出业主组织的民事主体定位,营利法人理论运用到非营利法人之中的论证等等问题,使我对本书写作的理解更进一步。另外,在杜颖老师知识产权前沿的课堂上,其曾经提出的类型化的目的之问,对我影响较大。宋志红老师对本书中业主组织概念和如何结尾的建议,使我不断反思论文的逻辑严谨性。朱晓峰老师每次提出的意见都是尖锐、深刻,而且其建议具有可操作性。武腾老师总是做出善意的提醒或针对具体问题提出建设性的意见。

感谢校外老师。梁慧星教授的《法学学位论文写作方法》一书对本书的写作是关键性的帮助,法教义学的论证方式最为核心。梁老师对我当面请教的关于民法总则理论顺序与民法总则法条顺序不一致问题的解答,让我体会到梁老师对民法学研究的深度与广度,以及娴熟的运用程度,令人敬仰。陈瑞华教授的法学论文写作讲座使我学会了如何提出理论问题,该讲座我在中央财经大学和中国政法大学听了两遍,印象深刻,同时感谢陈瑞华教授赠送的《论法学研究方法》一书,由于受益较大,我不断向身边的学友推荐。何海波教授的讲座和其《法学论文写作》一书,孙宪忠教授关于本书选题应当选择现实问题、重大问题、中国问题的论述,朱苏力教授讲座中对中国问题和印度问题的论述,以及张新宝教授的讲述,均对本书的写作产生了直接或间接的影响。

感谢同门和室友。李亚凝、辜江南、闫黎丽、康浩、茶丽华、陈杨、孙娟、李沛珅、陈姝雨等等,对本书的写作帮助尤为重大。陈杨、孙娟无私地为本书提出意见和建议,程度之细致,建议之专业,令人惊叹。本书写作过程中,康浩和闫黎丽对本书的建议和提供的资料,使得我节省了很多时间和精力,康浩对论文中部分内容的见解直接促进了该部分内容的写作。我也时常向黎丽师姐请教相关问题,她总能认真、耐心地解答。李亚凝师兄和辜江南师兄对本书的选题和结构安排的点评和讨论,使我对本书的写作有了更深刻的理解。茶丽华和李沛珅对本书进行全文通读并对其中的病句、错别字、标点等内容提出修改建议，写过著作的人都清楚其中的功夫与辛苦。陈姝雨帮我寻找日文文献，也实为辛苦。谭趁尤博士与我一直是室友，他做事沉稳、细心，待人接物有分寸，我们常常探讨问题到深夜。徐疆博士与我专业相同，本书写作过程中经常与其交流，是我思想分享的主要对象，他总能或多或少地提供建设性意见。遇见他们是我的幸运，祝他们安好！

感恩母亲、感谢妻子。母亲不仅经济上支持我，而且帮我照看两个孩子，使我能够安心地深造。妻子王安芝女士非常优秀，工作勤奋、严谨，受到单位多次表彰、嘉奖，也获得领导和同事的一致好评。感谢生命中有妻子相伴。未能时常陪伴两个孩子是我最大的遗憾，还好他们在母亲和妻子的呵护下快乐地成长。

此为一记！

二〇二二年四月十五日于新疆大学红湖校区